成就目标导向对员工创造力的影响机制研究

张昊民　马　君　戴　屹　马迎霜　著

教育部人文社会科学研究一般项目“绩效控制偏好、成就动机导向对知识员工创造力影响机制的跨层次研究”（批准号：09YJA630091）
教育部人文社会科学研究青年基金项目“自我管理团队的协和控制、成就目标导向对成员创造力影响机制的跨层次研究”（批准号：10YJC630178）

科学出版社
北　京

内 容 简 介

本书通过探索影响员工创造力的机制寻找提高员工创造力的途径，围绕如何激发和提高员工个体的创造力研究入手，用实证研究的方法探讨国内企业知识员工的成就目标导向状况，并分别深入研究在自我效能的中介作用和绩效控制、协和控制的调节作用下，成就目标导向对员工创造力的影响。本书旨在丰富和拓展成就目标导向、自我效能感、绩效控制、协和控制与创造力等相关理论，弥补成就目标导向在我国工作领域缺乏研究，尤其是实证性研究的现状，为企业认识并掌握成就目标导向对员工创造力的影响机制，在有序的规则中为激发员工创造力提供有效指导。

本书可供从事人力资源管理、热心研究创造力问题的决策者、管理人员、教学和科研人员参考运用，也可供高等院校相关专业的研究生参考学习。

图书在版编目（CIP）数据

成就目标导向对员工创造力的影响机制研究 / 张昊民等著．--北京：科学出版社，2015

ISBN 978-7-03-046764-5

Ⅰ.①成… Ⅱ.①张… Ⅲ.①企业－职工－创造性－研究 Ⅳ.①F272.92

中国版本图书馆 CIP 数据核字（2015）第 303770 号

责任编辑：马　跃　王丹妮 / 责任校对：薛　静
责任印制：霍　兵 / 封面设计：无极书装

科 学 出 版 社 出版

北京东黄城根北街 16 号
邮政编码：100717
http://www.sciencep.com

三河市骏杰印刷有限公司　印刷

科学出版社发行　各地新华书店经销

*

2016 年 3 月第　一　版　开本：720×1000　1/16
2016 年 3 月第一次印刷　印张：16
字数：323 000

定价：86.00 元

（如有印装质量问题，我社负责调换）

序 言

科技创新是提高社会生产力和综合国力的战略支撑。新常态背景下，企业只有主动创新，不断推陈出新，满足顾客多样化的需求，才能适应市场日新月异的变化，拥有市场竞争的主动权。创新已然成为绝大多数企业获得及维持竞争优势的核心要素。

工作过程中的创新行为受到目标约束和实践条件限制。创造力（creativity）正是为解决实现目标过程中出现的棘手问题和困难而产生①，因此，部分学者倾向于把创造力视为一个过程，员工运用有效的新方法解决实现目标过程中所遇到的挑战和难题②。成就目标导向（achievement goal orientation）的特质差异反映出个体是采取主动策略还是回避策略应对上述挑战和学习机会③。学者们将关注的焦点放在创造性地解决问题，并意识到创造力来自于目标导向中，由此员工在目标导向上的差异是否有助于解释创造力方面的个体差异，是一个值得关注的问题④。长期以来，学者们往往把专注于提升自我能力的精熟目标导向（mastery goal orientation）与富有创造力相提并论，而把习惯于“看组织脸色行事”的绩效目标导向（performance goal orientation）与缺乏创造力联系起来⑤。

回顾长期以来学术界和实务界关于成就目标导向与创造力的关系研究，这里存在几个有争议的问题，值得进一步思考与验证。

（1）提升自我能力的精熟目标导向，致力于学习与自我发展，有助于提高个

---

① Shalley C E. Effects of productivity goals，creativity goals，and personal discretion on individual creativity[J]. Journal of Applied Psychology，1991，76（2）：179-185.

② Shalley C E. Effects of productivity goals，creativity goals，and personal discretion on individual creativity[J]. Journal of Applied Psychology，1991，76（2）：179-185；Hirst G，Knippenberg D V，Zhou J. A cross-level perspective on employee creativity：goal orientation，team learning behavior，and individual creativity[J]. Academy of Management Journal，2009，52（2）：280-293.

③ Elliot A J，Church M A. A hierarchical model of approach and avoidance achievement motivation[J]. Journal of Personality & Social Psychology，1996，72（1）：218-232.

④ Janssen O，van Yperen N W. Employees' goal orientations，the quality of leader-member exchange，and the outcomes of job performance and job satisfaction[J]. Academy of Management Journal，2004，47（3）：368-384.

⑤ Murayama K，Elliot A J，Yamagata S. Separation of performance-approach and performance-avoida-nce a-chievement goals：a broader analysis[J]. Journal of Educational Psychology，2011，103（1）：238-256.

人的行为适应性（behavior adaptability），进而改善个体创造力①。但是随着创造性活动越来越多地以团队形式开展②，个体的自我成就目标与组织绩效目标之间的冲突，因任务的预算、时间、流程和进程等现实条件约束而更加凸显。在这些刚性条件约束下，精熟目标导向个体的学习和探索行为对于组织而言不仅是一种投资还是一种成本。部分研究表明，如果员工过分关注学习，他们就可能忽视可行的解决方法①。此外，有关学习理论的文献一直强调学习具有边际收益递减规律③。综上，精熟目标导向在团队绩效控制情境下能否有效预测员工创造力？

（2）学者普遍认为绩效目标导向的个体一般对知识及信息做表面化处理（surface processing），因而缺乏创造力基础④。但近年越来越多的研究证据显示，因特质差异，个体对情境做出的分析和回应不同，当情境强度激活个体与某种行为关联的特质时，就可能出现与一般情境不同甚至相反的行为结果⑤。综上，如何塑造合宜的团队绩效控制模式从而引导和鼓励具有某种特质的绩效目标导向的员工发挥创造力？

（3）团队绩效控制是引导员工把自我成就目标纳入团队目标轨道的重要调控手段，也是一种影响创造力的重要组织情境力量。那么，团队绩效控制是否有助于激活个体成就目标导向中某些与创造力行为相关的特质，进而改变成就目标导向与创造力的关系强度甚至方向？

（4）在创新企业中，创新的主体越来越多地采用自我管理团队（self-managing team）方式。但是，自我管理团队的协和控制具有"双刃剑效应"：在某种情形下，协和控制有助于团队成员凝聚共识、协同成就目标；在另外的情形下，协和控制可能会变成新的组织智障，不仅没有将员工从韦伯的"理性控制的铁笼"中解放出来，相反，随着协和控制日益外化，它使这个"铁笼"更加紧固，对组织成员的控制也更加有力，阻碍员工成就目标的实现。那么，如何有效管理协和控制对成就目标导向与创造力关系的线性调节作用和非线性调节作用？

围绕这些值得进一步思考和研究的问题，笔者对成就目标导向与创造力的关系研究做了大量的工作，在查阅了大量的管理学、心理学和组织行为学等文献资

---

① Bunderson J S，Sutcliffe K M. Management team learning orientation and business unit performance [J]. Journal of Applied Psychology，2003，88（3）：552-560.

② Shalley C E，Zhou J，Oldham G R. The effects of personal and contextual characteristics on creativity：where should we go from here? [J]. Journal of Management，2004，30（6）：933-958.

③ March J G. Exploration and exploitation in organizational learning[J]. Organization Science，1991，2（1）：69-81.

④ Elliot A J，McGregor H A. A 2×2 achievement goal framework[J]. Journal of Personality & Social Psychology，2001，80（1）：501-519.

⑤ Tett R P，Burnett D D. A personality trait-based Interactionist model of job performance[J]. Journal of Applied Psychology，2003，88（3）：500-517.

料基础上，撰写了本书，力争探求导致上述问题出现的理论根源。全书共分八章。

第 1 章，绪论。通过探索影响员工创造力的机制来找寻提高员工创造力的途径，加之新常态背景下企业只有主动创新才能拥有市场竞争的主动权。基于这一背景，提出本书的研究主题——如何激发和提高员工个体的创造力。随后，分别对本书的研究意义、研究目的和研究方法进行介绍。

第 2 章，本土情境下成就目标导向结构维度研究。深入本土情境下成就目标导向结构维度研究，应用效标变量——工作绩效分析成就目标导向结构维度对员工工作表现的影响。运用结构方程模型（structural equation modeling，SEM）考察成就目标导向与工作绩效之间的关系。

第 3 章，自我效能感对成就目标导向与创造力关系的中介机制研究。深入成就目标导向与创造力关系的中介机制研究，探讨自我效能感（self-efficacy）如何在成就目标导向与创造力之间起中介作用。运用结构方程模型考察自我效能感、成就目标导向和创造力之间的关系。

第 4 章，绩效控制对成就目标导向与创造力关系的线性调节作用研究。主要探讨情境变量绩效控制如何在成就目标导向与创造力之间起线性调节作用。运用线性阶层模型考察个体层次的成就目标导向与员工创造力之间的关系、团队层次的发展型绩效控制和评估型绩效控制与员工创造力之间的关系、发展型绩效控制和评估型绩效控制对成就目标导向与员工创造力之间关系的跨层次交互调节作用。

第 5 章，绩效控制对成就目标导向与创造力关系调节作用的非线性研究。深入探讨情境变量绩效控制对成就目标导向与创造力关系的非线性调节作用。运用线性阶层模型考察个体层次的成就目标导向与员工创造力之间的关系、组织绩效控制（organizational performance control）对成就目标导向和员工创造力之间关系的跨层次交互调节作用。

第 6 章，协和控制对成就目标导向与创造力关系的线性调节作用研究。探讨情境变量协和控制如何在成就目标导向与创造力之间起线性调节作用。考察自我管理团队中实施的协和控制与个体层面的成就目标导向进行跨层次交互作用对员工创造力的影响。

第 7 章，协和控制对成就目标导向与创造力关系调节作用的非线性研究。深入探讨情境变量协和控制对成就目标导向与创造力关系的非线性调节作用。考察自我管理团队中实施的协和控制与个体层面的成就目标导向进行跨层次交互作用对员工创造力的影响，验证自我管理团队协和控制、个体成就目标导向与员工创造力之间的非线性关系。

第 8 章，研究结论与展望。对本书的研究成果进行系统的回顾和总结，提炼出四点主要结论，并指出本书的研究局限和未来的研究展望。

本书提出的建议如下：管理者在为复杂的创造性活动或者创造性地开展工作选拔人员时，可以将精熟目标导向作为选拔的标准，应该采取鼓励员工学习和成长的领导风格与管控模式，在企业中大力营造鼓励学习、注重自身价值提升的企业文化；企业应该在一定的规则基础上再赋予团队一定的自主权，在有序的规则中激发员工无限的创造力；企业应该鼓励员工敢于冒险和创新，并在人、财、物等方面提供一定的支持和保障，对于失败者也需要给予理解和鼓励，这样才能激发员工的创造热情，员工在打破常规、创造性解决问题时也会存在较高的心理安全感，更有利于创造力的发挥。

张昊民

于上海大学

2016 年 1 月

目　录

第 1 章

绪　论

【本章导读】

员工个体的创造力是组织整体的创新能力和竞争优势的一个重要来源。本章我们通过探索影响员工创造力的机制来寻找提高员工创造力的途径，加之新常态背景下企业只有主动创新才能拥有市场竞争的主动权。基于这一背景，我们提出本书的研究主题——如何激发和提高员工个体的创造力。随后，分别对本书的研究意义、研究目的和研究方法进行介绍。

1.1 研究背景和意义

1.1.1 研究背景

一个民族的不断进步和发展需要不同层面的创新来推动。随着知识经济时代的到来，社会各界崇尚知识、追求创新，在这场核心生产要素由原材料向知识与科技转变的全球化浪潮中，越来越多的企业意识到必须不断推陈出新、满足顾客多样化的需求才能适应市场日新月异的变化，创新已成为绝大多数企业获得及维持竞争优势的核心要素。在当今竞争激烈的市场环境中，一个企业如果拥有强大的创新能力，那这个企业就将拥有市场竞争的主动权。反之，如果企业不具备创新能力，而其竞争对手具备创新能力时，必然会导致企业的失败（Afuah，2002）。

每个企业都由一个一个的员工组成，在各种资源中，人力资源越来越受到重视，被视为企业中最富有价值的资源。作为企业中最基本的单位，员工个体层面创新是组织整体层面创新的基础，而创新直接关系着企业的生存和发展（Amabile，1998；Woodman et al.，1993）。另外，创造力是创新的动力，它为创新提供了新思想、新理念，创造力也是创新的源泉，是贯穿于创新整个过程和每个环节的要素。所以，企业要想提高自身的创新能力，就应该注重激发和提升企业内员工个体的创造力。在当今社会发展的市场竞争环境中，员工仅仅被动完成工作已经满足不了企业的要求，还必须有创造力地开展工作以适应环境的变化。员工在工作中发挥创造力一方面可以产生改进企业产品和服务、改善工艺及流程的新想法，另一方面他们还会主动将这些想法传递给企业中的其他员工，增加其转化为创新性成果的可能性。正因为如此，员工个体的创造力是组织整体的创新能力和竞争优势的一个重要来源(Amabile，1996；Oldham and Cummings，1996；Shalley，1991；Zhou，2003)，组织也应该日益关注如何鼓励和促进员工创造力的提升(Baer et al.，2003)。

与此同时，在学术研究中，越来越多的学者把目光聚焦到创造力领域，试图通过探索影响创造力的机制来寻找提高员工创造力的途径，为企业实践提供理论依据。"如何激发和提高员工创造力"是当前人力资源管理领域的重要研究课题。

在对创造力的研究中，国内外学者从不同侧面对影响创造力的因素展开了研究。例如，随着组织行为学的发展，不少研究者集中探讨了个人特质对创造力的影响。其中动机作为一项重要的个人特质，影响着个人可能采取的行动，它与创造力的关系是学者们研究的焦点。因为在企业中，往往只能规定对员工最基本的工作要求，而不能规定和衡量员工创造力的行为，员工的创造力很大程度上是基于员工自身动机的自发行为。学者们在个体层面研究中，探讨了潜在创新行为下的认知和动机过程(Scott and Bruce，1994；Oldham and Cummings，1996；West and Farr，1989)。

成就目标导向是研究员工创造力的一项重要动机变量，它的提出吸引了很多学者的关注，并且一致认为，成就目标导向在影响个体的行为和绩效中扮演着重要角色(Bunderson and Sutcliffe，2003)，成为近年来国内外学者的重要研究课题。同时，成就目标导向的提出也开辟了一个全新的领域，旨在使人们能够更透彻地分析和理解个体不同的行为模式与绩效结果的内在因素。Elliott 和 Dweck (1988)的研究中将成就目标分为两种导向，即精熟目标导向和绩效目标导向，前者关心个体自身能力的发展和进步，后者则关心自身能力被得到证实。成就目标导向领域的研究证实，成就目标导向对个体的成就行为会产生截然不同的影响，其根本原因是不同的目标导向会激活不同的动机系统。例如，精熟目标导向更容易激活关于任务掌握和道德中心的动机系统，而绩效目标导向则更容易激活以自我为中心的动机系统。这样一来，不同的动机系统就会对个体的心理、认知和行为产生截然不同的影响(邢春晖，2009)。

1.1.2 研究意义

企业人力资源管理职能的核心任务就是提升员工个体的绩效水平和企业对员

工绩效进行管理的能力，可见，工作绩效是企业人力资源管理职能的核心关注点。Coleman 和 Borman(2012)提出，对于工作绩效的分析大多集中在员工的任务绩效(task performance)上，但是要认识到，任务绩效不是影响组织效率的唯一因素。在这之后，研究者也开始注重研究关系绩效(contextual performance)，特别是关系绩效的结构和维度问题一直是组织行为学、人力资源管理的关注点。由于技术的革新和社会的进步，传统的有关适应于组织目标单一视角的绩效(任务绩效和关系绩效)理论发生了演变，非任务绩效的概念应运而生。由于非任务绩效概念的诞生，人们渐渐意识到，个体的绩效不是只体现在任务绩效上的，那些互助行为、利他行为、组织公民行为(organizational citizenship behavior)和员工的学习革新等非任务绩效行为，也对组织绩效做出贡献。

在研究动机影响个体行为的同时，许多学者也试图从其他方面探讨影响人类行为的因素。班杜拉(Bandura)的社会认知理论就为人类行为影响机制提供了一个独特的视角。1977 年，班杜拉创造了自我效能感的概念，即个体对自己能否进行某种行为的判断。他认为人对行为的决策是主动的，人自身的认知在行为决策中起着重要作用，自我效能感的高低决定了个体行为的表现。在班杜拉自我效能感概念的基础上，Tierney 和 Farmer(2002)进一步提出了创造力自我效能感(creative self-efficacy)的概念，并将其定义为个人具有制造创意成品能力的一种信念。之后，也有其他学者研究了自我效能感与创造力之间的关系问题。Amabile(1983)认为关于创造力的努力，它需要一些由内而深且源源不断的动力，从而支持个体坚持不懈地完成创造性的任务。也有学者认为高水平的自我效能感是诞生创造力产品以及发现新知识、新问题的重要条件(Bandura，1977；Bandura et al.，1977)。

从以上分析中可以看出，自我效能感与创造力领域进行结合后，创造力自我效能感对创造力可能存在一个更加直接的影响。

在实现组织绩效目标的过程中，组织总是预先制订一系列的绩效计划，而为了能够保证组织目标与员工行为的一致性，组织倾向于建立绩效控制，通过良好的交流，建设性地指导下属达成任务目标，以防止和处理某一绩效周期内可能出现的各种问题。Perrow(1961)指出，组织是多元目标构成的集合，需要一个绩效控制来协调和统一组织任务的实现，采用不同的绩效控制方式可以对员工创造力带来不同程度的影响。正所谓“张弛有度”，如何平衡组织的绩效控制与员工的自主创新，日趋成为管理者们深思的问题。

在组织管理程序中，绩效控制全方位地体现了组织的控制意愿(Lawler，1994；马君，2010)，组织往往通过绩效控制向员工传达组织对他们的期望和组织的隐形价值观，约束并打造员工行为，从而保证员工目标和组织目标是一致的，最终使组织目标完成。同时，员工也会根据“怎样被评价”以及对“评价后果的预期”动态地调整自己的行为以适应组织的绩效控制偏好。组织对个人的绩效控制程度又被 Hall(2002)叫做组织的正规化程度(formalization)，它是基于绩效管理的，通过绩效管理的四个步骤来全程监控公司的绩效目标。绩效管理的四个步骤如下：绩效计划—绩效实施—绩效评估—绩效反馈，从而形成良性的绩效控制循环。组织通过对这个良性循环进行有效管理，依次达成对绩效目标的有力控制。因此良好的组织绩效控制成为组织诱导并规范员工行为的重要工具(Hofstede，1978；Merchant，1985；Tannenbaum，1968)。

自我管理区别于其他团队类型之处在于团队及个人获得充分授权，整个团队共同负责一个完整的项目或者管理一个部门，每个团队成员在承担各自工作任务的同时还要进行自我管理。自我管理团队的工作方式已被广泛运用于各种营利或非营利组织，如通用电气、百事、惠普等。尽管自我管理团队实践方兴未艾，但相关研究最早却可以追溯到 20 世纪 50 年代对英国煤矿工人组成自我协调团队进行的研究，发现机械化程度的提高使外部管理对团队活动的介入程度增加(现代化组织)，虽然会提高生产效率，却降低了员工满意度并损害了非机械化团队中的良好社会关系(William and Pasmore，1993)。鉴于当代组织中员工满意度的降低、员工流动率及缺勤率的恶化(Cummings et al.，1975)，Trist(1977)指出应该采用新型的组织模式应对组织面对的新情况——环境不确定性及复杂性增加、相互依赖程度增高。很多学者认为自我管理团队是有效的解决办法之一，这种情境下，团队成员会将自己视为团队绩效的贡献者，乐意充分发挥自己的价值，而不再仅仅关注完成自己的工作(Manz and Sims，1987)。大量的相关研究表明自我管理团队可以提高生产力(Cohen and Ledford，1994；Goodman et al.，1988)、改善工作质量(Cohen and Ledford，1994；Becker and Wellins，1990)及顾客服务质量(Becker and Wellins，1990)、提高工作满意度(Wall et al.，1986)和组织忠诚度(Fielder，1992)。

1.2 研究目的和方法

1.2.1 研究目的

我国对成就目标导向这方面的研究相对来说还是比较少的，目前国内的研究大多集中在西方研究的理论和综述研究之上。因此，深入开展成就目标导向方面的研究，对我国企业员工的创造力研究，是极富理论和实践意义的。

本书对成就目标导向结构维度研究中应用效标变量来分析成就目标导向结构维度对员工工作表现的影响。工作绩效作为一个被广泛应用的效标变量，可以衡量测验成就目标导向结构维度的有效性。

韩翼(2008)在其“工作绩效与工作满意度、组织承诺和目标定向的关系”一文中，把工作绩效分为任务绩效、关系绩效、学习绩效和创新绩效四个维度，并把成就目标导向引入工作绩效当中，并且做了探索性研究，他采用的仍然是三维度成就目标导向，并没有指出精熟-回避导向是如何影响这四个绩效的。

把成就目标导向的四维结构引入工作绩效中进行研究，主要表现在以下几方面。

(1)就成就目标理论本身来说，国内尚未有关于四维成就目标导向在中国情境下的工作领域中应用的实证研究的先例。如果能够证实四维成就目标导向可以更好地解释中国企业员工的实际观察资料，将对成就目标导向的扩展性应用研究产生重要的助推作用。

(2)对于工作绩效理论来说，建立工作绩效结构模型，将成就目标导向这一变量引入关于员工工作绩效驱动因素的研究中，对探讨中国本土情境中的组织员工的行为方式、丰富工作绩效理论具有重要意义。

(3)考虑到我国的独特情况，通过实证研究的方法来研究国内不同类型员工的成就目标导向状况及其对工作绩效的不同影响，可以改善成就目标导向在我国工作领域缺乏研究尤其是实证性研究的现状。

持有不同成就目标导向的员工会对其创造力产生不同的影响，因此企业可以根据成就目标导向识别出具有不同创造潜力的员工，有针对性地组成创造团队。同时采取有效措施影响员工的成就目标导向，使其朝着有利于发挥创造力的方向发展。

在此基础上，企业还可以对成就目标导向对创造力的内在影响机制进行有效干预。成就目标导向是对创造力产生影响的内在心理机制，认为创造力自我效能感在这一影响中起中介作用，这一社会认知领域变量的引入为企业对员工发挥创造力进行干预创造了可能性。企业可以在识别出员工成就目标导向的基础上，从教育、培训及其他组织环境的改变等方面入手，有针对性地控制和干预个体的社会认知过程，影响员工对自己具备的创造能力水平的认识，从而对员工创造力的形成进行有效干预。当前，在创造力领域的研究中，关于干预的研究很少，因此，通过对创造力自我效能感的干预影响创造力的形成过程，不仅具有深远的理论意义，也具有强大的应用价值。

在探讨个体层次、组织层次及跨层次研究中，分析成就目标导向、组织绩效控制与员工创造力之间的作用关系，并试图回答以下问题：个体层面，员工的成就目标导向差异与其创造力之间存在着何种关系？组织层面，组织绩效控制类型差异与员工创造力之间存在何种影响关系？跨层次方面，组织绩效控制是否会影响成就目标导向与员工创造力之间的关系？若存在影响关系，那么进一步研究具有何种跨层次影响作用？

另外，关于工作团队层次组织绩效控制对个体层次变量影响的研究，运用内部一致性系数(within-group agreement，Rwg)将个体水平的数据加总到团队水平，并且通过多层线性模型(multilevel linear model)进行跨层次分析。将目标导向放到组织环境下进行探索，拓展目标导向理论的应用领域，有助于揭示员工创造力的内在动因；将绩效控制理论引入员工创造力领域的研究中，从跨层次调节作用的角度出发，研究组织绩效控制对成就目标导向与员工创造力关系的影响，有益于理顺目标导向和创造力关系的作用机制，进一步理解组织理论。

通过绩效控制对目标导向和创造力关系的调节作用研究，可以看到绩效控制在组织中发挥着举足轻重的作用，有助于企业识别组织成员的个体特质。针对不同个体采用具体的绩效控制模式，实现硬性管理基础上的灵活管理。企业管理者要予以充分重视，努力营造一种高度信任的组织氛围，增强员工工作的心理安全感，从而促进创造力的实现和提高。

对协和控制的基本特征和作用机制进行深入探讨，并对中国情境中的自我管理团队及协和控制表现方式进行分析。根据研究得出，规范认同与同侪压力(peer pressure)是协和控制的两大基本特征，并指出自我管理团队(自组织)在中国广泛存在，且由于中国文化特征的影响，团队成员对协和控制有更高的敏感度。个体层面和组织层面的立体嵌套关系，通过将个体层面中的成就目标导向因素与组织层面中的协和控制因素结合起来，实现对创造力的跨层次分析。

1.2.2 研究方法

本书是逐步推进的，整个研究分为以下三个阶段。

第一阶段：研究准备阶段。提出所要研究的问题，基于文献回顾撰写研究设计与研究方案。

第二阶段：实证研究阶段。设计问卷，问卷调研，并对问卷进行信度(reliability)与效度(validity)分析，若结果理想，则进行统计分析，否则再次设计问卷与收集数据。

第三阶段：研究总结阶段。总结研究结果，分析研究不足以及未来的研究方向。

研究流程图如图 1-1 所示。

研究方法归纳为以下几个方面。

(1)文献研究法：收集与总结现有文献，分析文献中的研究思路和方法，归纳出各变量的概念、内容、维度，工作绩效的概念和维度，以及变量之间的关系研究，进而提出研究的假设。

(2)实证分析法：实证分析的目的就是检验由理论模型衍生出来的假设。

(3)问卷调查法：在初步测试的基础上，确定正式问卷，通过问卷调查的方法获得研究所需的数据，然后通过统计分析过程得出研究的结论，在此基础上提

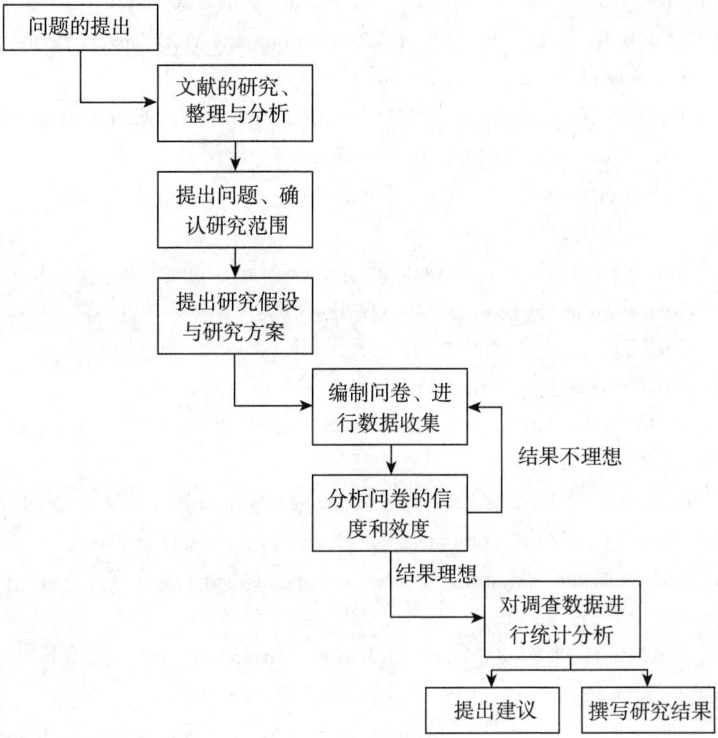

图 1-1　研究流程图

出有针对性的建议。

(4)多学科交叉研究方法：吸收国内外已有的相似研究的经验，并结合经济学理论、心理学理论(运用相关的测量工具)、社会学理论、管理学、统计学等相关学科知识进行研究。

参考文献

韩翼 . 2008. 工作绩效与工作满意度、组织承诺和目标定向的关系[J]. 心理学报，40(1)：84-91.

马君 . 2010. 权变激励与有效绩效评价系统设计研究[J]. 科研管理，(6)：180-190.

邢春晖 . 2009. 目标导向、团队创新气氛对个人创新行为影响的研究[D]. 上海交通大学硕士学位论文 .

Afuah A. 2002. Mapping technological capabilities into product markets and competitive advantage：the case of cholesterol drugs[J]. Strategic Management Journal，23(2)：171-179.

Amabile T M. 1983. The Social Psychology of Creativity[M]. New York：Spingerr-Verlag.

Amabile T M. 1996. Creativity in context：update to the social psychology of creativity[J]. High Ability Studies，(2)：100-101.

Amabile T M. 1998. How to kill creativity[J]. Harvard Business Review，76(5)：76-87.

Amabile T M，Conti R，Coon H，et al. 1996. Assessing the work environment for creativity [J]. The Academy of Management Journal，39(5)：1154-1184.

Baer M，Oldham G R，Cummings A. 2003. Rewarding creativity：when does it really matter? [J]. Leadership Quarterly，14(3)：569-586.

Bandura A. 1977. Self-efficacy：toward a unifying theory of behavioral change[J]. Psychological Review，84(2)：191-215.

Bandura A，Adams N E，Beyer J. 1977. Cognitive processes mediating behavioral change[J]. Journal of Personality and Social Psychology，35(3)：125-139.

Barker J R. 1993. Tightening the iron cage：concertive control in self-managing teams[J]. Administrative Science Quarterly，38(3)：408-437.

Barker J R. 1999. Communication，organization，and performance[J]. Administrative Science Quarterly，44(2)：436-439.

Barker J R，Tompkins P K. 1994. Identification in the self-managing organization：characteristics of target and Tenure[J]. Human Communication Research，21(2)：223-240.

Becker W S，Wellins R. 1990. Customer service：perceptions and reality[J]. Training and Development Journal，44(3)：49-51.

Bunderson S，Sutcliffe K M. 2003. Management team learning orientation and business unit performance[J]. Journal of Applied Psychology，88(3)：552-560.

Cohen S G，Ledford G E. 1994. The effectiveness of self-managing teams：a quasi-experiment [J]. Human Relations，47(1)：13-43.

Coleman V I，Borman W C. 2012. Investigating the underlying structure of the citizenship performance domain[J]. Human Resource Management Review，10(1)：25-44.

Cummings T G，Molly E S，Glen R H. 1975. Intervention strategies for improving productivity and the quality of work life[J]. Organizational Dynamics，4(1)：52-68.

Elliott E S，Dweck C S. 1988. Goals：an approach to motivation and achievement[J]. Journal of Personality and Social Psychology，54(1)：5-12.

Fielder J H. 1992. Organizational loyalty[J]. Business & Professional Ethics Journal，11(1)：71-90.

Goodman P S，Devadas S，Hughson T L. 1988. Groups and Productivity：Analyzing the Effectiveness of Self-Managing Teams[M]. San Francisco：Jossey-Bass.

Hall R H. 2002. Organization：Structures，Processes，and Outcomes[M]. Englewood Cliffs：Prentice-Hall.

Hofstede G. 1978. The poverty of management control philosophy[J]. Academy of Management Review，3(3)：450-461.

Kalberg S. 1980. Max Weber's types of rationality：cornerstones for the analysis of rationalization processes in history[J]. American Journal of Sociology，85(5)：1145-1179.

Lawler E E. 1994. From job-based to competency-based organizations[J]. Journal of Organizational Behavior，15(1)：3-15.

Loughry M L，Tosi H L. 2008. Performance implications of peer monitoring[J]. Organization Science，19(6)：876-891.

Manz C C，Sims Jr H P. 1987. Leading workers to lead themselves：the external leadership of self-managing work teams[J]. Administrative Science Quarterly，32(1)：106-129.

Merchant K A. 1985. Budgeting and the propensity to create budgetary slack[J]. Accounting Organizations & Society，10(2)：201-210.

Oldham G R，Cummings A. 1996. Employee creativity：personal and contextual factors at work [J]. Academy of Management Journal，39(3)：607-634.

Perrow C. 1961. The analysis of goals in complex organizations[J]. American Sociological Review，26(6)：854-866.

Scott S G，Bruce R A. 1994. Determinants of innovative behavior：a path model of individual innovation in the workplace[J]. Academy of Management Journal，37(3)：580-607.

Shalley C E. 1991. Effects of productivity goals，creativity goals，and personal discretion on individual creativity[J]. Journal of Applied Psychology，76(2)：179-185.

Soeters T，Joseph L. 1986. Excellent companies as social movements[1][J]. Journal of Management Studies，23(3)：299-312.

Tannenbaum A S. 1968. Control in Organizations[M]. New York：McGraw-Hill.

Tierney P，Farmer S M. 2002. Creative self-efficacy：its potential antecedents and relationship to creative performance[J]. Academy of Management Journal，45(6)：1137-1148.

Tompkins P K，Cheney G. 1985. Organizational communication：traditional themes and new directions [A]//Communication and Unobtrusive Control in Contemporary Organizations. Annual Reviews of Communication Research[C]. Beverly Hills：Sage.

Trist E. 1977. A concept of organizational ecology[J]. Australian Journal of Management，(2)：161-175.

Wall T D，Kemp N J，Jackson P R，et al. 1986. Outcomes of autonomous workgroups：a long-term field experiment[J]. Academy of Management Journal，29(2)：280-304.

West M A，Farr J L. 1989. Innovation at work：psychological perspectives[J]. Social Behaviour，4(1)：15-30.

William A，Pasmore G S. 1993. The contributions of eric trist to the social engagement of social science[J]. Academy of Management，18(3)：546-569.

Woodman R W，Sawyer J E，Griffin R W. 1993. Toward a theory of organizational creativity [J]. Academy of Management Review，18(2)：293-321.

Zhou J. 2003. When the presence of creative coworkers is related to creativity：role of supervisor close monitoring，developmental feedback，and creative personality[J]. Journal of Applied Psychology，88(3)：413-422.

第 2 章

本土情境下成就目标导向结构维度研究

【本章导读】

第 1 章阐述了本书的研究背景、研究意义、研究目的和研究方法。本章将深入本土情境下成就目标导向结构维度研究，应用效标变量——工作绩效来分析成就目标导向结构维度对员工工作表现的影响。

本章运用结构方程模型考察成就目标导向与工作绩效之间的关系。结果发现：①精熟-趋近目标导向对任务绩效、关系绩效、创新绩效和学习绩效存在正向影响；②精熟-回避目标导向对任务绩效、学习绩效存在正向影响；③绩效-趋近目标导向对任务绩效和关系绩效存在正向影响，对学习绩效存在负向影响；④绩效回避导向对任务绩效和学习绩效存在负向影响。蕴涵的管理启示如下：重点把握精熟-趋近目标导向的员工，带动团队的学习和创新氛围；引导精熟-回避目标导向的员工向精熟-趋近目标导向转化；将绩效-趋近目标导向的员工安排在一些不需要创新或持续学习的岗位；努力引导绩效-回避目标导向的员工转变其目标导向。

2.1　成就目标导向结构维度

2.1.1　成就目标导向结构维度分析

1. 成就目标导向的概念

成就目标导向的概念是由 Elliot 等提出的，Elliott 和 Dweck(1988)认为成就目标导向是对认知过程的态度，它包括认知、情感和行为三个方面。Ames (1992a)认为成就目标导向是成就行为的目的，是能力信心、成败归因和情感三者的整合。Urdan 和 Maehr(1995)认为，成就目标导向是个体在追求成就任务中给出的理由和目的的认知表征。Elliot 和 Church(1997)进一步具体明确，将成就目标与工作胜任力联系在一起，认为成就目标是对与工作胜任力有关行为一种认知-动力的关注。成就目标导向也有被解释为个体努力展示自己的能力，并使自己的行为具备有效性的内在特质(Vandewalle，1997)。Pintrich(2000a)还认为，成就目标导向反映了个体对成就任务的一种内在认知取向，是关于目标、胜任、成功、能力、努力、错误和标准的有组织的结构系统，即成就目标导向是个体关于成就活动的目的、成功的意义和成功标准整合的一个信念系统。

综合以上各种定义，本书对成就目标导向做如下界定：成就目标导向是个体对所从事任务的目的或原因的认知，是个体努力展示自己的能力，并使自己的行为更具有效的内在特质。

2. 成就目标导向的内容

成就动机理论认为目标导向影响着人们如何理解和回应目标实现的环境，它是激励目标之一(Dweck and Leggett，1988；Elliot and Church，1997)。成就目标导向反映了自我发展的信念，而正是这些信念影响了个体对所处环境的解释。提出成就目标导向这个概念后，学者们在不断研究中逐渐将其发展为一个二维构念，即精熟目标导向和绩效目标导向(Dweck and Elliott，1983)，也即个体在成就目标导向方面的不同会导致其创新行为和创造力绩效的差异(Amabile，1983)。精熟目标导向的员工相信，自身的能力是可以塑造的(shapeable)，当他们面对工作、任务中的困难和挑战时，会更加努力，并发挥自身创造力努力运用更复杂的策略来应对。相反，绩效目标导向的员工认为能力是既定的(fixed)，他们倾向于完成任务，希望在工作中表现比他人优异，并试图避免得到负面评价(Dweck，1986)。

1)精熟目标导向

持有精熟目标导向的个体，其关注点在于提高自身工作知识水平及能力，显著特点是将注意力集中在对任务的理解和把握之上，在此基础上，他们倾向于将能力的提高和对完成挑战的程度作为成功的标准。

研究表明，精熟目标导向的概念及相关结构与以下因素密切相关：①注意力集中在学习和工作任务的内在价值；②对通过努力(勤奋)取得成功有坚定的信念；③倾向于承担富有挑战性的工作和任务；④在行为中表现出善于运用有效的社会认知策略；⑤在完成任务的过程中有较高的工作满意感和兴趣(王雁飞等，2001)。个体持有精熟目标导向对自身能力的感知是自我指导的，即个体根据自己设定的标准来判断自身能力。个体关注当前任务的掌握程度，主观成功感取决于个体的进步和学习。

2)绩效目标导向

持有绩效目标导向的个体倾向于在他人面前展示自己的能力，同时也会极力回避那些可能失败或者会表现出自己低能的情境，他们往往参照群体来评价自己的成功，而当他们的工作绩效较低时，会对自己的能力产生怀疑。

研究表明，绩效目标导向的概念及其相关结构与以下因素密切相关(王雁飞等，2001)：①在完成较容易的任务后会有积极的感知；②在行为中较少运用高效率的社会认知策略；③倾向于做挑战性较低的工作；④行为过程容易被外在的其他因素干扰，即持有绩效目标导向的个体将自己的表现和努力程度同他人比较来判断自身能力，其行为关注于自己能力表现的充分性，当超过他人时就体验到了成功。

3)两种成就目标导向的差异

精熟目标导向的关注点在于提高自身工作知识水平及能力，绩效目标导向的关注点是倾向于在他人面前展示自己的能力。两种成就目标导向的主要差异表现为以下三个方面：首先，不同成就目标导向的个体对任务的理解和适应方式上存在明显差异(Dweck，1990)；其次，成就目标导向的差异会影响个体对努力(勤奋)因素的看法(Leggett and Dweck，1987)；最后，不同成就目标导向的个体在对待困难任务和任务失败后的反应方式上存在差异(Elliott and Dweck，1988；Dweck and Leggett，1988)。

3. 成就目标导向的维度

成就目标理论的发展中，研究者对成就目标的结构研究日趋深化，将单一的成分演变为一个混杂的结构(鲁志鲲和张文海，2004)。

1)单因素结构

Dweck 和 Elliott(1983)首先提出成就目标导向单因素理论，将精熟目标导向和绩效目标导向两种成就目标导向定位在同一维度上，认为是同一维度上的两个相对变量。Dweck 和 Elliott(1983)认为个体关于自身能力和对世界的认知是个体行为方式产生差异的根本原因。

2)两因素结构

也有研究者提出了目标导向的两因素结构，认为精熟目标导向与绩效目标导向是两个独立的维度。在两因素结构中，不同的研究者对这两种目标导向的命名是不同的。Elliott 和 Dweck(1988)把成就目标导向区分为精熟目标导向和绩效目标导向；Nicholls 等(1989)把这两种目标导向命名为任务卷入导向 (task involvement)和自我卷入导向 (ego involvement)。任务卷入导向的个体倾向于发展自己的能力，注重自我参照能力的进步；自我卷入导向的个体倾向于更有效地发挥自己现有能力，注重参照他人的能力进行优势比较。

后来的研究者继续沿着他们的研究对目标导向的两因素结构进行命名。例如，Ames(1992b)将成就目标导向命名为精熟导向(mastery orientation)和绩效导向(performance orientation)，Butler(1993)将目标导向划分为精熟目标(mastery goals)和能力目标(ability goals)，Skaalvik(1997)将目标导向划分为任务导向(task orientation)和自我导向(ego orientation)等。

尽管许多研究者采用的术语不同，但基本含义是相同的。一般把精熟目标导向定义为个体以发展自身能力为目标；绩效目标导向定义为个体以通过获得更好的成绩来表现和证明自身的能力为目标。于是，Pintrich(2000b)综合了各个学者的分类，用精熟目标导向和绩效目标导向来代表目标导向的两个维度。

3)三因素结构

在成就目标导向的研究中，早期研究普遍认为精熟目标与任务适应性结果相连，绩效目标与非适应性结果相连。但近年来的一些研究出现了与早期研究相悖的结论，即绩效目标与许多适应性结果相连，如积极的自我概念、情感、态度和学业价值(Midgley et al.，1996；Skaalvik，1997；Wolters et al.，1996；Pajares et al.，2000)。另外，绩效目标还与努力正相关(Bouffard et al.，1995；Elliot et al.，1999)。

为了解释绩效目标结果中存在的不一致现象，Urdan(1997)研究发现，绩效目标导向中存在两个不同的成分，即趋近(approach)和回避(avoidance)。后来研究者将趋近和回避成分整合进成就目标导向中，区分出“绩效-趋近目标”(performance-approach goals)和“绩效-回避目标”(performance-avoid goals)。这样就形成了成就目标的三因素结构，主要的代表观点如下：Elliot等(Elliot and Church，1997；Elliot and Harackiewicz，1996；Harackiewicz and Barron，1997；Harackiewicz et al.，1998)在总结前人成果的基础上，提出了一个修订的目标导向三因素结构，定义了三种独立的目标导向，即精熟目标导向、绩效-趋近目标导向和绩效-回避目标导向。尽管绩效目标导向的取向都关注自身表现的结果，但绩效-趋近目标导向关注的是展示自身能力并从他人那里得到肯定评价；而绩效-回避目标导向则着力于不暴露自己的不足，以避免得到否定性评价。

Vandewalle(1997)根据自己的研究结果提出了成就目标导向三因素理论，他认为应该将绩效目标导向分为证实(prove)和逃避(avoid)两个维度。他通过研究证实了自己提出的成就目标导向三因素结构的有效性，形成了成就目标导向结构三维度的理论模型。

也有一些学者对成就目标导向的三因素结构提出了不同看法，认为除精熟目标导向和绩效目标导向以外，还应该将社会目标导向归入成就目标导向理论中(Maehr，1980)。Urdan和Maehr(1995)也认为只有将社会目标归入成就目标理论当中，才能够更好地理解成就目标导向理论。基于以上研究结果的差异，对成就目标导向研究的三因素理论需要进一步研究。

4)四因素结构

自从把绩效目标导向划分为两个分支以后，即绩效-趋近目标和绩效-回避目标，也有学者把精熟目标导向按照趋近和回避成分划分为“精熟-趋近目标导向”

和“精熟-回避目标导向”(Elliot，1999；Elliot and McGregor，2001；Pintrich，2000a)，这样就形成了成就目标导向的四因素理论，即精熟-趋近目标(mastery-approach goals)、精熟-回避目标(mastery-avoid goals)、绩效-趋近目标和绩效-回避目标。

首先，Pintrich(2000a)对四因素结构的假设做了系统的描述(表 2-1)。

表 2-1　两种成就目标及其趋近-回避状态

效价	目标指向	
	精熟目标	绩效目标
趋近状态	个体关注的是任务掌握、学习和理解；根据自己的能力进步和知识水平提高，以及对任务的理解深度来评价自身的表现	个体关注的是如何超越他人，表明自己的优势；根据常模标准评价自身，如在班上考得最好
回避状态	个体关心的是如何避免不理解和不能完成任务的情况；判断成功的标准是在自我比较基础上准确无误地完成任务	个体关心的是如何不让自己显得低能，显得比别人笨；根据常模标准来评价自身的表现，如不是班里最差的

注：Printrich(2000a)

在此基础上，Elliot 和 McGregor(2001)对上述假设做了进一步的理论分析和实证研究。他们认为胜任力是成就目标的核心，围绕这一概念产生了成就目标的两个基本维度：一是如何定义胜任力(能力界定)；二是如何评价胜任力(能力效价)。胜任力主要根据成绩评价中使用的参照物或标准来界定。基于能力界定(精熟-绩效区分)和能力效价(趋近-回避倾向)把目标导向分成 2×2 的成就动机框架(图 2-1)。

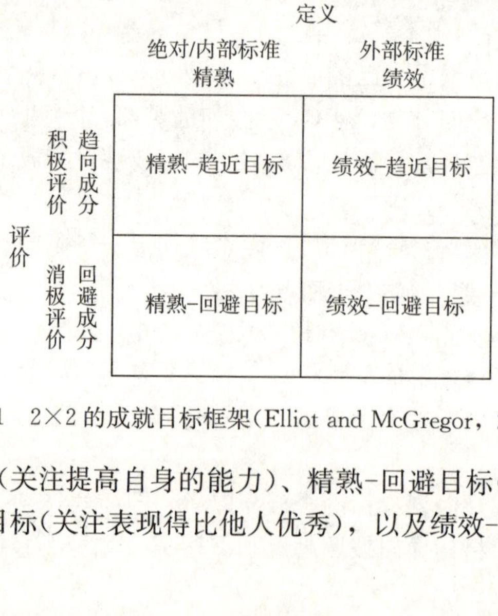

图 2-1　2×2 的成就目标框架(Elliot and McGregor，2001)

精熟-趋近目标(关注提高自身的能力)、精熟-回避目标(关注规避完不成的任务)、绩效-趋近目标(关注表现得比他人优秀)，以及绩效-回避目标(关注回避表现得比他人更差）。这四个维度完整地构成了指向目标实现的个人自我调整行为(self-regulatory behavior)。

在四因素结构中，精熟-回避目标成为讨论的焦点。从现实和逻辑的角度讲，精熟-回避目标的存在是合理的，Elliot 和 McGregor(2001)做了实证研究。Baranik 等(2007)也在工作领域对精熟-回避目标的存在进行了实证研究，得到了数据支持。

Janssen 和 Prins(2007)通过对医院医护人员的成就目标导向进行调查，也验证了精熟-回避目标的存在，并指出不能鼓励持精熟-回避目标导向的雇员寻求自我提高。

程炳林(2003)对我国台湾地区九所中学的学生进行调查，研究结果发现，目标导向的四因素结构具有良好的整体适配度，适合用于解释中学生的观察资料。其在研究中证实：精熟-回避目标比精熟-趋近目标有较多的不适应结果，但是比绩效-回避目标有较多正向的结果。

综上所述，成就目标的结构划分还有待于进一步研究，两因素结构无法解释绩效目标作用结果的不一致现象，三因素结构无法解释现实中存在的一些典型的精熟回避现象，而在四因素结构中，精熟-回避目标与精熟目标、精熟-回避目标与绩效-回避目标之间的区分还有待进一步研究。

2.1.2　效标变量——工作绩效分析

成就目标导向结构维度研究中需要选用合适的外在标准来检测其有效性，以更好地预测组织中个体的行为。本章应用效标变量分析成就目标导向结构维度对员工工作表现的影响。工作绩效作为一个被广泛应用的效标变量，可以衡量测验成就目标导向结构维度的有效性。

1. 工作绩效的概念

学者们对工作绩效的定义主要从以下三个角度加以分析和定义。

(1)结果绩效：将绩效和组织中的责任、目标、任务、能力等能够衡量的因素等同起来，通过评价员工的工作结果判断其绩效的高低。

(2)行为绩效：指出结果说过分强调结果而忽视了其他一些重要的程序因素和人际关系因素，而事实上，这些过程性因素对工作的结果产生了非常重要的影响。

(3)综合绩效：认为绩效是同时衡量行为和结果的，主张绩效是某个个体在一定时间范围所做的与组织目标相关的可评价的行为及结果。从实际意义方面来讲，将绩效界定为“行为和结果”的综合是很有意义的，它不仅很好地解释实际现象，而且一个宽松的界定往往使绩效更容易被大家接受，这对绩效评估与管理是至关重要的。

上述关于工作绩效的定义体现了工作绩效几个关键的问题(韩翼和廖建桥，2006)：①工作绩效是一种行为、结果或时空上的表现；②工作绩效表现为行为或行动的质量或数量；③工作绩效对组织目标与任务的实现有影响，对组织绩效有贡献；④工作绩效具有多维度结构；⑤工作绩效是可以评估的行为或结果。

2. 工作绩效的结构

近年来在工作绩效研究领域，工作绩效结构及相关模型的研究是一个焦点和重点。过去，人们对绩效的认识是单一维度的，Katz 和 Kahn(1978)提出工作绩效的三维分类法，研究者才开始对绩效结构进行深入探讨。该框架由三部分组成：①加入组织并愿意留在组织中；②达到或超过组织对员工所规定的任务标准；③自发参与或进行组织对员工规定之外的活动，如与其他成员合作等(Katz and Kahn，1978)。自此以后，研究者循着他们的足迹，开始对绩效多维度的研究，主要的代表观点包括以下几方面。

1)组织公民行为

在大量实证研究的基础上，Smith 等(1983)提出了组织公民行为的概念，并将组织公民行为定义为："帮助其他组织成员更好地工作或支援组织、对组织负责的一种超越自身职责任务的行为。"组织公民行为与员工的主动性有关，与组织的规定、奖励和报酬无任何联系，但从总体上能够促进组织绩效的实现。

随后 Brief 和 Motowidlo(1986)提出了一个与组织公民行为相似的概念，即亲社会行为(prosocial organizational behavior)，并将其定义为以下三种行为：①组织中成员的行为；②在组织中扮演不同角色时，以与他人发生关系的个人、群体或组织为导向的行为；③为了增加个人、群体或组织的福利而从事的行为。

George 和 Brief(1992)提出了组织奉献精神(organizational spontaneity)，并将其定义为涵盖五种行为：①帮助同事；②维护组织；③提供有建设性的意见或建议；④努力实现自我发展；⑤群体活动中传播友善。

Coleman 和 Borman(2000)通过聚类分析，将组织公民行为分为三种结构，即人际公民绩效、组织公民绩效和工作/任务的责任意识，这对于非任务绩效的分类有着深远的影响。

组织公民绩效理论虽然对工作绩效理论的研究有重要意义，但由于其研究范围仅仅局限于便利组织的社会、心理和物质的环境，而不是直接对工作绩效进行研究，存在着一定的缺陷。

2)Campbell 绩效结构模型

Campbell(1990)等在军队人员选拔和分类中，以入伍层级的士兵为研究对象，得出士兵绩效的五个维度：①核心技术熟练程度；②一般士兵技术熟练程度；③努力和领导；④自律及身体状况；⑤军容。

随后，Campbell 等(1990)又提出另外一套划分绩效范围的模型，认为绩效由三个层面组成，即陈述性知识、程序性知识与技能激励。这三个维度又由八个独立的成分组成：①特定工作细化任务的熟练程度；②非特定工作细化任务的熟练程度；③口语交流和书面表述的熟练程度；④努力程度；⑤保持自律；⑥合作中的相互促进；⑦领导与监督；⑧管理与执行(Campbell，1993)。Campbell 的模型试图将包含在每一任务中的工作行为细化，并使其能够清楚地表达出来，将因特定任务而产生组织成效的绩效行为与因其他方式而产生组织成效的绩效行为区分开来。

Campbell 八因素绩效模型是研究绩效多维结构的起点，它提供了在组织背景下理解绩效的全面架构，被认为可以代表最高水平的提取，可以充分地描述所有词典中出现的职位名称所表示的工作(陈亮和段兴民，2008)。

3)任务绩效与关系绩效二因素结构模型

Borman 和 Motowidlo(1993)对组织公民行为、亲社会行为等研究进行了归纳，认为根据 Campbell 的八因素绩效模型可以将绩效行为分为两类，即任务绩效和关系绩效，并依此构建了绩效二元结构模型。

(1)任务绩效。任务绩效与职务的具体工作内容密切相关，同时也与个体能力、任务熟练程度和工作知识要求密切相关，包括两个方面的行为：一是直接把原材料转化为产品和服务的活动，二是通过补充原材料的供应、分配产品、提供计划、监督和人事职能来保持技术核心顺利高效运转的活动。

(2)关系绩效。关系绩效是考核组织公民行为的内容，主要包括主动执行职务要求之外的与组织绩效相关的活动、帮助他人完成工作或与别人合作工作、严格执行组织的规章制度，贯彻、支持和维护组织目标等。

根据 Borman 和 Motowidlo(1997a，1997b)的研究，进一步拓展他们先前的模型，将工作绩效划分为五个维度：①主动执行不属于本职工作的任务；②在工作中表现出超常的工作热情；③工作时愿意帮助别人，并乐于与他人合作；④自觉执行组织的规章制度；⑤支持和维护组织目标。

Motowidlo 和 van Scotter(1994)以美国空军人员为样本进行了实证研究，发现任务绩效和关系绩效分别独立地对整体绩效起作用，从而实证区分了任务绩效和周边绩效两个维度。

van Scotter 和 Motowidlo(1996)又进一步对周边绩效进行了研究，提出了关系绩效的两个子维度：①人际促进，是指有助于组织目标实现的人际倾向行为，这些行为能提高员工士气，鼓励协作，营造任务绩效发生的情境要素；②工作奉献，集中表现为自律行为，如遵守规则、努力工作、主动解决工作中的问题等。

任务绩效和关系绩效理论提出了工作绩效的两个维度，深化了雇员工作情景(社会的、心理的、组织的)与工作本身的效能关系，该模型提出后长期受到学术界的重视，并成为关于绩效结构分析最为重要的概念模型(王辉等，2003)。

4)B. Allworth 和 E. Hesketh 的三维模型

当今组织处于一个变化着的环境中，非常紧迫地需要能随时适应环境变化的员工。在不断变化及多元化的环境中，员工需要增加适应性、多样性和对不确定性的容忍程度，才能更好地实现工作绩效。而这种以适应新的工作要求和情境为特征的适应绩效成分却没有被 Borman 和 Motowidlo(1993)的工作绩效分类框架所包含。

基于此，Allworth 和 Hesketh(1997)通过理论分析，提出有必要在任务绩效和关系绩效的基础上增加关注员工应对变化的适应性绩效成分，他们通过两个大样本($N=317$，$N=368$)的研究，证明了适应性绩效独立于任务绩效和关系绩效。

5)学习绩效和创新绩效理论

London 和 Mone(1999)认为，持续学习是形成计划学习，并将新知识和新技能应用于不断变化的组织环境中的过程，这也是绩效的一个维度。绩效定义和评价的要素包括：①人们有参加持续学习的能力或意愿；②能有效地开展学习；③实现绩效提高等。

随后，阿吉里斯(2004)从更深的层次对学习绩效进行了研究，个体要学习“如何做”，还要学习“为什么”那样做。学习如何做的个体只是对现有范围绩效的一种改善，而学习为什么那样做的个体往往能够突破现有惯例，即使掌握了现在不能获得奖赏的知识和技能，相信对未来的成长和发展也是有帮助的。

Janssen 和 van Yperen(2004)的研究证实了精熟目标导向对创新的正向影响，提出了创新绩效的概念，并从创新愿望、创新行动、创新成果及创新成果应用四个方面开发了创新绩效量表。

6)国内学者的绩效结构研究

孙健敏和焦长泉(2002)对管理者工作绩效结构进行了探索性研究，归纳出管理者工作绩效的三个维度，即任务绩效、个人特质绩效和人际关系绩效。

温志毅(2005)通过探索性和验证性因素分析(confirmatory factor analysis，CFA)，在与 Borman 和 Motowidlo 二因素结构模型、Allworth 和 Hesketh 三因素结构模型的比较中提出工作绩效四因素结构，包括任务绩效、人际绩效、适应绩效和努力绩效四个成分。四因素工作绩效结构模型中，任务绩效与传统任务绩效的界定一致；努力绩效并非处于从属地位，而是一个独立的绩效成分；人际绩效、适应绩效也被证实为工作绩效结构中的两个独立成分。

通过总结各种绩效理论结构模型，韩翼和廖建桥(2006)建立了一个工作绩效概念模型，从任务绩效、关系绩效、学习绩效和创新绩效四个构面进行探讨，认为任务绩效反映了雇员直接对组织目标实现的贡献，是员工必须完成的；关系绩效反映对组织人际气候的贡献，是员工需要完成的；学习绩效涉及员工对创造未来价值的贡献，是员工愿意完成的；而创新绩效则显示了员工对个体和组织自身持续发展与成长的贡献，是员工应该完成的。雇员绩效从任务绩效到关系绩效再到学习绩效，最终达到创新绩效，是一个螺旋上升的过程。

本章将采用韩翼和廖建桥(2006)的四因素工作绩效模型，包括任务绩效、关系绩效、学习绩效和创新绩效四个方面，进而探寻员工成就目标导向与工作绩效的关系。

2.1.3　成就目标导向与效标变量——工作绩效的关联分析

为了检验成就目标导向在本土情境下呈现何种结构，我们选择工作绩效作为效标变量以检验成就目标导向的效标关联效度。根据以往学者的研究，不同成就目标导向表现出不同的行为模式，从而对绩效产生不同的影响。

Butler(1987)在实验研究中发现，在精熟目标导向的工作情境下能够促进个体的工作绩效提高，且远远高于绩效目标导向工作情境下的工作绩效。

Hofmann 和 Ringenbach(1993)的研究中发现绩效目标导向与工作绩效之间没有显著的直接相关。Hofmann(1995)在之后的一项研究中表明，精熟目标导向与绩效目标导向之间存在着交互作用，并且显著影响个体的工作绩效和个体的工作满意感。并且在此项研究中，不论是精熟目标导向占有优势，还是绩效目标导向占有优势的个体，都观察到了非常有效的绩效。

Vandewalle(1997)以医疗器械销售人员作为研究对象，做了一个纵向研究，调查不同目标导向的个体与销售绩效之间的关系及影响，发现精熟目标导向与销售绩效之间呈正相关，而绩效目标导向与销售绩效之间不存在相关关系。

Janssen 和 van Yperen(2004)在检验绩效目标导向和精熟目标导向与工作绩效中的角色绩效及创新绩效的研究中发现，精熟目标导向与角色绩效和创新绩效是正相关关系($r=0.33$，$p<0.001$；$r=0.19$，$p<0.01$)，而绩效目标导向与角色绩效是负相关关系($r=-0.26$，$p<0.001$)，对创新绩效影响不显著。

Lee 等(2006)在研究中国情境下的员工目标导向和工作绩效的关系中发现，精熟目标导向与员工的工作绩效显著正相关，而绩效目标导向与员工的绩效之间没有显著的相关关系。

徐方忠和朱祖祥(2000)以大学生为研究对象，发现持有绩效目标导向的个体往往注重任务的完成，而对任务的掌握不加关注；持有精熟目标导向的个体以学习新知识能力是否得到提高来评价工作结果，因此失败并不影响其继续进行作业和学习。

陈光伟和陈嵩(2006)对我国台湾人寿保险业和汽车销售业的销售人员进行问卷调查，发现销售人员的精熟和绩效目标导向对销售行为绩效有显著的正向影响，回避目标导向对销售人员的行为绩效有显著负向影响。

韩翼(2008)研究发现，精熟目标导向对任务绩效、关系绩效、学习绩效、创新绩效产生正相关关系，而绩效目标导向对任务绩效产生正相关关系，对学习绩效产生负相关关系，对关系绩效和创新绩效无影响。

尽管以上的研究成果之间存在着矛盾之处，但是大多数研究都证明了成就目标导向与工作绩效之间是有关系的(王雁飞，2000)，可以以工作绩效作为预测成就目标导向结构的效标变量。

2.2 研究假设推演与研究框架构建

2.2.1 概念界定

概念界定作为研究过程中的基础环节，明确和统一研究中涉及的各个术语，以避免研究结论的混淆和误用(Babbie，1999)。

本章涉及的术语包括：①高科技企业；②成就目标导向；③精熟-趋近目标；④精熟-回避目标；⑤绩效-趋近目标；⑥绩效-回避目标；⑦工作绩效；⑧任务绩效；⑨关系绩效；⑩学习绩效；⑪创新绩效。

1. 高科技企业

根据1991年国务院颁布的“12号文件”中对高科技企业的界定，高科技企业是指利用高新技术生产高新技术产品、提供高新技术劳务的企业。它是知识密集、技术密集的经济实体。例如，高科技企业必须是电子信息、生物技术等11个领域之内的企业；必须是知识密集和技术密集型企业；企业用于研发的投入必须占到企业销售收入的3%～5%；企业的科技人员必须占到企业的20%～30%；真正进行技术开发和技术研究的人员必须占到10%以上等。

同时根据《高新技术企业认定管理办法》的规定，高新技术企业是对其主要产品(服务)的核心技术拥有自主知识产权，并同时符合下列条件的企业。

(1)产品(服务)属于《国家重点支持的高新技术领域》规定的范围。

(2)具有大学专科以上学历的科技人员占企业当年职工总数的30%以上，其中研发人员占企业当年职工总数的10%以上。

(3)企业近三个会计年度的研究开发费用总额占销售收入总额的比例符合如下要求：①最近一年销售收入小于5 000万元的企业，比例不低于6%；②最近一年销售收入在5 000万～20 000万元的企业，比例不低于4%；③最近一年销售收入在20 000万元以上的企业，比例不低于3%。

(4)高新技术产品(服务)收入占企业当年总收入的60%以上。

(5)企业研究开发组织管理水平、科技成果转化能力、自主知识产权数量、销售与总资产成长性等指标符合《高新技术企业认定管理工作指引》的要求。

2. 成就目标导向

根据 2.1 节对成就目标导向的综述，成就目标导向是指个体对所从事任务的目的或原因的认知，是个体努力展示自己的能力，并使自己的行为更为有效的内在特质。成就目标导向包括四个维度，即精熟-趋近目标、精熟-回避目标、绩效-趋近目标、绩效-回避目标。

3. 精熟-趋近目标

本书采用 Pintrich(2000a)对精熟-趋近目标的定义，是指个体关注的是任务掌握、学习和理解；根据自己的进步和提高以及对任务的理解深度来评价自身的表现。

4. 精熟-回避目标

精熟-回避目标是指个体关心的是如何避免不理解和没有周围任务的情况；判断成功的标准是在自我比较基础上准确无误地完成任务。

5. 绩效-趋近目标

绩效-趋近目标是指个体关注的是如何超越他人，表明自己最优秀、最棒；根据常模标准评价自身，如在工作中表现得最好。

6. 绩效-回避目标

绩效-回避目标是指个体关心的是如何不让自己显得低能，显得比别人差；根据常模标准评价自身的绩效表现，如不是工作中最差的。

7. 工作绩效

本章中的工作绩效采用 Han 和 Liao(2005)的工作绩效四因素概念模型，即工作绩效包括任务绩效、关系绩效、学习绩效和创新绩效四个方面。任务绩效包括工作职责、任务技能和任务知识等。关系绩效包括协助同事、遵守规则、额外努力和个人自律等。学习绩效包括学习意愿、学习行动和学习结果等。创新绩效包括创新意愿、创新行动和创新结果等。

2.2.2　研究框架

1. 概念模型

本章研究成就目标导向对员工工作绩效的影响机制，在前人研究的基础上提出了以下逻辑框架模型(图 2-2)。

在图 2-2 中，成就目标导向的四维度已经由 Elliot 和 McGregor 在 *A* 2×2

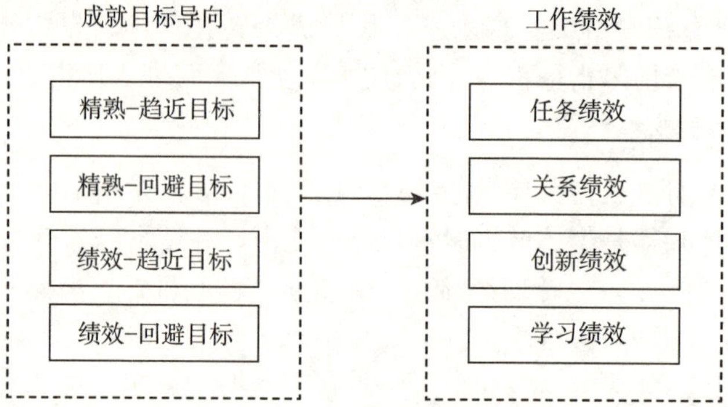

图 2-2 逻辑框架图

achievement goal framework 得到了证实，并且 Baranik、Barron 和 Finney 在 *Measuring goal orientation in a work domain*：*construct validity evidence for the* 2×2 *framework* 从工作领域进行了实证研究。工作绩效的四因素结构也由 Han 和 Liao 在 *A four-component conceptual model of job performance* 一文中得到了证实。

2. 研究假设

根据 Elliot 和 McGregor(2001)的研究，持有精熟-趋近目标的员工，会以学习为导向，并关注自己能力的提升。例如，喜欢富有挑战性的工作，寻找机会掌握新的技能和知识，喜欢工作中有挑战性、有难度的任务等。员工主要根据自己的进步和提高，以及对任务的理解深度来评价自身的表现。由此本章提出如下假设。

H_{1a}：精熟-趋近目标导向对任务绩效存在正向影响。

H_{1b}：精熟-趋近目标导向对关系绩效存在正向影响。

H_{1c}：精熟-趋近目标导向对学习绩效存在正向影响。

H_{1d}：精熟-趋近目标导向对创新绩效存在正向影响。

持精熟-回避目标导向的员工以学习为导向，努力规避完不成的任务。例如，关注如何不能比之前做的工作差，希望可以获得能够胜任工作的足够技能，避免出现不能很好执行工作任务的情况等。由此本章提出如下假设。

H_{2a}：精熟-回避目标导向对任务绩效存在正向影响。

H_{2b}：精熟-回避目标导向对关系绩效不存在显著影响。

H_{2c}：精熟-回避目标导向对学习绩效存在正向影响。

H_{2d}：精熟-回避目标导向对创新绩效存在正向影响。

持绩效-趋近导向的员工更关注于表现得比他人优秀，员工根据绩效标准来评价自身。例如，在意自己是否比其他同事强，在工作中努力证明自己的能力，喜欢在工作中得到他人的赞赏，愿意从事能够向他人展示自己能力的工作等。由此本章提出如下假设。

H_{3a}：绩效-趋近目标导向对任务绩效存在正向影响。

H_{3b}：绩效-趋近目标导向对关系绩效不存在显著影响。

H_{3c}：绩效-趋近目标导向对学习绩效存在负向影响。

H_{3d}：绩效-趋近目标导向对创新绩效不存在显著影响。

持绩效-回避导向的人倾向于尽量避免接受有较高错误和失败可能性的挑战，而将精力投入成功概率较高的任务执行中，关注于如何避免表现得比他人更差。例如，避免工作中使自己出丑或暴露弱点的情境，避免在工作中表现得最差等。由此本章提出如下假设。

H_{4a}：绩效-回避目标导向对任务绩效存在负向影响。

H_{4b}：绩效-回避目标导向对关系绩效不存在显著影响。

H_{4c}：绩效-回避目标导向对学习绩效存在负向影响。

H_{4d}：绩效-回避目标导向对创新绩效不存在显著影响。

综合以上研究假设，我们得到员工成就目标导向与工作绩效影响机制的研究模型，如图 2-3 所示。

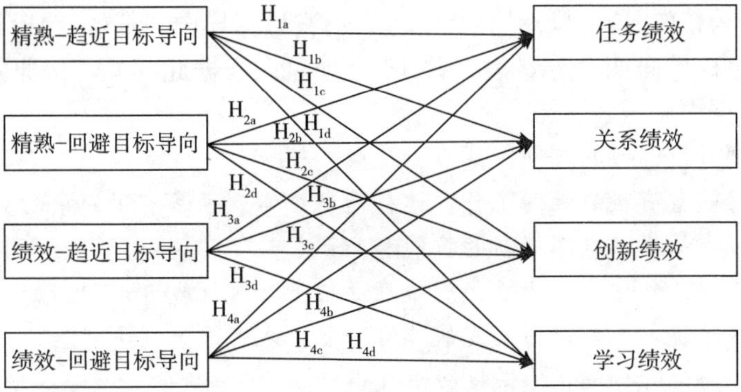

图 2-3　员工成就目标导向与工作绩效影响机制的研究模型

2.3　研究问卷设计、数据获取与质量评估

2.3.1　问卷设计

本次的问卷主要包括两个部分。第一部分是“员工成就目标导向调查问卷”，分为个人信息和主题内容两方面内容，由被调查对象本人填写，旨在调查员工的成就目标导向情况；第二部分是“工作绩效调查问卷”，分为个人信息和主题内容

两方面内容，由被调查对象的上级主管对其工作绩效进行评价，旨在了解员工的工作绩效情况。

在问卷调查中，常用的三种量表有瑟斯顿量表(Thurston scale)、格特曼量表(Guttman scale)和利克特量表(Likert scale)。瑟斯顿量表编制要求严格，格特曼量表所需条件在实际中难以满足，利克特量表则易于编制并且具有同样满意的信度(Kapes et al.，1994)，可以用来测量其他一些量表不能测量的某些多维度的复杂概念或态度。

利克特量表包括4点式、5点式、6点式和7点式，有时甚至能见到10点式。这些量表各有优缺点。综合考虑操作性和准确性，本节的两部分问卷均采用5点式量表，即1表示非常不符合，2表示基本不符合，3表示不清楚，4表示基本符合，5表示非常符合。

1. 成就目标导向量表的编制

由于成就目标导向课题在国外已经有了比较深入的探讨，研究工具也比较成熟，为保证测量的信度和效度，主要借鉴国外研究者经常使用的相关研究工具。本章主要采用Baranik等(2007)编制的成就目标导向的量表作为问卷调查的第一部分问卷，该量表适用于工作领域的成就目标导向的测量。

量表分为精熟-趋近目标导向、精熟-回避目标导向、绩效-趋近目标导向和绩效-回避目标导向四个分量表，共18个项目。根据此问卷，按原意直译成中文，然后根据中文的表达要求做适当修改。

精熟-趋近目标导向题项包括以下几点。

(1)我喜欢富有挑战性的工作，这样能从中学到很多有用的东西。

(2)我经常寻找机会掌握新的技能和知识。

(3)我喜欢工作中有挑战性、有难度的任务，这样我可以学到新的技能。

(4)对我来说，工作能力的发展非常重要，我可以为之去冒险。

精熟-回避目标导向题项包括以下几点。

(1)我只是尽量避免在执行工作任务时缺乏必要的技能。

(2)当投入一项工作任务时，我会反复思考怎么做才能不出错。

(3)在工作中，我关注的是不能比之前做的工作差。

(4)我的目标是避免在执行工作任务时缺乏必要的技能。

(5)我希望可以获得能够胜任工作的足够的技能。

(6)在工作中，我尽量避免不能很好地执行工作任务的情况。

绩效-趋近目标导向题项包括以下几点。

(1)我在意自己是否比其他同事强。

(2)我试着在工作中向他人证明自己的能力。

(3)我喜欢在工作中得到他人的赞赏。

(4)我喜欢从事能够向他人展示自己能力的工作。

绩效-回避目标导向题项包括以下几点。

(1)如果有可能向他人表现出自己没能力，我宁愿避免接受新的工作。

(2)对我来说，避免展示自己的弱点比学习新技能更重要。

(3)如果我的表现证明自身能力很低，则会担心是否要从事这个工作。

(4)我尽量避免工作中使自己出丑的情境。

相关资料显示，成就目标导向量表具有良好的信度和效度，但用于中国情境研究时，需要对其进行一定的修订。

2. 工作绩效量表的编制

为了保证问卷的效度和信度，我们使用的相关量表借鉴韩翼(2006)的量表。该量表是根据扩展后的工作绩效框架，综合国内几家外资、合资、国有企业的绩效管理和绩效评估方面的资料，以及近年来国外有关工作绩效研究中涉及的内容进行编制。此量表包含任务绩效、关系绩效、学习绩效和创新绩效四个维度，一共 40 个题项。

工作绩效量表任务绩效共有 9 个题项，主要涉及工作职责、任务技能和任务知识等方面；关系绩效共有 16 个题项，主要涉及协助同事、遵守规则、额外努力、个人自律等方面；学习绩效共有 7 个题项，主要涉及学习意愿、学习行动、学习结果等方面；创新绩效共有 8 个题项，主要涉及创新意愿、创新行动和创新结果等方面。

相关分析和回归分析显示，工作绩效量表具有良好的信度和效度。工作绩效四个维度及总体工作绩效 Rwg、Cronbach α 均大于 0.7，再测信度系数也均大于 0.7，说明此量表的的各项信度指标良好，稳定而可靠。可累积解释总方差的 61.492%，说明这四个因子可解释。为了更好地反映该量表的信度和效度，本章也将对其进行预调研研究。

3. 工作绩效量表的编制

根据工作绩效量表设计，于 2009 年 10 月至 12 月进行调查。首先进行抽样预调查(N=118)，并进行信度分析和探索性因子分析(factor analysis)，根据分析结果对量表做相应调整；其次形成正式量表进行调查。

2.3.2　预调查研究

1. 成就目标导向量表

本次预调研主要针对成就目标导向量表，在预调查研究中，共向上海市的三家高科技企业发放问卷 130 份，收回有效问卷 118 份，有效率为 90.77%。

1)样本的分布情况

样本的分布情况如表 2-2 所示。

表 2-2 样本的分布情况(一)

项目		频次	百分比/%
性别	男	74	62.7
	女	44	37.3
	总计	118	100.0
婚姻	已婚	36	30.5
	未婚	82	69.5
	总计	118	100.0
年龄	<20 岁	1	0.8
	21～23 岁	7	5.9
	24～26 岁	46	39.0
	27～29 岁	35	29.7
	30～32 岁	14	11.9
	33～35 岁	12	10.2
	36～38 岁	3	2.5
	总计	118	100.0
职称	没有	39	33.1
	初级	46	39.0
	中级	28	23.7
	副高级	5	4.2
	高级	0	0.0
	总计	118	100.0
学历	高中以下	6	5.1
	专科	24	20.3
	本科	84	71.2
	研究生以上	4	3.4
	总计	118	100.0
服务时间	<1 年	26	22.0
	1～3 年	43	36.5
	4～5 年	37	31.4
	8～10 年	1	0.8
	11～15 年	11	9.3
	总计	118	100.0

2)均值和标准差分析

利用统计软件 SPSS 17.0 对预调查样本进行均值与方差分析，结果如表 2-3 所示。

表 2-3 描述性分析(二)

变量	指标	数量	最小值	最大值	平均值	标准差
精熟-趋近目标导向	题项 1	118	1	5	4.08	0.849
	题项 2	118	2	5	3.91	0.827
	题项 3	118	1	5	3.97	0.891
	题项 4	118	1	5	3.73	0.834
精熟-回避目标导向	题项 5	118	1	5	3.94	0.777
	题项 6	118	1	5	3.98	0.653
	题项 7	118	1	5	3.61	1.070
	题项 8	118	2	5	4.16	0.691
	题项 9	118	2	5	4.35	0.605
	题项 10	118	1	5	4.08	0.711
绩效-趋近目标导向	题项 11	118	1	5	3.52	0.958
	题项 12	118	1	5	3.80	0.902
	题项 13	118	2	5	3.86	0.761
	题项 14	118	1	5	3.55	0.939
绩效-回避目标导向	题项 15	118	1	5	2.86	1.064
	题项 16	118	1	5	2.52	1.044
	题项 17	118	1	5	3.15	1.059
	题项 18	118	1	5	3.51	0.941

3)问卷的信度分析

信度是指测验结果的一致性、稳定性及可靠性，一般多以内部一致性表示该测验信度的高低。信度系数越高即表示该测验的结果越一致、稳定与可靠。系统误差对信度没什么影响，因为系统误差总是以相同的方式影响测量值的，因此不会造成不一致性。反之，随机误差可能导致不一致性，从而降低信度。本章采用内部一致性 α 系数进行信度检验。一般来讲，α 系数越大，表示该变量题项的相关性越大，即内部一致性程度越高。信度分析主要包括对题项和单一构面的信度分析。通常情况下，一份信度系数好的量表或问卷，其总量表的信度系数最好在 0.8 以上，如果是 0.7～0.8，还算是可以接受的范围；如果是分量表，其信度系数最好在 0.7 以上，如果是 0.6～0.7，还可以接受使用；如果分量表(层面)的内部信度系数在 0.6 以下或总量表的信度系数在 0.8 以下，应考虑重新修订量表或增删题项(吴明隆，2003)。

对预调查的 118 份问卷分别进行分量表和总量表的信度检验。检验发现，各分量表都在 0.7 以上，而总量表则大于 0.8(表 2-4)，说明此问卷的信度良好。

表 2-4 信度分析(一)

分量表	α 系数	题项数量
精熟-趋近目标导向	0.829	4
精熟-回避目标导向	0.723	6
绩效-趋近导向导向	0.834	4
绩效-回避导向导向	0.767	4
总量表	0.806	18

4)问卷的效度分析

效度，即有效性，它是指测量工具或手段能够准确测出所需测量的事物的程度。效度是指所测量到的结果反映想要考察内容的程度，测量结果与要考察的内容越吻合，则效度越高；反之，则效度越低。效度主要分为内容效度和结构效度两种类型。

内容效度又称逻辑效度，是指项目对欲测的内容或行为范围取样的适当程度，即测量内容的适当性和相符性。本章问卷中的量表借鉴国内外学者在该领域实证研究的相关量表及理论的基础之上，对专家学者进行深度访谈后修正并确定的，可以说本章的量表具有相当高的内容效度。

结构效度又称构想效度，结构效度是指一个测验实际测到所要测量的理论结构和特质的程度，或者说它是指测验分数能够说明心理学理论的某种结构或特质的程度；也是指实验与理论之间的一致性，即实验是否真正测量到假设(构造)的理论，也即量表测量由理论产生的变量之间的系列假设的能力，在预调查中，通过因素分析进行了效度检验。因素分析时变量间需要具有一定程度的相关，相关太高或太低的变量，都会造成因素分析的困难。相关性太低很难抽取一组稳定的共同因素，相关性太高则会发生回归分析的多重共线性问题，其判别效度有待检验，所获得的因素价值不高。对此，可通过比较变量间相关系数(Kaiser-Meyer-Olkin，KMO)值和 Bartlett's 球形检验。

当 KMO 值越大时，表示变量间的共同因素越多，越适合进行因素分析，根据 Kaiser(1974)的观点，KMO 值低于 0.5，较不适宜做因素分析，KMO 值大于 0.7，尚可做因素分析，KMO 值大于 0.8，适宜做因素分析，KMO 值大于 0.9，则极适合做因素分析，而 Bartlett's 球形检验中 p 值小于 0.05，适合做因素分析。

运用 SPSS 17.0 进行统计分析，结果显示，KMO 值大于 0.7，并且通过 Bartlett's 球形检验，可做因素分析(表 2-5)。

表 2-5　预调查 KMO 值和 Bartlett's 球形检验(一)

KMO 值		0.763
Bartlett's 球形检验	χ^2 检验值	736.963
	df	153.000
	Sig.	0.000

以特征根值大于或等于 1 为标准截取数据，并采用方差最大化正交旋转(varimax)进行计算，结果显示共有 4 个因子的特征值大于 1，这 4 个因子的累计方差解释比例达到了 63.44%。从因子载荷结果来看，4 个研究变量与 4 个因子一一对应(表 2-6)。其中，题项八“我的目标是能够胜任工作所必须完成的任务并拥有工作必需的技能”一项没有被保留，因子载荷小于 0.5。这是由于汉语环境中，此项与题项九相似，所以，在正式调查中将删除此项。

表 2-6　预调查问卷正交旋转后因子载荷值(荷载小于 0.5 的不保留)(一)

题项	1	2	3	4
题项一	0.849			
题项二	0.793			
题项三	0.830			
题项四	0.717			
题项五			0.664	
题项六			0.647	
题项七			0.852	
题项九			0.580	
题项十			0.731	
题项十一		0.765		
题项十二		0.724		
题项十三		0.838		
题项十四		0.745		
题项十五				0.829
题项十六				0.876
题项十七				0.646
题项十八				0.573

2. 工作绩效问卷

1)均值和标准差分析

利用统计软件 SPSS 17.0 对预调查样本进行均值与方差分析，结果如表 2-7 所示。

表 2-7 描述性分析(二)

变量	指标	数量	最小值	最大值	平均值	标准差
关系绩效	题项 1	118	3	5	4.58	0.587
	题项 2	118	2	5	4.22	0.681
	题项 3	118	3	5	4.34	0.569
	题项 4	118	1	5	2.78	1.148
	题项 5	118	1	5	3.81	0.862
	题项 6	118	2	5	4.05	0.936
	题项 7	118	2	5	3.83	0.746
	题项 8	118	2	5	4.51	0.669
	题项 9	118	2	5	3.67	0.912
	题项 10	118	2	5	4.30	0.777
	题项 11	118	2	5	4.08	0.858
	题项 12	118	1	5	3.34	1.096
	题项 13	118	2	5	4.04	0.803
	题项 14	118	2	5	4.01	0.773
	题项 15	118	1	5	3.48	1.028
	题项 16	118	1	5	4.07	0.934
任务绩效	题项 17	118	3	5	4.36	0.636
	题项 18	118	2	5	4.30	0.745
	题项 19	118	2	5	4.08	0.815
	题项 20	118	1	5	4.01	0.848
	题项 21	118	1	5	3.96	1.064
	题项 22	118	1	5	2.28	1.223
	题项 23	118	2	5	3.65	0.818
	题项 24	118	1	5	3.86	0.899
	题项 25	118	1	5	3.86	0.964
创新绩效	题项 26	118	2	5	3.84	0.890
	题项 27	118	2	5	3.77	0.786
	题项 28	118	2	5	3.92	0.799
	题项 29	118	2	5	3.54	0.901
	题项 30	118	1	5	3.55	0.953
	题项 31	118	1	5	3.39	0.867
	题项 32	118	1	5	3.20	0.960
	题项 33	118	1	5	3.27	1.037

续表

变量	指标	数量	最小值	最大值	平均值	标准差
学习绩效	题项 34	118	1	5	3.99	0.890
	题项 35	118	1	5	3.43	1.014
	题项 36	118	2	5	4.01	0.876
	题项 37	118	2	5	4.00	0.924
	题项 38	118	2	5	4.02	0.855
	题项 39	118	1	5	4.14	0.885
	题项 40	118	1	5	2.22	1.373

2)问卷的信度分析

对预调查的 118 份问卷分别进行分量表和总量表的信度检验。检验发现，各分量表都在 0.7 以上，而总量表则大于 0.8(表 2-8)，说明此问卷的信度良好。

表 2-8　信度分析(二)

分量表	α 系数	题项数量
关系绩效	0.860	16
任务绩效	0.716	9
创新绩效	0.871	8
学习绩效	0.824	7
总量表	0.938	40

3)问卷的效度分析

运用 SPSS 17.0 进行统计分析，结果显示，KMO 值大于 0.7，并且通过 Bartlett's 球形检验，可进行因素分析(表 2-9)。

表 2-9　预调查 KMO 值和 Bartlett's 球形检验(二)

KMO 值		0.813
Bartlett's 球形检验	χ^2 检验值	2 313.289
	df	780.000
	Sig.	0.000

以特征根值大于或等于 1 为标准截取数据，并采用方差最大化正交旋转进行计算，结果显示共有 4 个因子的特征值大于 1，这 4 个因子的累计方差解释比例达到了 63.296%。从因子载荷结果来看，4 个研究变量与 4 个因子一一对应(表 2-10)。

表 2-10 预调查问卷正交旋转后因子载荷值(荷载小于 0.5 的不保留)(二)

指标	1	2	3	4
题项 1	0.604			
题项 2	0.630			
题项 3	0.567			
题项 4	−0.536			
题项 5	0.640			
题项 6	0.510			
题项 7	0.570			
题项 8	0.589			
题项 9	0.644			
题项 10	0.562			
题项 11	0.677			
题项 12	0.562			
题项 13	0.690			
题项 14	0.647			
题项 15	0.714			
题项 16	0.761			
题项 17		0.587		
题项 18		0.613		
题项 19		0.619		
题项 20		0.571		
题项 21		0.446		
题项 22		−0.832		
题项 23		0.862		
题项 24		0.724		
题项 25		0.692		
题项 26				0.623
题项 27				0.671
题项 28				0.638
题项 29				0.523
题项 30				0.611

续表

题项	1	2	3	4
题项 31				0.613
题项 32				0.533
题项 33				0.559
题项 34			0.728	
题项 35			0.562	
题项 36			0.782	
题项 37			0.830	
题项 38			0.813	
题项 39			0.674	
题项 40			−0.596	

2.3.3　正式样本数据分析

1. 描述性分析

1)人口统计特征

Hinkin(1995)认为，用做因素分析的发放项目和回收项目之比从 1∶4 到 1∶10 都可以接受，并且 Hinkin 进一步建议，用做试验分析的样本至少在 150 份以上，用做验证性分析的样本至少在 200 份以上。

正式调查问卷样本采集主要向 6 家高科技企业发放问卷，其中软件公司 4 家，半导体公司 1 家，电信公司 1 家(应公司的保密要求，公司名称省略)。在调查中，共发放问卷 330 份，收回有效问卷 288 份(去除答题大量缺失或所有数据为同一选项者)，有效回收率为 87.27%，用做验证性分析的问卷达到 288 份，因此符合分析的要求。

对样本利用 SPSS 17.0 进行统计分析，样本的分布情况见表 2-11。

表 2-11　样本的分布情况(二)

项目		频次	百分比/%
性别	男	156	54.2
	女	132	45.8
	总计	288	100.0
婚姻	已婚	104	36.1
	未婚	184	63.9
	总计	288	100.0

续表

项目		频次	百分比/%
年龄	<20 岁	2	0.7
	21～23 岁	16	5.6
	24～26 岁	102	35.4
	27～29 岁	86	29.9
	30～32 岁	48	16.7
	33～35 岁	28	9.7
	36～38 岁	6	2.1
	总计	288	100.0
职称	没有	122	42.4
	初级	94	32.6
	中级	62	21.5
	副高级	10	3.5
	高级	0	0.0
	总计	288	100.0
学历	高中以下	22	7.6
	专科	52	18.1
	本科	206	71.5
	研究生以上	8	2.8
	总计	288	100.0
服务时间	1 年以内	54	18.8
	1～3 年	90	31.2
	4～7 年	106	36.8
	8～10 年	12	4.2
	11～15 年	26	9.0
	总计	288	100.0
公司规模	较大	96	33.3
	中等	140	48.6
	较小	52	18.1
	总计	288	100.0

从表 2-11 中可以看出，本次调查男性占 54.2%，女性占 45.8%，男性比例略高于女性，这与高科技企业中的男性比较多是一致的。另外，样本年龄中24～29 岁占 65.3%，本科及以上学历占 74.3%，这也与高科技企业的年龄结构和学历结构一致。因此，样本选择上具有很强的代表性。

2)均值和标准差分析

样本的均值和标准差分析如表 2-12 所示。

表 2-12　样本的均值和标准差分析

变量	题项	数量	最小值	最大值	平均值	标准差
精熟-趋近目标导向	题项 1	288	1	5	3.82	0.844
	题项 2	288	2	5	3.74	0.789
	题项 3	288	1	5	3.76	0.831
	题项 4	288	1	5	3.59	0.836
精熟-回避目标导向	题项 5	288	2	5	4.01	0.774
	题项 6	288	1	5	4.09	0.715
	题项 7	288	1	5	3.75	0.995
	题项 8	288	3	5	4.29	0.537
	题项 9	288	3	5	4.18	0.559
绩效-趋近目标导向	题项 10	288	1	5	3.71	0.780
	题项 11	288	1	5	3.95	0.815
	题项 12	288	2	5	4.01	1.077
	题项 13	288	2	5	3.92	0.726
绩效-回避目标导向	题项 14	288	1	5	3.50	1.114
	题项 15	288	1	5	3.01	1.013
	题项 16	288	1	5	3.61	0.981
	题项 17	288	1	5	3.72	0.826
关系绩效	题项 18	288	3	5	4.55	0.598
	题项 19	288	2	5	4.20	0.693
	题项 20	288	3	5	4.33	1.175
	题项 21	288	1	5	2.87	1.159
	题项 22	288	1	5	3.76	0.862
	题项 23	288	2	5	4.01	0.916
	题项 24	288	2	5	3.82	0.761
	题项 25	288	2	5	4.50	0.683
	题项 26	288	2	5	3.72	0.888
	题项 27	288	2	5	4.30	0.800
	题项 28	288	2	5	4.04	0.871
	题项 29	288	1	5	3.29	1.105
	题项 30	288	2	5	4.00	0.816
	题项 31	288	2	5	4.01	0.792
	题项 32	288	1	5	3.42	1.049
	题项 33	288	1	5	4.05	0.965

续表

变量	题项	数量	最小值	最大值	平均值	标准差
任务绩效	题项 34	288	3	5	4.33	0.641
	题项 35	288	2	5	4.29	0.763
	题项 36	288	2	5	4.11	0.810
	题项 37	288	1	5	4.01	0.841
	题项 38	288	1	5	4.00	1.071
	题项 39	288	1	5	2.26	1.237
	题项 40	288	2	5	3.70	0.783
	题项 41	288	1	5	3.87	0.900
	题项 42	288	1	5	3.87	0.971
创新绩效	题项 43	288	2	5	3.86	0.905
	题项 44	288	2	5	3.78	0.776
	题项 45	288	2	5	3.88	0.816
	题项 46	288	2	5	3.50	0.887
	题项 47	288	1	5	3.57	0.943
	题项 48	288	1	5	3.42	0.853
	题项 49	288	1	5	3.26	0.929
	题项 50	288	1	5	3.30	0.966
学习绩效	题项 51	288	1	5	3.95	0.862
	题项 52	288	1	5	3.36	0.976
	题项 53	288	2	5	3.97	0.894
	题项 54	288	2	5	3.95	0.937
	题项 55	288	2	5	4.03	0.879
	题项 56	288	1	5	4.11	0.903
	题项 57	288	1	5	2.21	1.360

2. 成就目标导向问卷质量检验

1)信度分析

利用 SPSS 17.0 对正式数据的各个层面的信度进行分析，见表 2-13。

表 2-13 成就目标导向问卷正式调查信度分析结果

分量表	α 系数	题项数量
精熟-趋近目标导向	0.886	4
精熟-回避目标导向	0.715	5
绩效-趋近目标导向	0.735	4
绩效-回避目标导向	0.767	4
总量表	0.834	17

由表 2-13 可以看出，各个层面量表的信度为 0.715～0.886，均大于 0.7，

总量表的信度达到 0.834，大于 0.8，且删除任一指标后，都将导致其所测量概念的 α 系数降低。结果表明，本量表的各项信度指标良好，用于此次调研的问卷具有较高的内部一致性。

2)效度分析

利用 SPSS 17.0 对数据进行 KMO 值和 Bartlett's 球形检验，见表 2-14。

表 2-14　成就目标导向问卷正式调研 KMO 值和 Bartlett's 球形检验

KMO 值		0.757
Bartlett's 球形检验	χ^2 检验值	2 435.207
	df	136.000
	Sig.	0.000

从表 2-14 中可以看出，KMO=0.757>0.7，χ^2=2 435.207(在 0.001 水平上显著)，表明各个项目的得分不在同一个球面上，即各变量独立性假设不成立。而且用主成分分析法进行因素分析，并经方差最大正交旋转后萃取公因子，抽取了成就目标导向四个主因素，可累积解释总方差的 62.905%，且因子载荷均高于 0.5。说明正式样本数据适合进行因子分析。

利用 Amos 7.0 对数据进行验证性因子分析，验证事前定义因子的模型与实际数据的拟合能力。

其中，组合信度(composite reliability，CR)值表示潜在变量概念指标的内部一致性，信度越高表示这些指标的一致性越高，一般规定要大于 0.6。平均抽取的方差(average variance extracted，AVE)值是计算潜在变量的各测量变量对该潜在变量的平均变异解释力，AVE 值越高表示潜在变量的信度和收敛效度越高，AVE 值要大于等于 0.5，公式如下：

$$\mathrm{CR}=\frac{\left(\sum\lambda\right)^2}{\left(\sum\lambda\right)^2+\sum\theta}$$

$$\mathrm{AVE}=\frac{\sum\lambda^2}{\sum\lambda^2+\sum\theta}$$

结果显示(表 2-15)，CR 值为 0.793～0.841，均高于 0.6，表示研究模型具有很好的内部一致性；AVE 值为 0.500～0.518，均大于 0.5，表明问卷各测量变量对潜在变量的平均变异解释力达到标准。因此，认为问卷具有较好的结构效度。

表 2-15　正式样本调查问卷效度分析(一)

潜在变量	测量变量	标准化 因子载荷 λ	标准化 残差值 θ	CR	AVE
精熟-趋近目标导向	G1 挑战性工作	0.93	0.86	0.798	0.501
	G2 新技能	0.66	0.44		
	G3 有难度任务	0.90	0.80		
	G4 工作能力	0.79	0.62		
精熟-回避目标导向	G5 避免能力不足	0.60	0.36	0.841	0.518
	G6 不出错	0.65	0.42		
	G7 不比过去更糟	0.65	0.31		
	G8 足够的技能	0.50	0.25		
	G9 执行任务好	0.49	0.24		
绩效-趋近目标导向	G10 比同事强	0.64	0.41	0.801	0.506
	G11 证明能力	0.78	0.61		
	G12 得到赞赏	0.54	0.20		
	G13 展示自己	0.60	0.30		
绩效-回避目标导向	G14 避免新工作	0.82	0.67	0.793	0.500
	G15 避免弱点	0.74	0.55		
	G16 避免展示能力	0.69	0.48		
	G17 避免出丑	0.43	0.18		

3. 工作绩效问卷质量检验

1)信度分析

运用 SPSS 17.0 对正式数据的各个层面的信度进行分析，见表 2-16。

表 2-16　工作绩效问卷正式调查信度分析结果

分量表	α 系数	题项数量
关系绩效	0.866	16
任务绩效	0.730	9
创新绩效	0.883	8
学习绩效	0.844	7
总量表	0.942	40

由表 2-16 可以看出，各个层面量表的信度为 0.730～0.883，均大于 0.7，总量表的信度达到 0.942，大于 0.8。结果表明，本量表的各项信度指标良好，用于此次调研的问卷具有较高的信度。

2)效度分析

运用 SPSS 17.0 对数据进行 KMO 值和 Bartlett's 球形检验，见表 2-17。

表 2-17　工作绩效问卷正式调研 KMO 值和 Bartlett's 球形检验

KMO 值		0.804
Bartlett's 球形检验	χ^2 检验值	5 101.833
	df	780.000
	Sig.	0.000

从表 2-17 可以看出，KMO＝0.804＞0.7，χ^2＝5 101.833(在 0.001 水平上显著)，表明各个项目的得分不在同一个球面上，即各变量独立性假设不成立，而且用主成分分析法进行因素分析，并经方差最大正交旋转后萃取公因子，抽取了工作绩效四个主因素，可累积解释总方差的 64.640%，且因子载荷均高于 0.5。这说明正式样本数据适合进行因子分析。

结果显示(表 2-18)，CR 值为 0.744～0.797，均高于 0.6，表示研究模型具有很好的内部一致性；AVE 值为 0.501～0.548，均大于 0.5，表明问卷各测量变量对潜在变量的平均变异解释力达到标准。因此，可以认为问卷具有较好的结构效度。

表 2-18　正式样本调查问卷效度分析(二)

潜在变量	CR	AVE
关系绩效	0.797	0.501
任务绩效	0.745	0.548
创新绩效	0.750	0.502
学习绩效	0.744	0.501

4. 结构方程模型分析

结构方程模型是一种建立、估计和检验因果关系模型的方法。模型中既包含可观测的显在变量，也可能包含无法直接观测的潜在变量。一个完整的结构方程模型由两部分构成，即测量模型和结构模型。测量模型或称外部模型，它反应的是显在变量和潜在变量之间的关系，其构成的数学模型是验证性因子分析；结构模型或称内部模型，通过路径分析的概念讨论潜在变量之间的关系，是因子分析和路径分析的结合。

1) 成就目标导向结构方程分析

运用 Amos 7.0，在 Amos Graphics 中进行数据导入和运算，可以得到成就目标导向结构方程模型的参数估计值，见图 2-4。

图 2-4 表明，各指标在四维模型各分维度上都有较高的载荷。除了 G8、G12、G17 载荷在 0.60 以下，其余指标的载荷均在 0.60 以上。

成就目标导向研究模型的最大似然法估计参数及标准化参数如表 2-19 所示。

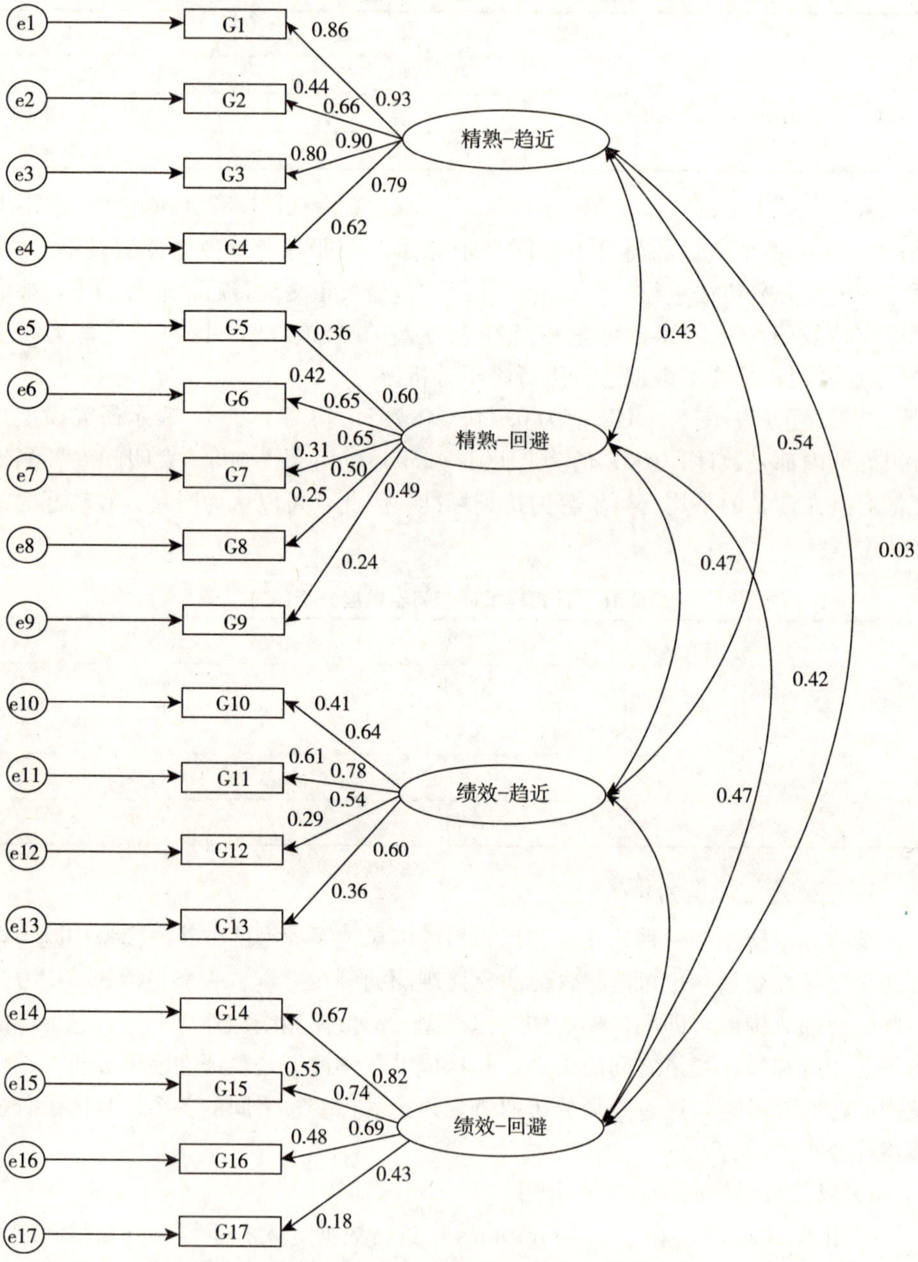

图 2-4 成就目标导向标准化结构方程模型

表 2-19　成就目标导向研究模型的最大似然法估计参数及标准化参数

变量	统计参数				
	协方差的估计值	S. E.	C. R.	p	标注
G4<———精熟-趋近	1.000				
G3<———精熟-趋近	1.132	0.064	17.618	***	显著
G2<———精熟-趋近	0.797	0.066	12.117	***	显著
G1<———精熟-趋近	1.193	0.065	18.247	***	显著
G9<———精熟-回避	1.000				
G8<———精熟-回避	0.984	0.168	5.860	***	显著
G7<———精熟-回避	1.001	0.224	4.469	***	显著
G6<———精熟-回避	1.696	0.255	6.656	***	显著
G5<———精熟-回避	1.681	0.262	6.411	***	显著
G13<———绩效-趋近	1.000				
G12<———绩效-趋近	1.469	0.160	9.207	***	显著
G11<———绩效-趋近	1.469	0.160	9.207	***	显著
G10<———绩效-趋近	1.150	0.138	8.321	***	显著
G17<———绩效-回避	1.000				
G16<———绩效-回避	1.937	0.295	6.572	***	显著
G15<———绩效-回避	2.146	0.320	6.714	***	显著
G14<———绩效-回避	2.594	0.379	6.844	***	显著

* $p<0.05$；** $p<0.01$；*** $p<0.001$

其中，C. R. 为临界比，由协方差的估计值除以标准误估计值(S. E.)得到。在 0.05 显著性水平上，任何在数量上超过 1.96 的临界比均被认为是显著的。表 2-19显示，所有的 C. R. 值均大于 1.96，表明各个指标的载荷均是显著的，参数效果较好。

考察结构方程模型拟合度的指标一般包括：CMIN、χ^2 值和 df 自由度；CMIN/df 小于或等于 5，1 为理论期望值，实际研究中，CMIN/df 接近 2，即可认为模型的拟合程度较好；NFI 规范拟合指数、IFI 增量拟合指数、TLI 非规范拟合指数、CFI 比较拟合指数、AGFI 调整拟合优度指数，均为 0～1，越接近 1 表示模型适配越好，一般以大于或等于 0.9 为宜；RMSEA 近似误差均方根，数值为 0，表示“完美适配”，数值小于 0.05，表示“良好适配”，数值为 0.05～0.08，表示“不错适配”，数值为 0.08～0.10，表示“中度适配”，数值大于 0.1，则表示“不良适配”。

在 Amos 输出的 Model Fit 文件中，本章结构方程模型的指标参数见表 2-20。

表 2-20 成就目标导向研究模型的拟合指标系数(一)

指标	CMIN	df	CMIN/df	NFI	IFI	TLI	CFI	GFI	AGFI	RMSEA
数值	533.253	213	2.504	0.805	0.839	0.883	0.836	0.844	0.807	0.035

由表 2-20 可以看出，尽管 NFI 等指标未达到 0.9，但是均在 0.8 以上，RMSEA 则在"良好适配"范围内。再者，拟合优度并非判断模型的必要性指标，理论上讲，如果不断增加模型中的自变量个数，最终就可以得到 1 的拟合优度，但是单纯的统计学数据要以实际理论为基础，不能只考虑统计指标。因此，可以认为本模型拟合良好，与观测数据有着较好的适配度。

这就证实了成就目标导向是由四个维度组成的，即精熟-趋近目标导向、精熟-回避目标导向、绩效-趋近目标导向和绩效-回避目标导向。

2)工作绩效结构方程分析

运用 Amos 7.0，在 Amos Graphics 中进行数据导入和运算，可以得到工作绩效结构方程模型的参数估计值，见图 2-5。

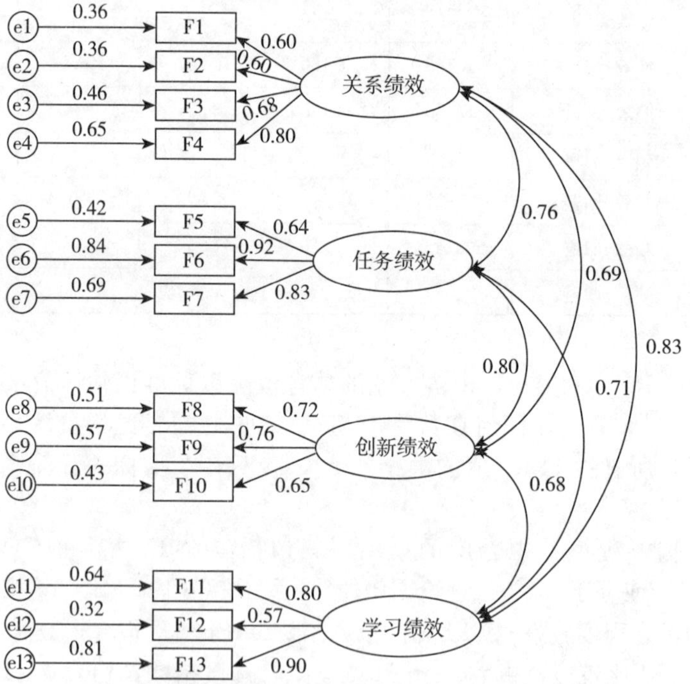

图 2-5 工作绩效标准化结构方程模型

本章工作绩效子维度题目都在 7 个以上，为了减少处理量我们对相应指标进行合并，得出 13 个新的指标：F1——协助同事；F2——遵守规则；F3——个人自律；F4——额外努力；F5——工作职责；F6——工作技能；F7——工作知识；F8——创新意愿；F9——创新行动；F10——创新结果；F11——学习意愿；F12——学习行动；F13——学习结果。

图 2-5 表明，各指标在四维模型各分维度上都有较高的载荷。除 F12 载荷在 0.60 以下之外，其余指标的载荷均在 0.60 以上。

模型的最大似然法的估计参数和相应的标准化参数如表 2-21 所示。

表 2-21　工作绩效研究模型的最大似然法估计参数及标准化参数

变量	统计参数				
	协方差的估计值	S.E.	C.R.	*p*	标注
F4<———关系绩效	1.000				
F3<———关系绩效	0.693	0.084	8.293	***	显著
F2<———关系绩效	0.527	0.073	7.206	***	显著
F1<———关系绩效	0.533	0.069	7.757	***	显著
F7<———任务绩效	1.000				
F6<———任务绩效	1.025	0.079	12.921	***	显著
F5<———任务绩效	0.612	0.072	8.461	***	显著
F10<———创新绩效	1.000				
F9<———创新绩效	1.132	0.155	7.304	***	显著
F8<———创新绩效	0.924	0.131	7.032	***	显著
F13<———学习绩效	1.000				
F12<———学习绩效	0.700	0.096	7.294	***	显著
F11<———学习绩效	0.876	0.077	11.433	***	显著

* $p<0.05$；** $p<0.01$；*** $p<0.001$

表 2-21 显示，所有的 C.R. 值均大于 1.96，表明各个指标的载荷均是显著的，参数效果较好。

在 Amos 输出的 Model Fit 文件中，成就目标导向研究模型的拟合指数系数如表 2-22 所示。

表 2-22　成就目标导向研究模型的拟合指标系数(二)

指标	CMIN	df	CMIN/df	NFI	IFI	TLI	CFI	GFI	AGFI	RMSEA
数值	232.986	109	2.137	0.904	0.839	0.883	0.833	0.882	0.807	0.047

由表 2-22 可以看出，尽管 IFI 等指标未达到 0.9，但是皆在 0.8 以上，RMSEA 则在“良好适配”范围内。拟合优度并非判断模型的必要性指标，理论上讲，

如果不断增加模型中自变量的个数，最终就可以得到值为 1 的拟合优度，但是单纯的统计学数据要以实际理论为基础，不能只考虑统计指标。因此，可以认为本模型拟合良好，与观测数据有着较好的适配度。

3)模型和假设检验

(1)初始模型的建立。

完成模型的信度和效度检验后，根据前文假设，在 Amos Graphics 中得到如图 2-6 的初始模型 M1，并对其进行数据导入和运算，得到的初始模型 M1 运算结果如图 2-6 所示。

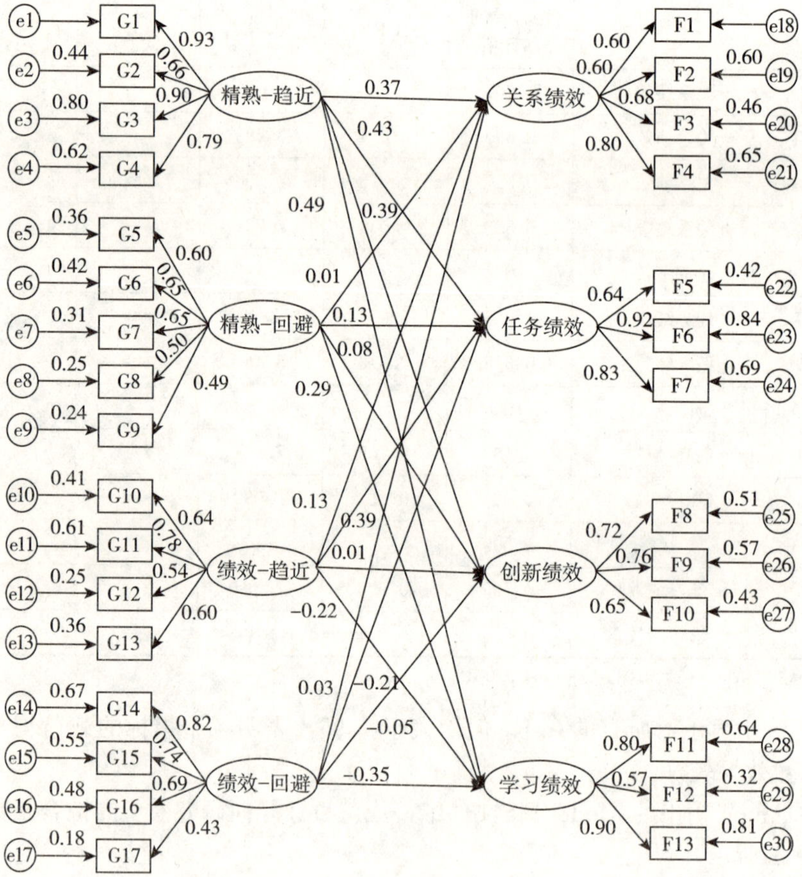

图 2-6　初始模型 M1 运算结果

初始模型由 8 个潜在变量、30 个观测变量及 30 个残差变量组成。其非标准回归路径系数见表 2-23。

表 2-23　非标准回归路径系数

变量	统计参数				
	协方差的估计值	S. E.	C. R.	p	标注
关系绩效<———绩效-回避	0.026	0.051	0.510	0.509	不显著
关系绩效<———绩效-趋近	0.129	0.034	3.794	***	显著
关系绩效<———精熟-回避	0.527	0.373	1.413	0.091	不显著
关系绩效<———精熟-趋近	0.594	0.105	5.657	***	显著
任务绩效<———绩效-回避	0.293	0.046	6.370	***	显著
任务绩效<———绩效-趋近	0.148	0.038	3.895	***	显著
任务绩效<———精熟-回避	0.393	0.095	4.137	***	显著
任务绩效<———精熟-趋近	0.637	0.105	6.067	***	显著
创新绩效<———绩效-回避	0.058	0.068	0.853	0.056	不显著
创新绩效<———绩效-趋近	0.006	0.015	0.400	0.697	不显著
创新绩效<———精熟-回避	0.026	0.028	0.911	0.576	不显著
创新绩效<———精熟-趋近	0.615	0.092	6.685	***	显著
学习绩效<———绩效-回避	0.876	0.077	11.377	***	显著
学习绩效<———绩效-趋近	0.321	0.094	3.415	***	显著
学习绩效<———精熟-回避	0.335	0.042	8.042	***	显著
学习绩效<———精熟-趋近	0.305	0.035	8.665	***	显著

* $p<0.05$； ** $p<0.01$； *** $p<0.001$

表 2-23 中，C. R. 为临界比，由协方差的估计值除以标准误估计值(S. E.)得到。在 0.05 显著性水平上，任何在数值上超过 1.96 的临界比就被认为是显著的。可以看出，绩效-回避对关系绩效、精熟-回避对关系绩效、绩效-回避对创新绩效、绩效-趋近对创新绩效、精熟-回避对创新绩效的影响是不显著的。

在 Amos 输出的 Model Fit 文件中，本章模型 M1 拟合优度指数见表 2-24。

表 2-24　模型 M1 拟合优度指数

指标	CMIN	df	CMIN/df	NFI	IFI	TLI	CFI	GFI	AGFI	RMSEA
数值	332.986	137	2.431	0.835	0.871	0.843	0.833	0.851	0.847	0.063

从表 2-24 可以看出，尽管 NFI 等指标未达到 0.9，但是皆在 0.8 以上，RMSEA 则在“不错适配”范围内。

(2)模型修正。

为了研究的谨慎性和科学性，需要对模型 M1 进行一定的修正，看是否能够得到拟合度更好且有理论基础的模型。根据结构方程模型理论要求，模型的修正必须一步一步进行，模型的修正不能完全基于数据，修正必须要有实际意义。在实际操作中，一般采取增加或者减少路径的方式来修正模型。

首先，本模型路径数已达到理论上的最大值，不可能通过增加路径来修正模型。其次，考虑减少路径。将模型 M1 中不显著路径删除后得到模型 M2（图 2-7）。

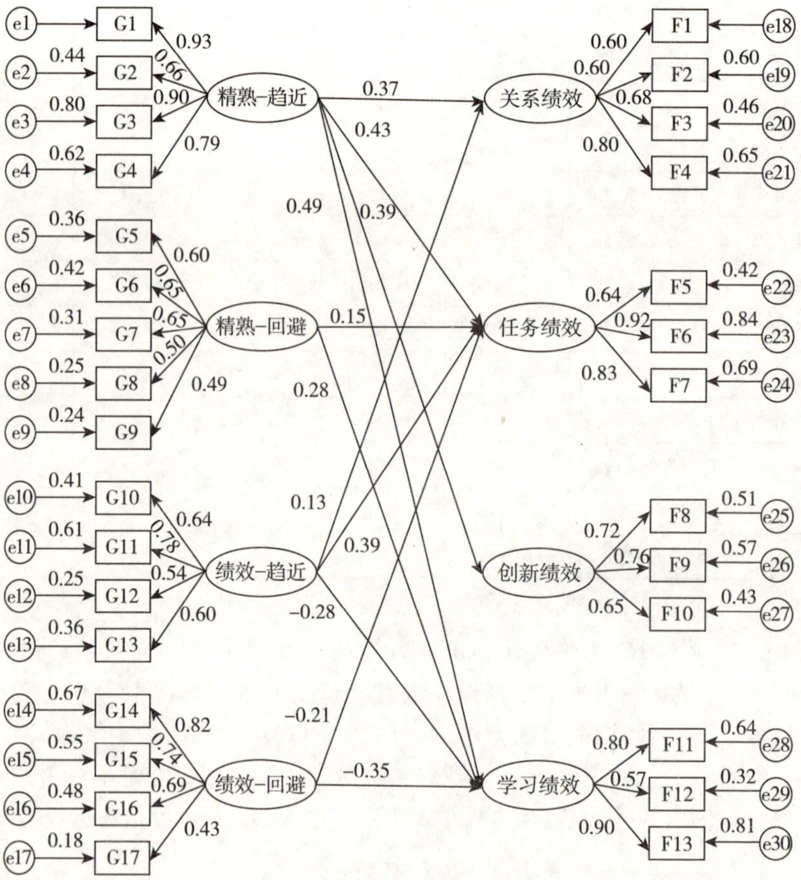

图 2-7 修正模型 M2 路径图

得到修正模型 M2 拟合优度指数如表 2-25 所示。

表 2-25　修正模型 M2 拟合优度指数

指标	CMIN	df	CMIN/df	NFI	IFI	TLI	CFI	GFI	AGFI	RMSEA
数值	338.986	139	2.439	0.835	0.870	0.843	0.838	0.851	0.847	0.061

将修正模型 M2 与初始模型 M1 比较，整体而言，M2 的拟合度要优于 M1，并且删除了不显著路径，使模型对现实情况有更清晰的解释力。因此，我们将竞争模型 M2 作为最终的结构模型。

5. 假设检验

员工成就目标导向对工作绩效的影响机制模型如图 2-8 所示。

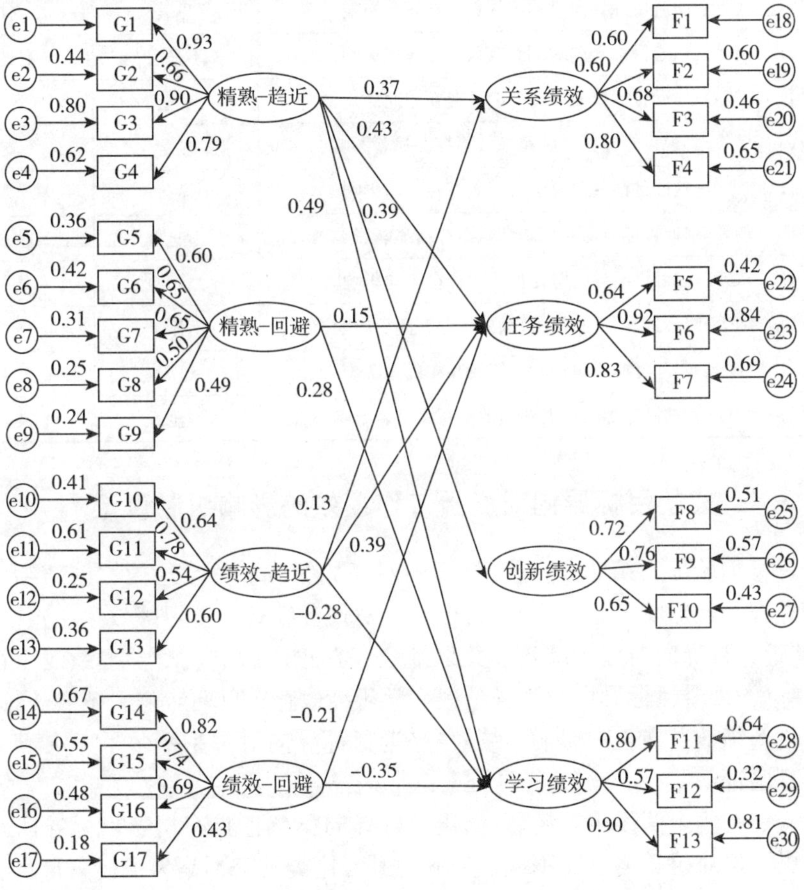

图 2-8　员工成就目标导向对工作绩效的影响机制模型

经过以上模型修正，我们得到如图 2-8 所示的员工成就目标导向对工作绩效的影响机制模型。本章最初的假设路径部分得到验证，而部分不支持(表 2-26)。

表 2-26 模型初始假设验证表

提出假设	模型比较	验证结果
H_{1a}：精熟-趋近目标导向对任务绩效存在正向影响	显著	支持
H_{1b}：精熟-趋近目标导向对关系绩效存在正向影响	显著	支持
H_{1c}：精熟-趋近目标导向对学习绩效存在正向影响	显著	支持
H_{1d}：精熟-趋近目标导向对创新绩效存在正向影响	显著	支持
H_{2a}：精熟-回避目标导向对任务绩效存在正向影响	显著	支持
H_{2b}：精熟-回避目标导向对关系绩效不存在显著影响	不显著	支持
H_{2c}：精熟-回避目标导向对学习绩效存在正向影响	显著	支持
H_{2d}：精熟-回避目标导向对创新绩效存在正向影响	不显著	不支持
H_{3a}：绩效-趋近目标导向对任务绩效存在正向影响	显著	支持
H_{3b}：绩效-趋近目标导向对关系绩效不存在显著影响	显著	不支持
H_{3c}：绩效-趋近目标导向对学习绩效存在负向影响	显著	支持
H_{3d}：绩效-趋近目标导向对创新绩效不存在显著影响	不显著	支持
H_{4a}：绩效-回避目标导向对任务绩效存在负向影响	显著	支持
H_{4b}：绩效-回避目标导向对关系绩效不存在显著影响	不显著	支持
H_{4c}：绩效-回避目标导向对学习绩效存在负向影响	显著	支持
H_{4d}：绩效-回避目标导向对创新绩效不存在显著影响	不显著	支持

2.3.4 成就目标导向对雇员工作绩效的影响机制讨论

经过模型验证，精熟-趋近目标导向对任务绩效、关系绩效、创新绩效和学习绩效存在正向影响；精熟-回避目标导向对任务绩效、学习绩效存在正向影响；绩效-趋近目标导向对任务绩效和关系绩效存在正向影响，对学习绩效存在负向影响；绩效-回避目标导向对任务绩效和学习绩效存在负向影响。精熟-回避目标导向对创新绩效存在正向影响，绩效-趋近目标导向对关系绩效不存在显著影响没有得到验证。

未验证的两个假设中，精熟-回避目标导向虽然也具有精熟目标导向，但是表现出更多地对感觉自己完不成任务的规避。这类员工不是为了提高自身能力去积极学习，而是为了完成任务去学习，所以其对创新的意愿比较小，只要学到可以完成任务的知识和技能就足够了，因此对创新绩效没有显著影响。

绩效-趋近目标导向的员工偏好向别人展示自己的能力，喜欢在工作中得到他人的赞赏，喜欢从事能够向别人展示自己能力的工作，为了得到别人的赞赏，这类员工会竭力处理好自己和组织中其他员工的关系，也会对关系绩效产生正向影响。

成就目标导向与工作绩效的关系是国内外研究的一个新课题，已有的研究表明绩效目标导向和工作绩效，特别是任务绩效之间是显著相关的，而对关系绩效、学习绩效和创新绩效很少有实证研究。Janssen 和 van Yperen(2004)检验绩效目标导向和精熟目标导向与关系绩效及创新绩效时发现，精熟目标导向对关系绩效和创新绩效有正向影响，而绩效目标导向对关系绩效有负向影响。

本章是把成就目标导向分为四个维度来研究的，因此只有精熟-趋近目标导向对关系绩效和创新绩效有正向影响，而精熟-回避目标导向对两种绩效没有影响。对绩效目标导向来说，绩效-趋近目标导向对关系绩效是有正向影响的，只有绩效-回避目标导向对关系绩效是有负向影响的，原因已经在上面解释。而且从研究中可以发现，具有绩效目标导向的个体的任务绩效并不显著高于具有精熟目标导向的个体。

2.4　结果分析

2.4.1　研究结论

本章主要是针对成就目标导向和雇员工作绩效的关系进行理论探讨与实证调查分析，以了解具有不同成就目标导向的员工对工作绩效的研究。相关的研究结果表明：成就目标导向四维模型和工作绩效四结构模型在工作情景下得到验证，并验证成就目标导向各维度对工作绩效的影响机制。

1. 成就目标导向的维度

根据实证研究结果，我国高科技企业中员工的成就目标导向主要包括四个方面，即精熟-趋近目标导向、精熟-回避目标导向、绩效-趋近目标导向和绩效-回避目标导向，具体内容如下。

(1)精熟-趋近目标导向。通过研究证实，持精熟-趋近目标导向的员工关注于提高自身的能力。一般来说，持该目标导向的人注意力主要集中在学习和工作的内在价值上，倾向于做更多富有挑战性的工作，努力和勤奋能够使人们对成功深信不疑。例如，喜欢挑战性的工作；经常寻找机会掌握新的知识和技能；喜欢工作中有难度的任务；并且认为发展自身的能力非常重要，可以为之冒险。持这种目标导向的人士在行为中会运用较多的社会认知策略，一旦完成任务将获得更高的任务满意感和兴趣，并且会为了自己的目标而不懈奋斗，这是最积极的对待自己的工作的一类员工。

(2)精熟-回避目标导向。持此种目标导向的员工虽然也具有精熟目标导向，但是表现出更多地对感觉自己完不成任务的规避。员工关心的是如何避免不理解和没有周围任务的情况，判断成功的标准是在自我比较的基础上准确无误地完成任务。尽管精熟目标导向的取向都关注自身的学习，但是精熟-趋近目标导向关注的是通过学习来提高自己的能力，而精熟-回避目标导向关注的则是通过学习来规避完不成的任务。例如，在工作中尽量避免出现能力不足或所需技能不足的情况；投入一项工作时反复思考怎么样才能不出错；怎么样才能做得不比以前更差；避免不能很好地执行需要完成的任务等。这类员工不是为了提高自身能力去积极学习，而是为了完成任务去学习，这就是精熟-回避目标导向的员工。

(3)绩效-趋近目标导向。本章中的绩效目标导向主要是指那些偏好向别人展示自己能力的员工。绩效目标导向也分为两类，即绩效-趋近目标导向和绩效-回避目标导向。尽管绩效目标导向的取向都关注自身表现的结果，但前者关注的是展示自身能力并从他人那里得到肯定评价；而后者则着力于不暴露自己的不足，以避免得到否定性评价。持绩效-趋近目标导向的个体关注的是如何超越他人，表明自己最聪明、最棒。例如，在意自己是否比其他同事强，喜欢在工作中得到他人的赞赏，喜欢从事能够向别人展示自己能力的工作等。这种员工倾向于做挑战性比较低的工作，其行为关注于自己能力表现的充分性，当超过他人时就体验到了成功。

(4)绩效-回避目标导向。如上所说，持此类目标导向的员工着力于不暴露自己的不足，不让自己显得低能，显得比别人笨，以避免得到否定性评价。例如，如果能够使自己表现得比别人差，就不去从事这项工作；避免工作中出现使自己出丑的情景；避免接受能证明自己能力低下的工作等。这类员工是最消极的一类员工，工作积极性最差。

2. 工作绩效的结构

根据本章对韩翼等(2007)提出的工作绩效模型的实证研究，证实工作绩效确实分为四个结构，即任务绩效、关系绩效、创新绩效和学习绩效。其具体内容如下。

(1)任务绩效。任务绩效是与具体职务的工作内容密切相关的，同时也是与个体能力、任务熟练程度和工作知识密切相关的绩效，主要是要完成与工作有关的任务等。任务绩效包括工作职责、任务技能和任务知识等。例如，员工足够完成被安排的工作任务，履行工作说明书中的职责，具有很好地与工作相关的专业技能和专业知识。任务绩效是雇员在工作中必须完成的。

(2)关系绩效。关系绩效要考核的是组织公民行为的内容，是要处理好同事关系等方面的内容，主要包括协助同事、遵守规则、额外努力、个人自律等。例如，按照指令做事，协助上级工作，鼓励并支持同级同时工作，遵守公司正确的流程制度，注意个人形象，举止礼貌，有修养，培养个人自律性和自控精神等。

关系绩效是雇员在工作中需要完成的。

(3)创新绩效。创新绩效显示了雇员对组织和个体自身持续发展与成长的贡献，主要包括创新意愿、创新行动和创新结果等，雇员应该为组织的成长和发展做出贡献。例如，主动支持具有创新性的思想，为了改善现有状况提供新想法，通过学习，提出一些独创性的解决问题的方案，使企业的重要组织成员关注创新性思维等。创新绩效是雇员在组织工作中应该完成的。

(4)学习绩效。学习绩效与员工学习密切相关，是指员工学习并将新知识和新技能应用于不断变化的组织环境中的过程，主要包括学习意愿、学习行动、学习结果等。例如，重视通过学习，积累经验、提高工作效率，使企业的重要组织成员重视学习，通过学习能够更好地履行他现有的岗位职责，运用学到的知识解决工作中遇到的问题等。学习绩效是雇员在组织工作中愿意完成的。

3. 成就目标导向对雇员工作绩效的影响机制

(1)精熟-趋近目标导向对任务绩效、关系绩效、创新绩效和学习绩效有正向影响。

在成就目标导向对工作绩效的影响机制模型 M2 路径图(图 2-7)中，可以看出精熟-趋近目标导向对任务绩效的路径系数为 0.43，说明精熟-趋近目标导向各项因素对任务绩效影响如下：如果员工的精熟-趋近目标导向提高 1%，雇员的任务绩效可以提高 0.43%。

精熟-趋近目标导向对关系绩效的路径系数为 0.37，说明精熟-趋近目标导向各项因素对关系绩效影响如下：如果员工的精熟-趋近目标导向提高 1%，雇员的关系绩效可以提高 0.37%。

精熟-趋近目标导向对学习绩效的路径系数为 0.49，说明精熟-趋近目标导向各项因素对学习绩效影响如下：如果员工的精熟-趋近目标导向提高 1%，雇员的任务绩效可以提高 0.49%。

精熟-趋近目标导向对创新绩效的路径系数为 0.39，说明精熟-趋近目标导向各项因素对创新绩效影响如下：如果员工的精熟-趋近目标导向提高 1%，雇员的任务绩效可以提高 0.39%。

在人力资源管理实践中，这类员工在管理者的实际管理活动中应该重点把握和关注。

(2)精熟-回避目标导向对任务绩效、学习绩效有正向影响。

在成就目标导向对工作绩效的影响机制模型 M2 路径图(图 2-7)中，可以看出精熟-回避目标导向对任务绩效的路径系数为 0.15，说明精熟-回避目标导向各项因素对任务绩效影响如下：如果员工的精熟-回避目标导向提高 1%，雇员的任务绩效可以提高 0.15%。

精熟-回避目标导向对学习绩效的路径系数为 0.28，说明精熟-回避目标导向各项因素对学习绩效影响如下：如果员工的精熟-回避目标导向提高1%，雇员的任务绩效可以提高0.28%。

(3)绩效-趋近目标导向对任务绩效和关系绩效存在正向影响，对学习绩效存在负向影响。

在成就目标导向对工作绩效的影响机制模型M2路径图(图2-7)中，可以看出绩效-趋近目标导向对任务绩效的路径系数为0.39，说明绩效-趋近目标导向各项因素对任务绩效影响如下：如果员工的绩效-趋近目标导向提高1%，雇员的任务绩效可以提高0.39%。

绩效-趋近目标导向对关系绩效的路径系数为0.13，说明绩效-趋近目标导向各项因素对学习绩效影响如下：如果员工的绩效-趋近目标导向提高1%，雇员的关系绩效可以增加0.13%。

绩效-趋近目标导向对学习绩效的路径系数为−0.28，说明绩效-趋近目标导向各项因素对学习绩效影响如下：如果员工的绩效-趋近目标导向提高1%，雇员的任务绩效降低0.28%。

(4)绩效-回避目标导向对任务绩效和学习绩效存在负向影响。

在成就目标导向对工作绩效的影响机制模型M2路径图(图2-7)中，可以看出绩效-回避目标导向对任务绩效的路径系数为−0.21，说明绩效-回避目标导向各项因素对任务绩效影响如下：如果员工的绩效-回避目标导向提高1%，雇员的任务绩效降低0.21%。

绩效回避导向对学习绩效的路径系数为−0.35，说明绩效-回避目标导向各项因素对学习绩效影响如下：如果员工的绩效-回避目标导向提高1%，雇员的任务绩效降低0.35%。

2.4.2 管理启示

在人力资源管理实践中，如何提高雇员的工作绩效是一个永恒的话题。随着全球化经济的到来，许多工作要求具有不同价值观和目标导向的个体从事，如何利用他们的目标导向来安排其合适的工作，就成为人力资源管理实践的一个重要问题，希望通过本书的研究，能为此提供一些借鉴。

本章的研究主要把工作绩效分为四个维度，即任务绩效、关系绩效、学习绩效、创新绩效。任务绩效对完成组织目标的重要性是显而易见的，那些有效完成任务的人通过技术核心对商品或服务的产出做出了直接贡献。通过本章研究发现，精熟目标导向和绩效-趋近目标导向对任务绩效都有显著的正向影响，其中绩效-趋近目标导向对任务绩效的影响最大，达到0.39，从这一点可以看出，在一些流水线生产或者不需要创新等的岗位安排这种类型的员工，能够增加任务绩效。

关系绩效与组织效率有内在联系，关系绩效可以通过多种途径对组织效率做出贡献，它有助于团队的和谐，让组织更加稳定，帮助组织适应新的变化，使激发和保持员工的高绩效变得更加容易等。通过本章研究发现，精熟-趋近目标导向和绩效-趋近目标导向两类持趋近目标导向的员工对关系绩效有显著的正向影响，其中精熟-趋近目标导向对关系绩效的影响最大，达到 0.37，这类员工可以从事一些与人打交道的工作，如人力资源部的工作，部门协调员等。

雇员通过持续学习，使过去的经验、成果以及未被了解的事实成为未来绩效的动力，使新技巧和新技能更加容易掌握，从而更加容易地完成任务和生产关系绩效。通过本章研究发现，精熟目标导向对学习绩效有正向影响，而绩效目标导向对学习绩效有负向影响。

随着时代的变迁和经济的发展，被动学习并不能满足员工持续发展的需要，也不能适应社会的发展和动态组织的要求，知识不再是一个简单的复制和传播过程，雇员个体所具有的创新思维和创新成果将使其在组织中具备显著性的竞争优势，因而具备在组织中的竞争优势。通过本章研究发现，只有精熟-趋近目标导向对创新绩效有正向影响，可以促进创新。

综上所述，为了提高工作绩效，在管理实践中要重点把握精熟-趋近目标导向，持这种导向的员工能够显著地提高工作绩效，带动团队的学习和创新氛围，有利于创建学习型组织，促进组织更好更快的发展；对于持精熟-回避目标导向的员工，其本身也关注于自身的学习，能够促进任务绩效和学习绩效，因此要努力把握这种类型的员工，引导其向精熟-趋近目标导向转化；对于持绩效-趋近目标导向的员工，因为能显著地提高任务绩效，所以在一些不需要创新或持续学习的岗位安排此类员工，使其人与岗位相匹配；而对于持绩效-回避目标导向的员工，在管理实践中要避免此类员工，这类员工的工作绩效低下，要努力引导其转变目标导向。

参考文献

阿吉里斯 C. 2004. 组织学习[M]. 张莉，李萍译 . 北京：中国人民大学出版社 .

陈光伟，陈嵩 . 2006. 销售人员目标导向的成因及对绩效之影响[J]. 管理学报，23(3)：385-407.

陈亮，段兴民 . 2008. 基于行为的工作绩效结构理论研究述评[J]. 科研管理，2：133-141.

程炳林 . 2003. 四向度目标导向之研究[J]. 师大学报 . 48(1)：15-40.

韩翼 . 2006. 雇员工作绩效结构模型构建与实证研究[D]. 华中科技大学博士学位论文 .

韩翼 . 2008. 工作绩效与工作满意度、组织承诺和目标定向的关系[J]. 心理学报，40(1)：84-91.

韩翼，廖建桥 . 2006. 组织成员绩效结构理论研究述评[J]. 管理科学学报，9(2)：86-94.

韩翼，廖建桥，龙立荣 . 2007. 雇员工作绩效结构模型构建与实证研究[M]. 武汉：湖北人民出版社.
鲁志鲲，张文海. 2004. 成就目标定向理论研究进展[J]. 青海师范大学学报(哲学社会科学版)，(5)：120-124.
孙健敏，焦长泉. 2002. 对管理者工作绩效结构的探索性研究[J]. 人类工效学，(3)：1-10.
王辉，李晓轩，罗胜强. 2003. 任务绩效与情境绩效二因素绩效模型的验证[J]. 中国管理科学，4：79-84.
王庆龄. 2010. 成就目标导向对雇员工作绩效的影响机制研究[D]. 上海大学硕士学位论文.
王雁飞. 2000. 关于成就目标定向研究的综述[J]. 广州师院学报(社会科学版)，20(3)：50-57.
王雁飞，方俐洛，凌文栓. 2001. 关于成就目标定向理论研究的综述[J]. 心理科学，1(1)：85-86.
温志毅. 2005. 工作绩效的四因素结构模型[J]. 首都师范大学学报(社会科学版)，(5)：105-111.
吴明隆. 2003. SPSS统计应用实务——问卷分析与应用统计[M]. 北京：科学出版社.
徐方忠，朱祖祥. 2000. 目标倾向与自我调节活动及绩效的关系研究综述[J]. 应用心理学，(1)：39-43.
Allworth E，Hesketh B. 1997. Adaptive performance：updating the criterion to cope with change[C]. Paper Presented at the 2nd Australian Industrial and Organizational Psychology Conference，Melbourne.
Amabile T M. 1983. The Social Psychology of Creativity[M]. New York：Spingerr-Verlag.
Ames C. 1992a. Classrooms：goals，structures，and student motivation[J]. Journal of Educational Psychology，84(3)：261-271.
Ames C. 1992b. Achievement goals，motivational climate and motivational processes[A]//Roberts G C. Motivation in Sport and Exercise[C]. Champaign：Human Kinetic Books.
Ames C，Archer J. 1988. Achievement goals in the classroom：students' learning strategies and motivation process[J]. Journal of Educational Psychology，80(3)：260-267.
Armbrust M，Kaiser K. 1974. On some properties a projective model class passes on to the generated axiomatic class[J]. Archive for Mathematical Logic，16(3-4)：133-136.
Babbie R E. 1999. The Basics of Social Research[M]. San Francisco：Wadsworth Publishing.
Baranik L E，Barron K E，Finney S J. 2007. Measuring goal orientation in a work domain：construct validity evidence for the 2×2 framework[J]. Educational and Psychological Measurement，67(4)：697-718.
Borman W C，Motowidlo S J. 1993. Expanding the Criterion Domain to Include Elements of Contextual Performance[M]. San Francisco：Jossey-Bas.
Borman W C，Motowidlo S J. 1997a. A theory of individual different in task and contextual performance[J]. Human Performance，10(2)：71-83.
Borman W C，Motowidlo S J. 1997b. Task and contextual performance：the meaning for personnel selection research[J]. Human Performance，10(2)：99-109.

Bouffard T，Boisvert J，Vezeau C，et al. 1995. The impact of goal orientation on self-regulation and performance among college students[J]. British Journal of Educational Psychology，65 (3)：317-329.

Brief A P，Motowidlo S J. 1986. Prosocial organizational behaviors [J]. Academy of Management Review，11(4)：710-725.

Butler R. 1987. Task-involving and ego-involving properties of evaluation：effects of different feedback conditions on motivational perceptions，interest，and performance [J]. Journal of Educational Psychology，79(4)：474-482.

Butler R. 1993. Effects of task and ego achievement goals on information seeking during task engagement[J]. Journal of Personality and Social Psychology，65：18-31.

Campbell J P. 1990. An overview of the army selection and classification project (project A)[J]. Personnel Psychology，43(2)：231-239.

Campbell J P，Ford P，Rumsey M G，et a1. 1990. Development of multiple job performance measures in a representative sample of jobs [J]. Personnel Psychology，43(2)：277-300.

Campbell L A. 1993. Leadership style affects performance[J]Internal Auditor，50(6)：8.

Coleman V I，Borman W C. 2000. Investigating the underlying structure of citizenship performance domain [J]. Human Resource Management Review，10(1)：25-44.

Dweck C S. 1986. Motivational processes affecting learning[J]. American Psychologist，41(8)：1040-1048.

Dweck C S. 1990. Self-theories and goals：their role in motivation，personality，and development[J]. Nebraska Symposium On Motivation，38(4)：199-235.

Dweck C S，Elliott E S. 1983. Achievement Motivation[M]. New York：Wilely.

Dweck C S，Leggett E L. 1988. A social-cognitive approach to motivation and personality[J]. Psychological Review，95(2)：256-273.

Elliot A J. 1999. Approach and avoidance motivation and achievement goals[J]. Educational Psychologist，34(3)：169-189.

Elliot A J，Church M A. 1997. A hierarchical model of approach and avoidance achievement motivation[J]. Journal of Personality and Social Psychology，72(1)：218-232.

Elliot A J，Harackiewicz J M. 1996. Approach and avoidance achievement goals and intrinsic motivation：a mediational analysis[J]. Journal of Personality and Social Psychology，70(3)：461-475.

Elliot A J，McGregor H A. 2001. A 2 × 2 achievement goal framework [J]. Journal of Personality & Social Psychology，80(1)：501-519.

Elliot A J，McGregor H A，Gable S. 1999. Achievement goals，study strategies，and exam performance：a mediational analysis [J]. Journal of Educational Psychology，91 (3)：549-563.

Elliott E S，Dweck C S. 1988. Goals：an approach to motivation and achievement[J]. Journal of Personality and Social Psychology，54(1)：5-12.

George J M, Brief A P. 1992. Feeling good-doing good: a conceptual analysis of the mood at work-organizational spontaneity relationship [J]. Psychological Bulletin, 112(2): 310-329.

Han Y, Liao J Q. 2005. A four-component conceptual model of job performance[J]. Proceedings of 2005 International Conference on Management Science and Engineering, 9(2): 1621-1626.

Harackiewicz J M, Barron K E. 1997. Predictors and consequences of achievement goals in the college classroom: maintaining interest and making the grade[J]. Journal of Personality and Social Psychology, 73(6): 1284-1295.

Harackiewicz J M, Barron K E, Elloit A J. 1998. Rethinking achievement goals: when are they adaptive for college students and why? [J]. Educational Psychologist, 33(1): 1-21.

Hinkin T R. 1995. A review of scale development practices in the study of organizations [J]. Journal of Management, 21(1): 967-988.

Hofmann D A. 1995. Task performance and satisfaction: evidence for a task-by ego-orientation interaction[J]. Journal of Applied Social Psychology, 25(6): 495-511.

Hofmann D A, Ringenbach K L. 1993. Goal orientation and action control theory: implications for industrial and organizational psychology[J]. International Review of Industrial and Organizational Psychology, (8): 193-232.

Janssen O, Prins J. 2007. Goal orientations and the seeking of different types of feedback information [J]. Journal of Occupational and Organizational Psychology, 80(2): 235-249.

Janssen O, van Yperen N W. 2004. Employee's goal orientations, the quality of leader-member exchange, and the outcomes of job performance and job satisfaction [J]. Academy of Management Journal, 27(3): 368-384.

Kaiser H F. 1974. An index of factorial simplicity[J]. Psychometrika, 39(1): 31-36.

Kapes J, Mastie M, Whitfield E. 1994. A Counselor's Guide to Career Assessment Instruments(3rd ed.)[M]. Alexandria: National Career Development Association.

Katz D, Kahn R L. 1978. The Social Psychology of Organization[M]. New York: Wiley.

Lee C, Hui C, Tinsley C H, et al. 2006. Goal orientations and performance: role of temporal norms[J]. Journal of International Business Studies, 37(4): 484-498.

Leggett E L, Dweck C S. 1987. Children's effort/ability reasoning: individual differences and motivational consequences[C]. Biennial Meeting of the Society: 23-26.

London M, Mone E M. 1999. The Changing Nature of Performance: Implications for Staffing, Motivation, and Development[M]. San Francisco: Jossey-Bass.

Maehr M L. 1980. Cultural differences do not have to mean motivational inequality[C]. Annual Meeting of the American Educational Research Association.

Midgley C, Arunkumar R, Urdan T C. 1996. "If I don't do well tomorrow, there's a reason": predictors of adolescents' use of academic self-handicapping strategies[J]. Journal of Educational Psychology, 88(3): 423-434.

Motowidlo S J, van Scotter J R. 1994. Evidence that task performance should be distinguished from contextual performance[J]. Journal of Applied Psychology, 79(4): 475-480.

Nicholls J G, Cheung P C, Lauer J, et al. 1989. Individual differences in academics motivation: perceived ability, goals, beliefs, and value[J]. Learning and Individual Differences, 1(1): 63-84.

Pajares F, Britner S L, Valiante G. 2000. Relation between achievement goals and self-beliefs of middle school students in writing and science[J]. Contemporary Educational Psychology, 25(4): 406-422.

Pintrich P R. 2000a. An achievement goal theory perspective on issues in motivation terminology theory and research[J]. Contemporary Educational Psychology, 25(1): 92-104.

Pintrich P R. 2000b. Multiple goals, multiple pathways: the role of goal orientation in learning and achievement[J]. Journal of Educational Psychology, 92(3): 544-555.

Skaalvik E M. 1997. Self-enhancing and self-defeating ego orientation: relations with task and avoidance orientation, achievement, self-perceptions, and anxiety[J]. Journal of Educational Psychology, March 89(1): 71-81.

Smith C A, Organ D W, Near J P. 1983. Organizational citizenship behavior: its nature and antecedent[J]. Journal of Applied Psychology, 68(4): 475-480.

Urdan T C. 1997. Achievement goal theory: past results, future directions[J]. Advances in Motivation and Achievement, 10: 99-141.

Urdan T C, Maehr M L. 1995. Beyond a two goals theory of motivation and achievement: a case for social goals[J]. Review of Educational Research, 65(3): 213-243.

van Scotter J R, Motowidlo S J. 1996. Interpersonal facilitation and job dedication as separate facets of contextual performance[J]. Journal of Applied psychology, 81(5): 525-531.

Vandewalle D M. 1997. Development and validation of a work domain goal orientation instrument [J] . Educational and Psychological Measurement, 57(6): 995-1015.

Vandewalle D M, Cummings L L. 1997. A test of the influence of goal orientation on the feedback seeking process[J]. Journal of Applied Psychology, 82(3): 390-400.

Wolters C A, Yu S L, Pintrich P R. 1996. The relation between goal orientation and students' motivational beliefs and self-regulated learning[J]. Learning & Individual Differences, 8 (3): 211-238.

第 3 章

自我效能感对成就目标导向与创造力关系的中介机制研究

【本章导读】

第 2 章揭示了本土情境下成就目标导向的结构维度。本章将深入成就目标导向与创造力关系的中介机制研究，探讨自我效能感如何在成就目标导向与创造力之间起中介作用。

本章运用结构方程模型考察自我效能感、成就目标导向和创造力之间的关系。结果发现：①精熟目标导向对员工创造力存在正向影响，绩效目标导向与员工创造力之间的关系不显著；②自我效能感对员工的创造力具有正向影响；③自我效能感在精熟目标导向与员工创造力之间起中介作用。蕴涵的管理启示如下：在研究管理团队创造力时，一方面应在人员选拔中选择持有精熟目标导向的个体并鼓励其创新；另一方面应引导员工关注自身能力增长，采取多种措施提高员工的自我效能感。

3.1　自我效能感对创造力的影响

从认知心理学出发，在个体行为塑造中，个体认知过程发挥的作用至关重要。人拥有开展自我反思的能力，个体的效能信念，即自我效能感在各类自我反思行为中，成为人的能动性的基础，而另外一些可能的激励因素都起源于一个核心信念，即人拥有一种通过自身行为产生效果的力量（Bandura，1977；Bandura et al.，1977；Gist，1987；Wood and Bandura，1989；班杜拉，2003）。来自不同领域的实证研究已经证实，自我效能感与个体行为及绩效有显著关系（Sadri and Robertson，1993；Stajkovic and Luthans，1998）。因此，很多研究者将自我效能感作为不同个体因素或环境因素与个体行为关系间的中介变量，从而能将个体行为的激发过程更好地进行解释（Bulger and Mellor，1997；田宝和郭德俊，

2004；孟慧等，2007；Seo，2008)。而创新行为的属性包含不确定性，它需要强烈的信念支撑，创造力自我效能感作为一个新概念，其与创新行为的关系成为学者们试图揭示个体心理过程对创新行为影响的研究主题(班杜拉，2003；Tierney and Farmet，2002，2004)。它是"个体对于自己能否取得创新成果的信念"，是人们对于自己从事特定创新活动的信念基础(Tierney and Farmer，2002)。Tierney 和 Farmer(2002，2004) 实证研究表明创造力自我效能感会显著正向影响个体的创新行为，创造力自我效能感与工作效能感 (job self-efficacy) 相比，更好地提前预测了个体的创新行为。

3.1.1　创造力自我效能感文献综述

1. 自我效能感的概念

20 世纪 70 年代，美国著名心理学家班杜拉提出了"自我效能感"这一概念，并将其作为社会认知理论的核心概念。班杜拉指出，"自我效能感是人们对自身完成某项任务或工作的信念，它涉及的不是技能本身，而是自己能否利用所拥有的技能去完成工作行为的自信程度"(Evans and Bandura，1989)。班杜拉在其社会认知理论中特别强调人的认知对学习和行为调节的作用。他认为，自我效能感主宰着个体的潜能，它不仅以其自身具备的方式对人们的应变能力产生影响，而且还通过对认知、情感、动机及生理唤醒产生影响来调节人们的思想转变和行为调整。

自我效能感与特定任务、特定领域和特定问题相关联，针对某一特定任务、特定领域、特定问题，自我效能感具备对行为或绩效更强烈的预测性(班杜拉，2003)。Tierney 和 Farmer 在 2002 年，根据这一研究思路，并与 Amabile 创造力理论中的思想相结合，创立了"创造力自我效能感"这一概念，它是指"个体对于自身是不是能取得创新性成果的信念"。受到 Amabile 和 Scott 等创造力研究的影响，此概念中的"创造力"主要解释为员工针对日常工作中的问题能否产生新奇且适用的解决措施。如其中一条测量项目"我相信自己有能力创造性地解决问题(I have confidence in my ability to solve problems creatively) "(Tierney and Farmer，2002)。因而，创造力自我效能感既是对达成创新成果的信念，还是为解决工作问题而采取创造性措施的信念。

自我效能感理论问世以来受到了各领域学者的普遍关注，不仅发展为心理学领域的核心心理变量，而且已经蔓延至组织行为学等学科，并成为研究的核心问题之一。

2. 自我效能感形成的影响因素

在自我效能感的基本概念提出之后，班杜拉和他的同事就自我效能感如何形成做了非常多的研究。他们以信息加工为视角，对自我效能感的形成原因进行探究，认为自我效能感来源于以往的成败经验、替代性经验、言语劝说、情绪及生理状态(Evans and Bandura，1989)。它们对自我效能感的形成产生协同影响。

(1)以往的成败经验。以往经历过的成败经验是指个人以往的亲身经历，它可以提供给个体关于自我效能最具信度的信息，因此对形成自我效能感的影响最大。通常，成功的体验可以增强个人完成相似任务或工作的自信程度，从而达到较强的自我效能；反之，失败的经验则可能减弱自我效能，尤其是个人还没有达到很强的自我效能之前，以往成败经验的作用尤为明显(Bandura，1995)。但是，如果个体早已形成非常强的自我效能感，偶然的失败并不能动摇其对自身能力的认知，反而会促使其强化信念，通过转换策略实现目标。

(2)替代性经验。替代性经验，也叫示范效应、榜样效应，同样也会影响自我效能感的生成。在日常工作中，人们如果看到跟自己能力相当的个体通过努力获得了类似任务或工作的成功，他们就会坚信自己也可以获得成功。相反，失败的后果往往导致人们产生怀疑自己能力的意识，降低对自己能力判断的认知。例如，现实生活中"榜样的力量"以及管理学中的"标杆管理"等都是利用了替代性经验的作用。

(3)言语劝说。言语劝说主要包括说服性的建议、劝告、解释及自我规劝。在直接或替代经验上建立的言语劝说会影响一个人对自己能力的认知。当个体在进行某项工作的过程中不断被劝说其拥有做好工作所需的能力时，他们往往会付出更多并且坚持到底，更圆满地去达到目标。当在工作或任务过程中遇到困难时，言语劝说的作用尤为明显，恰当的鼓励、积极的语言能使人重拾信心，以较好的状态重新投入工作。相反，负面的言语则极易导致个体对自己能力的怀疑，甚至自暴自弃。所以，言语劝说对个体具有的自我效能感的形成作用很大，现实生活中的例子也不胜枚举，人们常说"说你行，你就行，不行也行"，以及在教育领域流行的"赏识教育"就是积极言语劝说作用的真实体现。

(4)情绪及生理状态。情绪和生理状态会影响人们对自己能力的评价，进而对自我效能感的形成产生影响。班杜拉说，人们常把紧张状态下的生理唤起解读为身体功能混乱的不良信号，高度的生理唤起对行为进行不利(Bandura，1982)。例如，在需要耐力和力量的某项活动中，疲惫、喘气及疼痛等生理唤起往往都被人们解读为无效能的指示物；而当人处于紧张、恐惧导致的颤抖状态下，对自己的效能预期(efficacy expectancy)也会大大降低。此外，情绪也会作用于自我效能感的形成。焦躁不安等不良情绪会使人低估自己的能力，而乐观平静等良性情绪则有利于自我效能感的提升。

3. 自我效能感的相关研究领域

在提出自我效能感时，班杜拉就坚持认为自我效能感与特定任务、特定领域，甚至特定问题相关，而不是一个一般的个性特质。他指出，不同领域之间的差异导致其所需能力也千差万别，因此个体的自我效能感会随着具体任务和情境的变化而变化。关于特定任务、特定领域、特定情境的自我效能感会较强地预测个体行为。因此，班杜拉提出并不存在一般的效能感，任何时候研究自我效能感都必须与特定领域相结合。

基于班杜拉的观点，不少学者将自我效能感的理论与具体实践领域相结合，提出了许多新的自我效能感学说，这些研究主要集中在教育领域、心理健康领域、组织管理领域、职业领域和群体活动领域等，并衍生出一系列相关概念，如工作场合中的职业自我效能感、管理者的管理自我效能感、教学自我效能感及群体效能感等。学者们分别通过多种方法对自我效能感在各个社会领域的真实性进行深究，从而使其更好地指导实践。

3.1.2 创造力自我效能感综述

1. 创造力自我效能感的提出与界定

创造强调新奇性和适当性，要使新奇的看上去熟悉，使熟悉的看上去新奇。要想成功实现组织创新，只有个体、组织和环境各个因素相互作用才可以，越来越多的研究者与管理实践者开始关注个体的创造作用（Choi，2004）。研究者一直专注于研究并尝试打开员工创造实现的黑箱，并逐渐找到打开黑箱的一把钥匙，即员工创造力自我效能感(employee creative self-efficacy)。因为创新存在结果不确定性，对于身处组织背景中的员工来说，只有内心具有自发的力量，他们才会主动创新，这种力量表现在从事创新工作时具备的自信心，这能有效激励个体积极参与创新，而且可以作为坚持创新行动的意志力，以应对创新过程中遇到的挫折。个体关于创造的信念即为创造力自我效能感。

2. 员工创造力自我效能感的界定与测量

Tierney 和 Farmer (2002)等国外学者对员工创造力自我效能感进行了开创性研究。Tierney 和 Farmer 根据自我效能感与相关领域相联系的研究思路，并与 Amabile(1988)的创造力理论相结合，于 2002 年明确提出“创造力自我效能感”这一概念，研究自我效能感在创造力领域的具体应用。他们提出了“创造力自我效能感”概念，是指个体对于自身从事的特定任务，能否采取创新行为的能力与信心的判断，它反映出个体在创新活动中所具有的自我信念或期望。员工创造力自我效能感的定义为，员工参与创新活动时表现出的特殊自我效能感，可以表现出员工对自己创造力实现的信念，可概括为以下四个方面：①相信自己能产生新的想法；②充满自信地创造性解决问题；③有帮助其他人完成新主意的技巧和冲动；④对于找出解决问题的新思路满怀自信。

创造力自我效能感是个体对于能否取得创造性成果的个人判断。作为一个新兴的研究课题，不同的学者也根据自己的研究给出了相应的概念界定。顾远东和彭纪生(2010)在其组织创新氛围对员工创新行为影响的研究中，进一步明确了创造力自我效能感的范围。他们结合 Amabile 和 Scott 等的创造力研究，认为创造力自我效能感的内涵实质是个人对他在工作中能否有创造性表现并获取创造性成果的信念，包括创造性地打败挑战与困难，更好地达成工作任务、实现工作目标等。王亚男(2009)归纳了创造力自我效能感的具体体现：第一，在创新过程中，有坚信自己必能完成任务并告诫自己坚持到底的信念，即内控；第二，在困难情境中，有极强的内部动机打败困难并永不放弃的信念，即抗衡。要想测量创造力自我效能感，可以以员工的信念和其对自己信心的评价为主要方法。运用较广的关于员工创造力自我效能感的量表是 Tierney 和 Farmer(2002)开发的员工创造力自我效能感量表，包括“我认为我擅长贡献新的创意”、“我对自己创新地解决问题的能力很自信”、“我可以想办法使其他人的创意更完善”及“我很擅长用新的办法解决”问题四个条目。此量表在其后续相关研究中均有体现，且取得了较好的信度，a 值超过 0.83。此后，Carmeli 和 Schaubroeck(2007)又开发了个人创造力自我效能感的问卷，用于明确员工对创造性成果的信心和判断，内容包括员工对自己有创意地完成任务、实现目标，有创意地打败困难与挑战等能力的自信评价等，a 值均超过 0.8。自我效能感经过一定的演变已经较为成熟，而员工个体的创造力自我效能感来源于自我效能感，因此，研究者和学者对创造力自我效能感的界定情况基本认同，并没有太多争议。现有关于员工创造力自我效能感的测量还处在一般概念的测量阶段，梳理近年来与这一概念相关的国内外文献发现，有关创造力自我效能感的研究大都集中在教育领域。

林碧芳和邱皓政(2004)将创造力自我效能引入教师教学这一教育领域中，并提出了创意教学效能感的概念，即教师认为自己有创造新颖教学成果能力的信念。具体地说，就是指教师在开展创造性教学工作时，对自己的创造性教学的能力以及能够影响学生学习程度的知觉信念。阳莉华(2009)大学生职业生涯规划的自我教育模式论析，洪素苹等(2008)也研究了高校大学生的创新自我效能感，且开发了针对大学生的创新效能感自评量表。王晓玲和张景焕(2008)研究了创意自我效能感的影响因素及其教学原则，黄四林等(2005)则对中学教师关于创造力的认知和创意教学效能感的关系进行了研究。

组织层面的创造力自我效能感值得进一步研究和论证，并需要考虑不同文化群体对员工创造力自我效能感的影响，因此，这方面研究同时需要将情境化的研究进行加强。

本章旨在验证创造力自我效能感在成就目标导向与员工创造力之间的中介作用，因此将创造力自我效能感定义为：个体对自身是否具有创造力，以及能否有创造力地开展工作、取得创造性成果的自信程度。

3.1.3　创造力自我效能感的相关研究

1. 创造力自我效能感形成的影响因素

员工创造力自我效能感是自我效能感在个体创新中的一种具体运用，类似于作用在员工创造力自我效能感的因素，影响员工创造力自我效能感的因素可以分为两大类：一是结果预期(response-outcome expectancy)；二是效能预期。结果预期是指个人对某一行为会造成某一结果的期望。例如，在表现出优异的创新行为后得到期待的奖品、社会赞赏和自我满足等，它是一种个人对结果的期望，其与领导行为相关，并会受到工作绩效的激励。而效能预期是指个人对本身能否完成某一行为的能力的期望。例如，个人对完成某项创新具备信心，并与员工教育水平相关，更受到工作本身的复杂度以及先前工作经验的影响。总结现有研究，员工创造力自我效能感的影响因素主要有以下几方面。

1)领导的支持对员工创造力自我效能感的形成具有强化作用

任何个体的创造都不会独立于其所处的社会(Drazin and Kazanjian，1999)，员工会从本能出发，根据任务在社会环境中所搜集的有用信息构建自我效能感，进而增强对其能力的认知，继而决定他们的创造行为(Ford，1996)。领导可以通过自己的行为，直接鼓励员工的创新行动；也可以为员工设立创新目标，鼓励其完成创新任务(王端旭和洪雁，2010)；此外，还可以通过经常性的口头表扬与劝告，表达其对员工创新能力的信任之心和对员工创新行为的提倡之情(Carmeli and Schaubroeck，2007)。领导通过各类支持员工参与创新的方法，不仅可以起到提升参与创新员工的创造力自我效能感的作用，更可以将间接经验传授给其他处于相似地位的员工，让其形成“彼能是，我何不能是”的心理并努力行动。与此同时，领导在员工创新过程中给予必要支持，可以为员工提供其所缺乏的必要资源和信心，增强员工对自己创新成功的自信。因此，领导对员工的工作支持显著影响了员工创造力自我效能感的形成。

2)工作经历与工作复杂度均与员工创造力自我效能相关

员工作为工作场所中创造力自我效能感的主体，故与其工作相关的许多因子都会对员工创造力自我效能感产生影响。例如，员工自身具备的技能、拥有的资源和当时的环境共同促成创新行为。已有的实证研究显示，员工创造力自我效能感与员工在特定领域的工作经历呈正相关关系，同时也与工作复杂度及先前成功的工作经历相关 (Shalley and Perry-Smith，2001)。员工根据其参与的工作的复杂程度对自己的能力进行判断，其所完成的任务越复杂，员工对自己能力的评估越高(Gist and Mitchell，1992)，对于那些从事相对复杂工作的员工，源源不断的创意才会解决其工作中可能出现的新问题。因此，员工的工作激情会随着工作的相对复杂和挑战程度的增加而提高，从而更加主动和积极地参与创新工作，并开展更多的创造性活动。

同时，当员工对既定任务越来越熟悉时，一定习惯性的创新惰性就会产生，进而已有的工作经历和对应的知识就会形成一种路径依赖，对员工的创新产生影响。但是，也正是这样让员工具备更多的知识与经验，利用其对任务的熟悉发现工作中的细微差别和诀窍，在工作中更有自信地去创新（Ericsson et al.，1993)。员工可以将已有的工作经历作为基础，当完成特定任务时，员工的反复精确练习了其工作技能和活动进而放大了获得创新绩效的机会。已有的成功的工作经历可以让员工创新失败时克服恐惧，进而强化员工创造力自我效能感。因此，已有的工作经历会积极地影响员工创造力自我效能感。

3)工作自我效能感对创造力自我效能感同向相关

对比以创新为中心的员工创造力自我效能感，工作效能感的概念是针对工作场所中，员工对自己能否完成工作绩效，是员工对自身是否能全面完成工作的一种能力判断(Chen et al.，2001)。班杜拉通过对自我效能感进行研究，认为某一具体的自我效能感孤立存在的现象不会存在，它一定和相关的自我效能感相联系，共同构成个体完整的自我信念。个体完成工作的自信心随着工作自我效能感的提高而加强，进而在工作中拥有较强的创新性地解决问题的信心，进而具有较强的创造力自我效能感，相关实证研究证明了此结论(Tierney and Farmer，2002)。

4)员工受教育年限与工作年限均与员工创造力自我效能感相关

受教育年限与员工创造力自我效能感正向相关。知识、能力这些个体因素在自我效能感的形成过程中是相对稳定的，它们是员工个体可以提供的资源。员工对创新能获得成功而报有的信念随着受教育年限的增长、拥有知识资源的增长而加强。因此，员工受教育年限的时间较长进而强化了员工创造力自我效能感。

有趣的是，工作年限对员工创造力效能感具有双向作用(Tierney and Farmer，2002)。工作年限通过工作复杂度对员工创造力自我效能感产生双向影响：工作复杂性较高的人员，工作时间越久，其员工创造力自我效能感就越强；从事简单工作的人员，其创造力自我效能感随着工作年限的增长而降低。因为复杂的工作，需要员工不断学习、不断想办法解决工作中出现的新问题，通过在复杂工作中的反复磨练，员工的创新意识和技能得到提高，员工创造力自我效能感日益增强。而从事简单工作的员工，长此以往地做着相同的事情，长时间的工作使其工作近似于机械运动，进而其创新意识与创新的自信也在单调乏味的工作中消磨了(阿吉里斯，2007)。因此，从事简单工作的员工随着工作年限的增长，其创造力自我效能感反而下降。

当然，员工创造力自我效能感是一个相对较新的概念，除以上影响因素之外，还有待于寻找更多的影响因素，并逐步提高员工创造力自我效能感，激发员工的创新行为。

2. 创造力自我效能感与创造力的关系

在创造力自我效能感这个概念诞生以前，就已经有学者研究个体的自我效能感对于个体创造性活动的影响和作用。班杜拉(Bandura，1982)指出："创新要有一种坚不可摧的效能感，需要投入大量时间和努力，进展很慢，慢得让人沮丧或是结果很不确定，再或是因与现存固有方式不相容而受到周遭排斥等情况下，仍能不放弃创造性的努力。"Locke 等(1984)发现效能信念影响个体的创新思考和寻求挑战。Ford(1996)也将创新效能信念作为一个关键的动机因素放入构建的激发个体创造行为的理论模型中。

Jin 对大学生创造力自我效能感与创造力行为之间的重要关系进行了实证验证(Bandura，1977)。Beghetto 研究发现：高创造力自我效能感的学生对自己各科的学习能力更加充满信心，更多地谋划自己如何可以顺利考进大学，并投身于学术研究和集体活动，这对创新性实践大有裨益(Bandura，1982)。Tierney 和 Farmer(2002)将 Gist 与 Mitchell 的理论模型作为基础，实证证明了创造力自我效能感对个体创新行为及绩效起积极作用，创造力自我效能感与工作效能感相比，能更好地预测员工的创新行为和工作绩效(Urdan and Maehr，1995；班杜拉，2003)。

创新的工作需要一种持续的、内在的动力，这种动力有助于个人在遇到困难的时候依然坚持不懈。这种动力可以由创造力自我效能感提供，即当人们处于困难情形时，它可以促使提高个人的努力程度。具备较高创造力自我效能感的个体善于主动学习新知识和新技能，对自身的创新性思维拥有更多的自信，勇于尝试以及将产生的新观点或思想付诸于实践，所以，如果个体拥有高创造力自我效能感，则他就能够主动并持续地开展创新活动。具有低创造力自我效能感的员工大多因循守旧，思路狭窄，自信不足，害怕尝试，即使有想法或观点也不敢表达出来。现有研究已达成共识，创造力自我效能感对员工创新行为有显著的积极影响(杨晶照等，2011)。

员工创造力自我效能感属于个体创新领域中的一个自我信念概念，现有的研究已经达成这样一种共识——员工创造力自我效能感与员工创造力之间存在正向关系，但是形成了针对员工创造力自我效能感如何作用的两种不同的侧重点：第一，仅仅将员工创造力自我效能感当做某一变量的一个组成部分。例如，将其作为创新自身概念的一个维度、创新心理过程的一个组成变量或员工创新潜能的组成部分等。第二，将员工创造力自我效能感作为一个单独的变量，研究其在员工创新的具体过程中如何起到中间变量的作用，有助于进一步理清员工创新的过程。以上两个不同的侧重点为研究员工创造力自我效能感与员工创造力之间的关系提供了不同的角度，前者更关注员工参与创新的原因，后者更关注员工创新的过程。现分述如下。

(1)把员工创造力自我效能感设定为某一变量的非独立部分，进而共同构造成一个多维变量或者复合变量。与此有关的主要代表观点包括以下三种。

第一，创造力自我效能感以其作为创新心理过程的一个组成成分的角色，会积极影响个体创新。Choi (2004)根据行为规划理论，将创造力自我效能感与创新意愿结合起来，共同建立了由两个变量组织的员工创新心理过程。Choi 认为隐含在个体内心的心理过程可以在特定环境下指引个体通过创新方法将问题解决，并将中介变量设置为创新心理过程，进一步研究了社会情景因素与个体因素通过创新心理过程的影响，进而产生对创新绩效的影响。其中，内因和外因的激励都是个体创造力的激发因素，内因的含义是拥有创新性的个人特质和参与创新的能力，社会情景因素又包括两方面内容——领导的支持和团队开放的氛围，内外两个因素通过激发员工创新意愿和创造力自我效能感，使个体更愿意参与创新，进而提高创新绩效。此研究的重点在于过程研究，将个体与情景因素对创新心理过程的影响进行解释，并努力通过心理过程这个复合变量解释个体参与创新的动因。但是，仅有学生作为研究选取的样本，则对工作场所员工参与创新的研究代表性不够显著，因此，下一步的研究应该聚焦于工作场所的员工及工作情境。并且，在其研究中只有信念和意愿的创造心理过程。在其提出的创造心理过程中，仅包含两个变量——创造力自我效能感和创造意愿，不足以全面地、完整地概述员工参与创新的全部心理，故有待进一步研究到底应该是指哪些心理过程的内涵。

第二，将员工创造力自我效能感当做创新自我概念的一个维度。Mathisen 和 Bronnick (2009)的研究中显示，一套核心的自我概念存在于创新者的内心中，这将会引导他们努力开展不断的创新。创新的角色认同(creative role identity)的概念是员工觉得自己是组织中具有创新精神的一员。Tierney 和 Farmer (2004)整合了员工创新的自我效能感与创新的角色认同，认为创新的自我(creative self-concept)概念由两者共同构成。因此，他们将创新的自我概念定义为员工不仅认同自我创新角色，同时也有信心完成创新。这样的自我概念引导员工积极参与组织的创新，进而获得一定的创新绩效。创新的自我这一概念的提出，为创新理论的丰富和进一步研究工作场所创新行为的发生给予了新的视角。

第三，将员工创造力自我效能感当做员工创新潜能的组织部分。参照人力资源相关理论，员工创新技巧和能力都是潜在的创新能力，企业可以对其进行开发，如果一名员工没有将自身具备的创造力潜能(creative potential)落实为创新行为，则这一部分就成为重要的组织未开发的人力资源。组织要想将这些资源充分利用，就要尽最大努力去鉴别它们，并通过一些措施开发员工的创造力。例如，可以通过提高员工工作满意度、提高员工工作技能、降低离职率等方法。Diliello 和 Houghton (2008)等进一步发展了员工创造力潜能，将创造力潜能界定为个人对创新能力的感知，由创新的自我效能感和创新的才能及先前创新经历共同衡量。通过以上的界定，将员工创造力自我效能感融入创新的潜能中更显得成熟，有利于更好地解释员工参与创新的机理。Carmeli 和 Schaubroeck (2007)的研究也表明，员工创造力自我效能感是员工的一种潜能，它有利于员工的创新积极性和创新绩效的提升。我国学者已经开始关注自我效能感与创新行为之间的关系(李颖等，2009；冯旭等，2009)，但并没有明确提出员工创造力自我效能感的概念。

(2)将员工创造力自我效能感作为独立变量，研究其在员工创新中的作用。

随着研究的进一步推进，员工创造力自我效能感对员工创新的作用越来越明显，并且概念逐渐丰富和饱满，同时开始作为一个独立变量进入研究者的视野。研究者们发现员工创造力自我效能感不仅对员工创新有显著的积极影响，同时，在影响员工创新的众多因素中，它还可以作为一个中间变量，其中介作用既通过实证研究得到支持，一些其他的研究还探讨了它的调节作用。

第一，员工创造力自我效能感在员工创新中的中介作用得到广泛证实。Tierney 和 Farmer(2004)实证研究了140位研究人员，研究得出了员工创造力自我效能感在皮格马利翁过程(Pygmalion process)中起到的作用，并得出相关结论：员工个体的创新符合皮格马利翁效应——主管对员工个人创新的积极预期和鼓励行为，将提升员工对创新的预期，从而对员工创新产生积极作用，在这个内在过程中，员工创造力自我效能是作为中介的。而 Gong 等(2009)通过针对我国台湾地区员工的实证研究，证实了变革型领导、员工学习导向与员工创新之间存在正向相关关系，同时，员工创造力自我效能感在其中起到中介作用。员工创造力自我效能感为变革型领导与员工创新之间、学习导向与员工创新之间构建了联系。进而产生一些研究，开始实证研究中国大陆地区员工创造力自我效能感，如顾远东和彭纪生(2010)将员工创新分为产生创新的构想和执行创新的构想，发现员工创造力自我效能感与产生创新的构想和执行创新的构想也都正向相关，而组织创新气氛与二者也呈正向相关，并且员工创造力对自我效能感在组织氛围与产生创新的构想、组织氛围与执行创新的构想关系中都发挥了中介作用。由此看来，研究已经深入验证了员工创造力自我效能感在员工创新机制中的中介效应。

第二，少量的研究表明员工创造力自我效能感在员工创新机制中起着调节作用。例如，李欣津(2007)在其研究中表明，员工创造力自我效能感在工作特性与员工创新关系之间起着调节作用，工作特性是指工作技能变化、工作重要性、工作一致性、工作自主性和工作成果反馈等。

针对员工创造力自我效能感的中间效应的研究在一定意义上进一步揭示了员工创新的内在机理。从现有的研究还可以得出结论：员工创造力自我效能感不仅积极影响了员工的创新活动，而且可以较好地预测员工的创造性行为及结果，当员工在这一过程中遭受挫折时，员工自身的创造力自我效能感可以帮助它不放弃创新的持续性努力，从而实现目标。随着研究的逐步推进，员工创造力自我效能感从作为一个独立变量发挥作用，到其中间作用得到证实，员工创造力自我效能感如同知识、技能、能力一样，逐渐发展成为影响员工创造力的显著的中间变量。

员工创造力自我效能感的作用与员工创新有着密不可分的联系，随着对员工创新研究的推进，创新自我效能的作用机理可以从更多方面进行验证，逐步探索出员工创新的更多因素，打开员工创新的黑箱。

与成就目标导向的有关研究类似，自我效能感与绩效的关系也是国内外学者关注的焦点。这些研究包括实证性研究、探索性研究及个案研究等，他们的研究结果都验证了一个结论，即自我效能感是预测绩效的最佳指标。较高的自我效能感预示着较高的绩效，较低的自我效能感预示着较低的绩效。

拥有较高自我效能感的人勇于尝试富有挑战性的工作，并倾向于为自己设置较高的目标，自我控制力强，因此有利于工作绩效的提高。据此，我们可以尝试将结论推广到创造力领域。一些学者也就自我效能感与创造力的关系展开了研究。

创造力自我效能感是自我效能感与创造力领域的具体结合，这一概念的提出者 Tierney 与 Farmer(2002)对其与创造力的关系进行了开创性的研究，他们不仅探究创造力自我效能感的形成和作用机制，并且就它对个体创新及绩效的积极作用进行了实证研究。此外，学者们对于创造力自我效能感与创造力的关系研究很少，且主要集中于教育领域。

林碧芳和邱皓政(2004)通过对我国台湾地区 249 名中小学教师的研究发现了一个重要现象，即教师创意教学自我效能感与创造性教学行为之间具有显著的正相关关系，如果教师的创意教学自我效能感越强，那么其创意教学行为就越多样。

3. 成就目标导向与创造力自我效能感的关系

成就目标导向研究的是在成就情境下个体优选的成就目标种类和它对个体认知、动机和行为的作用。根据第 2 章中的理论介绍，持有不同成就目标导向的个体在对能力、努力和任务结果的认知上存在差异，这必然影响其对自身能够完成某项行为的自信程度，即自我效能感。由此我们可以推测，成就目标导向也可能影响其对自身是否具有创造能力的认知。一些学者也对这一领域进行了类似研究。

袁登华(2005)在采用成就目标导向三因素结构的基础上，通过实证研究探寻成就目标导向和我们关注的自我效能感及创业行动效能感的关系。研究显示，精熟目标导向与自我效能感和创业效能正相关，而绩效-趋近目标导向与自我效能感及创业效能负相关程度较弱，但绩效-回避目标导向与自我效能感及创业效能负相关程度较强。

王芳(2004)通过研究196名中学教师，发现教师的教学效能感与精熟目标导向显著正相关，与绩效目标导向不显著负相关。

4. 成就目标导向、创造力自我效能感与创造力的关系

本章旨在研究成就目标导向对创造力的内在影响机制，即成就目标导向如何通过创造力自我效能感对创造力产生影响。综观国内外相关领域，围绕动机—认知—行为这一逻辑主线，目前的研究已有一部分涉及成就目标导向、自我效能感与行为的关系，其中还有部分研究验证了自我效能感在成就目标导向与行为之间的中介作用，现将相关研究列举如下。

孟慧等(2007)通过对176名大学生的研究，对目标导向与适应的关系以及社会自我效能感的中介作用进行了深入分析。结果表明精熟目标导向能够有效地预测学生的学习适应性、心理适应性和社会适应性；而绩效目标导向对三类适应都无显著性影响，此外，社会自我效能感在其中一些目标导向与适应的关系中起中介效应。

王雁飞等(2004)则分析了成就目标导向、自我效能感与反馈搜寻行为三者的关系。通过调查539名企业员工，得出成就目标导向是通过自我效能感这个中介机制来影响个体的反馈搜寻数量和反馈搜寻努力的结论。

Elliot和Harackiewicz(1996)研究发现自我效能感与成就目标导向高度关联。具体来说，精熟目标导向程度越高，个体的自我效能感就越高。自我效能感通过影响个体目标水平的选择进而影响个体的绩效。

5. 员工创造力自我效能感未来的研究方向

近年来，创新和创意变得越来越重要，逐渐开始作为我国组织赖以生存和发展的动力，这就说明组织更需要激发员工的创新潜能。在员工创新机制中，员工创造力自我效能感的地位正逐步获得人们的认识和重视，员工创造力自我效能感应着重关注如下几个方面的问题。

(1)开发具有针对性的中国员工创造力自我效能感量表。

目前国内创造力自我效能感研究多针对学校等，对企业员工的研究不多，所采用的量表大多是国外的研究成果。在中国情境下，受到民族文化的影响，且员工具有自身特点，故精确地测量员工创造力自我效能感将成为一个挑战。所以，要设计出有针对性、符合中国情景的员工创造力自我效能感的量表，并与国外量

表进行比较从而得出差异。

(2)寻找更多影响员工创造力自我效能感的因素，加深对员工创造力自我效能感的认识。

研究员工创造力自我效能感中的个体因素时，其中创新者的特征不应被忽略，也要纳入研究当中，并可以引入人口统计学中对创造力自我效能感有影响的因素，如性别、年龄。与此同时，对个体影响因素的研究中，既要研究创造力效能预期的影响因素，又要研究对创造力结果预期的影响因素。要对相关工作态度、创新绩效与员工创造力自我效能感之间的关系研究进行加强；而且，结果预期的影响因素由于创造失败的风险较大而变得较复杂，故研究过程中需要配合绩效管理。

接下来需要将人力资源管理状况、组织结构及组织文化等因素考虑到员工创造力自我效能感的情境因素研究中，并进行实证研究。对组织文化为员工创造力自我效能感带来的作用开展深入研究，实证研究针对人力资源管理实践与组织文化共同作用对组织成员创造力自我效能感的产生和影响。

扩大研究情景因素对员工创造力自我效能感影响的研究范围，研究民族文化背景的影响。例如，研究中庸思想等对工作中的员工创造力自我效能感的影响；在中国"出头的椽子先烂""枪打出头鸟"这样的潜意识文化环境下，民族文化心理如何影响员工创造力自我效能感；在重视社会关系的中国情境下，为维护和谐的氛围，犬牙交错的关系如何影响创造力自我效能感等，这些问题都是员工创造力自我效能感在工作场所中运用可能会面临的问题，需要开展深度的研究。

(3)进一步研究员工创造力与员工创新行为之间的内在机理，揭开工作场所员工参与创新的黑箱。

有待于进一步研究的关于员工创造力自我效能感的问题如下：员工创造力自我效能感在组织创新绩效中的地位及其实现过程；员工创造力自我效能感与其创新绩效的关系等。员工创造力自我效能感还可以结合创新的其他影响因素，共同发挥于员工创新的过程。未来研究可以着手于创新的自我概念、创新的潜能、创新的心理过程等方面，开展深入的实证研究，共同探索员工参与创新的黑箱，为实践的开展提供越来越多的理论论据。

(4)通过研究员工创造力自我效能感，提高员工创造力管理的水平。

既然创造的潜能可以进行开发(Ginamarie et al.，2004)，其隐藏的含义说明，可以通过训练让员工习得创造力自我效能感。已有的实证研究得出，通过培训逐步形成的员工创造力自我效能感，并不会很快消失，反而它可以深入成为员工工作中的一种信念，对创新绩效的取得具有积极的影响作用（Mathisen and Bronnick，2009)。接下来的研究应根据影响员工创造力自我效能感的因素开展，利用培训方法、设计培训方案，将提高员工创造力自我效能感纳入人力资源开发的重要内容。

综上所述，个体的信念、行为和环境及其相互作用共同影响员工创造力，越来越多的研究证明创造力自我效能感在以上三个因素的互动过程中发挥了至关重要的作用，进而为个体对创新任务的选择、努力和坚持程度等带来影响，当个人对创新活动具有较高的信念时，有助于他乐于从事创新活动；但当个人对创新的产出拥有较低的预期时，则会对创新产生抵抗。员工创造力受到越来越多的管理者的重视，在这种情况下，一个具有现实意义的话题——创造力自我效能感在员工创新中的作用值得学者们进行深入研究。

3.2　研究假设推演与研究框架构建

3.2.1　研究变量的界定

研究变量的清楚界定是整个研究过程的首要一步，它是指明确和统一研究中涉及的术语，防止研究结论的模糊和误用(Babbie，1999)。

本章涉及的术语如下：①成就目标导向；②创造力自我效能感；③创造力；④个人基本信息。

1. 成就目标导向

根据本书第2章中对成就目标导向的综述可以发现，对于成就目标导向的定义及其维度的划分，学术界说法不一，尚未达成共识。本书在综合众多学者研究的基础之上，对成就目标导向做如下界定。

成就目标导向是个体从事某一任务的目的或原因，具有动机、认知、情感和行为等特征。成就目标导向会影响个体的认知过程，从而影响其在特定情境中的行为表现。

在成就目标导向的维度划分方面，本章采用Dweck的经典二分法，将成就目标导向分为精熟目标导向和绩效目标导向。

精熟目标导向是以学习知识、掌握技能为主要内容的成就目标导向。持有精熟目标导向的个体从事某件事情的目的是通过学习等多种途径的自身努力来提高自己的能力和工作知识水平，获取新技术，掌握新方法。

绩效目标导向是以获得有利评价和回避不利评价来证实个人能力为目的的成就目标导向。持有绩效目标导向的个体从事某件事情的目的是展现自己的能力，同时极力避免那些可能会显示自己低能的情境。

2. 创造力自我效能感

创造力自我效能感这一概念最早是由Tierney和Farmer(2002)沿着自我效能感与相关领域相联系的研究思路提出来的。本章在Tierney和Farmer定义的基础上，进一步对创造力自我效能感做如下界定。

创造力自我效能感是指个体对自身是否具有创造力、能否有创造力地开展工作，以及取得创造性成果的自信程度。

3. 创造力

根据文献综述部分的内容，国内外学者对创造力的定义众说纷纭，存在分歧。本书结合 Amabile(1983)给出的在创造力研究领域较具代表性的定义，对创造力做如下界定：创造力就是指员工在完成实际目标过程中遇到挑战和难题时，产生的新颖的、适用的有效方法。

4. 个人基本信息

本章搜集样本的人口统计变量包括性别、婚姻状况、年龄、职称、学历、在公司服务时间、公司规模、所在行业以及在公司的职位。

性别：分为男女两个类别。

婚姻状况：分为已婚和未婚两个类别。

年龄：从 20 岁(不含)以下开始，到 50 岁(含)以上，共分为小于 25 岁，26～30 岁、31～40 岁、41～50 岁，以及大于 50 岁五类。

职称：分为没有、初级、中级、副高级和高级五个类别。

学历：从低到高依次分为高中或高职(含)以下、专科、本科和研究生(含)以上四个类别。

在公司服务时间：依据在公司服务时间的长短依次分为 1 年(不含)以内 1～3 年、4～7 年、8～10 年、11～15 年、16～20 年、21～25 年、25 年以上。

公司规模：分为较大、中等、较小三类。

在公司的职位：依职位的类别总的来说分为管理类和技术类两类，其中管理类又可以分为高层管理人员、中层管理人员、基层管理人员和一般职员四类；技术类又可以分为一线员工、销售人员、研发人员、设计人员和一般行政人员五类。

3.2.2 研究框架

1. 概念模型

本章以动机—认知—行为为逻辑主线，旨在对成就目标导向、创造力自我效能感与创造力三者之间的关系进行研究。在文献研究的基础上，结合 Dweck 对成就目标导向的经典二分法，本章构建的概念模型如图 3-1 所示。

基于以上概念模型，本章试图探究成就目标导向、创造力自我效能感与创造力这三个变量之间的关系，在此基础上验证创造力自我效能感在成就目标导向与创造力关系中的中介效应。

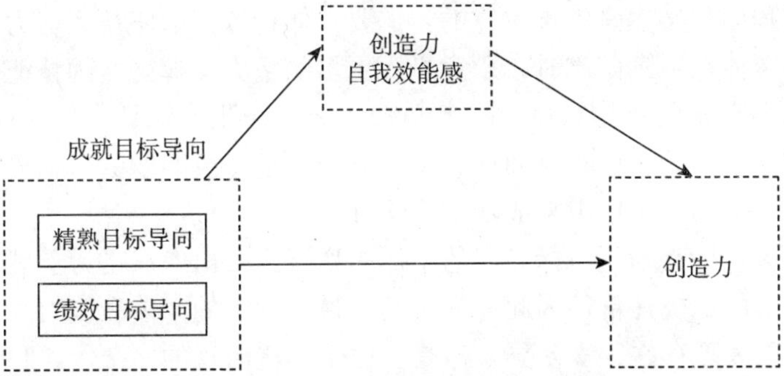

图 3-1　研究的概念模型

2. 研究假设的提出

1)成就目标导向与创造力的关系

员工创造力是组织创新和竞争优势的一个重要来源(Amabile，1988；Oldham and Cummings，1996；Shalley，1991；Zhou，2003)。在前面的综述部分，我们在借鉴 Amabile 的创造力成分模型的基础上，探讨了个体层面上影响创造力的三个因素，即认知风格、动机和知识技能。同时，我们在对成就目标导向理论进行综述时，也指出成就目标导向可以影响人们的认知、情感与行为(Dweck，2000)。从这个意义上来讲，成就目标导向与创造力之间是紧密相关的，成就目标导向可以通过影响知识技能的学习和人们的认知等方面进而影响创造力。成就目标导向也可能会影响人们是否愿意寻求和利用反馈来改进技能进而对创造力产生影响。接下来我们以精熟目标导向为例对二者之间的关系进行具体分析。

第一，精熟目标导向使个体通过不断学习，掌握形成创造力必需的知识和技能基础。创造活动的内涵在于形成或产生一些新的东西，而这需要掌握一些必需的策略(Janssen and van Yperen，2004；Zhou，2003)。精熟目标导向使人们致力于获得新知识以及形成有利于完成具有挑战性工作的深层次处理策略(Elliot and McGregor，2001)，同时也会对学习过程和发展相关的技能产生积极影响(Dweck，1999)。

第二，精熟目标导向影响个体对工作、能力和努力的认知，这种认知风格会对创造力的形成产生影响。持有精熟目标导向的个体将技能发展视作对了解和精通工作任务的内在兴趣(Janssen and van Yperen，2004)，这种对工作本身产生的兴趣可以使人们更积极地投入工作中，产生创造力(Amabile，1998)。与此同时，持有精熟目标导向的个体认为挑战性的工作是提升自身能力的有力途径，所以他们也更易于接受具有挑战性的工作，更容易参与寻求创造性的活动。

第三，精熟目标导向还会影响人们对待困难时的表现。众所周之，创造性活动的开展过程中，必然是困难重重的，需要个体持续性的坚持和努力。持有精熟目标导向的个体在遇到困难时，乐意投入更多的精力掌握必需的技能以解决创造过程中经常会遇到的难题(Dweck，1999；Vandewalle et al.，2001)，他们能够有效地处理反馈中的正面和负面信息，对创造性地解决问题的活动投入更多的精力，识别和运用那些可以带来成功的策略(Dweck，1999)。

与此对应，持有绩效目标导向的个体一切行为的出发点是为了展示自己的能力和获得他人的积极评价，因此和持有精熟目标导向的个体在能力观、认知以及面对困难时的表现存在很多差异。但是，由于创造活动的复杂性，我们对绩效目标导向与创造力的关系也不能一概而论。当个体觉得一项活动可以展现自己的过人能力时，他也会积极参与。但当个体觉得自己的能力达不到时，他则会避免参与。所以持有绩效目标导向的个体可能会有选择性地开展一些创造性的活动。

综上所述，本章对成就目标导向与创造力的关系提出如下假设(图 3-2)。

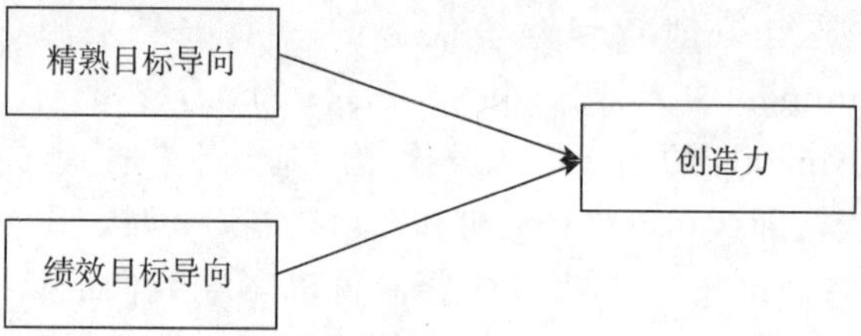

图 3-2 成就目标导向对创造力的影响假设模型

H_{1a}：精熟目标导向对员工创造力存在正向影响。

H_{1b}：绩效目标导向与员工创造力之间关系复杂，不存在显著的相关关系。

2)创造力自我效能感与创造力的关系

社会认知理论通过自我效能感为解释人类行为的发生机制提供了一个新的视角。班杜拉认为，“一个人必须相信能通过自己的行动收获所期待的结果，不然，他们则不具备刺激行动的动机，所以效能信念是行动的必要前提”。

创造力自我效能感是自我效能感与创造力领域的具体结合，如前所述，创造力的形成会受到个体认知风格的影响。而创造力自我效能感作为一个重要的认知变量，具有高创造力自我效能感的个体对自己的创造能力充满自信，更加确信自己有能力完成任务，因而不畏风险，敢于面对挑战，这对创造性活动的开展非常有利。同时，创造性活动开展的过程中往往会遇到很多阻碍，高创造力自我效能感也会使个体更加积极地看待这些阻碍，不断激励自己持续地进行努力。

因此，基于以上分析，本章对创造力自我效能感与创造力的关系做出如下假设(图 3-3)。

H_2：创造力自我效能感对员工创造力具有正向影响。

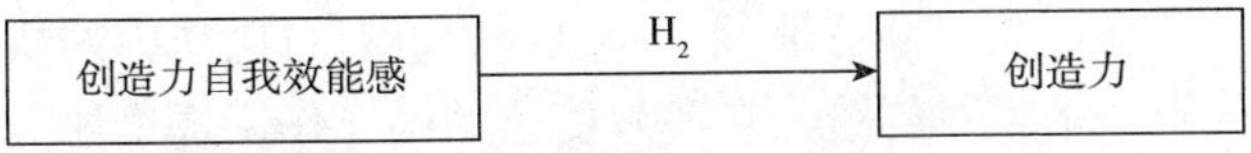

图 3-3 创造力自我效能感对创造力的影响假设模型

3)创造力自我效能感的中介作用

基于以上分析，成就目标导向与创造力之间存在重要的关系，但是为什么成就目标导向能对创造力产生影响呢？它们之间的作用机制很少有人研究。目前的学者们倾向于通过二者之间的中介变量解释它们之间的关系。本章认为一个最有可能的中介变量是创造力自我效能感，因为它是基于个人的知识和技能使创造力成为可能的一种信念，这种信念可以增强自我的感知能力，从而促进个体更有意愿从事创造性的活动。

许多学者也从不同角度验证了自我效能感的中介作用。班杜拉的社会认知理论认为，自我效能感是个体行为的认知中介，“个体在确定了目标，拥有了所需的知识、技能后，自我效能感就变成采取相应行为的决定性因素”。王雁飞等(2001)的研究也认为社会认知在成就目标导向和结果变量中起着中介作用。结合本章 H_2 的分析，拥有较高水平创造力自我效能感的员工倾向于更具有创造力，二者之间具有正相关的关系。而这种创造力自我效能感的差异则主要来自于个体持有的成就目标导向的不同。持有不同成就目标导向的个体对其创造力自我效能感产生不同的影响，原因主要有以下几个方面。

首先，持有不同成就目标导向的个体拥有不同的能力观，精熟目标导向的个体倾向于持有动态能力观，认为能力是可以通过学习和努力来发展与提高的，因而往往对自身创造的能力有较高的认知。而绩效目标导向的个体则持有固定能力观，认为人的能力是保持固定不变的，因而对创造力有较低的认知。因此，对能力的不同认知构建了不同的基本效能信念。

其次，不同目标导向的个体对能力发展的关注程度不同。精熟目标导向的个体视工作为提高能力的途径，特别关注能力的发展。因此会通过自身努力主动提升能力并积累很多成功经验。在这些技能和经验积累的基础上，当设想产生创造力的结果时，这部分员工会有更强的自我效能感。反之，绩效目标导向的个体对创造力的自我效能感则较低。

最后，不同目标导向还会影响创造力自我效能感的维持。众所周知，创造性活动极富挑战性和冒险性，在开展过程中不可避免地会遇到很多挫折，必须要求个体不断地坚持努力和投入。持有精熟目标导向的个体将关注焦点集中在自身能力的提高方面，在这种不确定性的投入过程中能够保持坚定，面对挫折时也会将其归因为自我努力的不足，从而继续努力，因此能够维持较高的效能信念。而绩效目标导向则会使个体缺乏冒险性，一旦遇到挫折容易产生消极的能力归因，采取防御性的让步措施，缺乏坚持性，从而也会影响对自己能力的认知。

基于以上分析，本章对创造力自我效能感的中介作用提出如下假设。

H_{3a}：创造力自我效能感在精熟目标导向与创造力间起中介作用，即持有精熟目标导向的个体具有较高的创造力自我效能感，进而较富有创造力。

H_{3b}：创造力自我效能感在绩效目标导向与创造力间起中介作用，即持有绩效目标导向的个体具有较低的创造力自我效能感，进而较缺乏创造力。

综合以上研究假设，我们可以得到创造力自我效能感在成就目标导向与创造力间的中介作用假设模型，如图 3-4 所示。

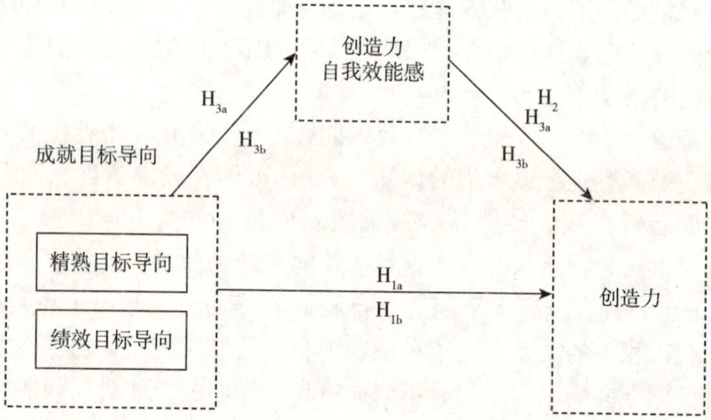

图 3-4　创造力自我效能感在成就目标导向与创造力间的中介作用假设模型

3.3　研究问卷设计、数据获取与质量评估

3.3.1　问卷设计

本章主要涉及成就目标导向、创造力自我效能感及创造力这三个变量，因此本章的问卷也主要由以上三个部分构成。

1. 成就目标导向

成就目标导向这一课题一直是国内外研究的热点问题，因此许多学者开发出了测量这一变量的较为成熟的量表。为了保证测量的信度和效度，全面考察员工的成就目标导向，本章主要采用 Baranik 等(2007)编制的成就目标导向量表，采用李克特(Likert)五点计分法，让受访者自评的目标导向，计分方式从“非常不符合”到“非常符合”依次计 1～5 分。该量表分为精熟目标导向和绩效目标导向两个维度，共 18 个题项，其中 1～10 题项测量个体的精熟目标导向，11～18 题项测量个体的绩效目标导向。根据不同题项的得分最终可以判断出个体持有的成就目标导向类型。

(1)我喜欢富有挑战性的工作，这样能从中学到很多有用的东西。

(2)我经常寻找机会掌握新的技能和知识。

(3)我喜欢工作中有挑战性、有难度的任务，这样可以学到新的技能。

(4)对我来说，工作能力的发展非常重要，可以为之冒险。

(5)我只是尽量避免在执行工作任务时缺乏必要的技能。

(6)当投入一项工作任务时，我会反复思考怎么做才能不出错。

(7)在工作中，我关注的是不能比之前做的工作差。

(8)我的目标是避免在执行工作任务时缺乏必要的技能。

(9)我希望可以获得能够胜任工作的足够的技能。

(10)在工作中，我尽量避免不能很好地执行工作任务的情况。

(11)我在意自己是否比其他同事强。

(12)我试着在工作中向他人证明自己的能力。

(13)我喜欢在工作中得到他人的赞赏。

(14)我喜欢从事能够向他人展示自己能力的工作。

(15)如果有可能向他人表现出自己没能力，我宁愿避免接受新的工作。

(16)对于我来说避免展示自己的弱点比学习新技能更重要。

(17)如果我的表现证明我的能力很低，则会担心是否要从事这个工作。

(18)我尽量避免工作中使自己出丑的情境。

2. 创造力自我效能感

对创造力自我效能感这一变量的测量我们采用 Beghetto(2006)提出的创造力自我效能感量表。这一量表是 Beghetta 在综合了 Tierney 和 Farmer(2002)对创造力自我效能感领域的相关研究、Plucker 等(2004)对创造力的定义以及班杜拉等提出的自我效能感概念的基础上提出的(Bandura，1977；Bandura et al.，1977)。

该量表为单一维度，共有三个项目，采用李克特五点式计分，让受访者评估对自己创造力的信念，计分方式从“非常不符合”到“非常符合”依次计 1～5 分。最后的得分越高表明个体的创造力自我效能感越强。

(1)我擅长提出一些新想法。

(2)我经常会有许多好的想法。

(3)我有很好的想象力。

3. 创造力

对创造力的测量本章采用 Zhou 和 George(2001)开发的创造力量表。这一量表为单一维度，共有13个题项，采用李克特五点式计分，让受访者自评创造力，计分方式从“非常不符合”到“非常符合”依次计1～5分。最后的得分越高表明个体的创造力越强。

(1)我会建议使用新的方法来实现目标。

(2)我会提出既新颖又实用的方法来改善工作绩效。

(3)我会主动寻找新的技术、工作程序、工作方法和产品创意。

(4)我会建议用新的方法改善工作质量。

(5)我有很多创新的想法。

(6)我不怕承担风险。

(7)我会坚持自己的想法并把新想法介绍给别人。

(8)我能把握机会将创造力运用到工作中。

(9)我会制订适当的计划和日程实施自己的新想法。

(10)我经常会有新的、有创新性的想法。

(11)我经常能够针对问题提出有创意的解决方法。

(12)我经常有新鲜的解决问题的想法。

(13)我会建议采用一些新的方法来完成工作任务。

3.3.2 预调查研究

本章采用的量表均为国外学者的原始量表，并参考国内研究者的相关研究翻译而成。为了检验这些量表在中国情境下的适用性，在正式调研之前需要首先选取小样本进行预调研，对量表的信度和效度进行检验。在预调研中我们共向上海、河南、山东、山西等地的企业发放110份问卷，并全部收回。按照以下标准进行筛选：①缺选问项不超过5个；②没有连续5个问项的选择相同。最终得到99份有效问卷，问卷有效回收率为90%。预调研有效样本分布情况如表3-1所示。

表3-1 预调研有效样本分布情况

项目		频次	百分比/%
性别	男	62	62.6
	女	37	37.4
	总计	99	100.0
婚姻状况	已婚	32	32.3
	未婚	67	67.7
	总计	99	100.0

续表

项目		频次	百分比/%
年龄	＜25 岁	1	1.0
	26～30 岁	27	27.3
	31～40 岁	43	43.4
	41～50 岁	21	21.2
	＞50 岁	7	7.1
	总计	99	100.0
职称	没有	49	49.5
	初级	28	28.3
	中级	19	19.2
	副高级	1	1.0
	高级	2	2.0
	总计	99	100.0
学历	高中及以下	4	4.1
	专科	21	21.2
	本科	63	63.6
	研究生及以上	11	11.1
	总计	99	100.0
在公司服务时间	1 年以内	19	19.2
	1～3 年	35	35.4
	4～7 年	22	22.2
	8～10 年	9	9.1
	11～15 年	7	7.1
	16～20 年	4	4.0
	21～25 年	2	2.0
	25 年以上	1	1.0
	总计	99	100.0
公司规模	较大	54	54.6
	中等	33	33.3
	较小	12	12.1
	总计	99	100.0

续表

项目		频次	百分比/%
所在行业	制造业	44	44.4
	房地产	0	0.0
	金融业	4	4.0
	商贸流通	4	4.0
	IT 技术	5	5.1
	建筑	5	5.1
	运输	1	1.0
	能源	0	0.0
	其他	36	36.4
	总计	99	100.0

1. 成就目标导向量表

我们对成就目标导向量表进行均值和标准差分析、信度分析和效度分析。

1)均值和标准差分析

使用统计软件 SPSS 17.0 对预调研样本中成就目标导向部分进行均值和标准差分析，结果如表 3-2 所示。

表 3-2 均值和标准差分析(一)

问项	数量	最小值	最大值	平均值	标准差
AL1	99	1	5	4.25	0.800
AL2	99	2	5	4.19	0.778
AL3	99	2	5	4.15	0.787
AL4	99	1	5	3.90	0.875
AL5	99	1	5	3.70	0.920
AL6	99	2	5	4.06	0.855
AL7	99	1	5	3.57	1.239
AL8	99	2	5	4.19	0.738
AL9	99	2	5	4.25	0.800
AL10	99	2	5	4.09	0.744
AP11	99	1	5	3.40	1.106
AP12	99	1	5	3.67	1.010
AP13	99	1	5	3.79	0.982
AP14	99	1	5	3.49	1.034

续表

问项	数量	最小值	最大值	平均值	标准差
AP15	99	1	5	3.14	1.125
AP16	99	1	5	2.74	1.234
AP17	99	1	5	3.37	1.026
AP18	99	1	5	3.73	0.956

注：AL 表示精熟目标导向；AP 表示绩效目标导向

2)信度分析

本章采用内部一致性 α 系数进行信度检验，测量同一构面的所有问项的一致性程度如何。一般来说，α 系数越大，说明该变量各个问项的相关性越大，也就是内部一致性程度越高。通常情况下，一份信度系数好的量表或问卷，总量表的信度系数最好在 0.8 以上，如果信度系数为 0.7～0.8，尚可接受；如果是分量表，其信度系数最好在 0.7 以上，如果信度系数为 0.6～0.7，尚可接受；但如果分量表(层面)的内部信度系数在 0.6 以下或总量表的信度系数在 0.8 以下，就要考虑重新设计量表或者增删题项了(吴明隆，2003)。

本章将成就目标导向划分为精熟目标导向和绩效目标导向两个维度，对问卷的总量表及分量表进行的信度分析如表 3-3 所示。

表 3-3 信度分析(一)

量表名称	α 系数	问项数量
精熟目标导向	0.720	10
绩效目标导向	0.805	8
总量表	0.831	18

由表 3-3 可知，两个分量表的 α 值都在 0.7 以上，总量表的 α 值在 0.8 以上，均符合要求，说明此问卷具有良好的信度。

3)效度分析

效度分析一般从内容效度和结构效度两方面进行。

内容效度是指测量指标能够测量出欲测量事物的程度，主要是由这一领域的专家对某一指标体系能够测量欲测事物的认可程度来体现的。本章的量表是在借鉴国外学者原始量表的基础上参考该领域其他相关学者的研究翻译而成，因此具有较高的内容效度。

结构效度是指量表测量基于理论而提出的变量间诸多假设的能力。我们采用统计软件 Lisrel 8.70 对成就目标导向量表结构模型的各项拟合指标进行检验，成就目标导向问卷结构的各项拟合指标如表 3-4 所示。

表 3-4 成就目标导向问卷结构的各项拟合指标(一)

指标	χ^2	df	χ^2/df	GFI	AGFI	NFI	IFI	CFI	RMSEA
数值	261.46	134	1.95	0.77	0.71	0.73	0.86	0.85	0.099

注：χ^2 表示卡方值；df 表示自由度；GFI 表示拟合优度指数；AGFI 表示调整拟合优度指数；NFI 表示规范拟合指数；IFI 表示增量拟合指数；CFI 表示比较拟合指数；RMSEA 表示近似误差均方根

通常来说，判断一个模型拟合程度的标准有以下几个方面：①χ^2/df 一般应小于或等于 5，理论期望值为 1，实际研究中若此数值接近 2 的惯用门槛，则可认为模型的拟合程度较好；②GFI、AGFI、NFI、IFI、CFI 的数值范围为 0～1，越接近于 1 则模型适配性越好，一般以大于或等于 0.9 为宜；但是，在心理、社会问题中，由于所分析问题的复杂性，各项数值很难达到 0.9，一般认为，只要各项数值在 0.8 以上就认为模型比较合理(辛涛，1997)；③RMSEA 数值为 0，表示“完美适配”，数值小于 0.05，表示“良好适配”，0.05～0.08，表示“不错适配”，0.08～0.1 表示“中度适配”，大于 0.1 时则表示“不良适配”。

由表 3-4 可以看出，χ^2/df 为 1.95，符合数值小于 5 的要求，且接近 2 的门槛值。CFI、IFI 均在 0.8 以上，NFI、GFI 等指标虽未达到 0.8，但是都在 0.7 以上，接近 0.8。RMESA 则属于“中度适配”的范围。具体数值的微小偏差可能是由于预测样本数量较小。Bentler 和 Chou(1987)指出：对于含有较多数量变量的模型来说，想要完全达到一般认定的拟和优度是比较困难的。本章中有 34 个测量变量，因此，我们可以认为本模型与数据拟合良好，成就目标导向问卷的结构效度良好。

2. 创造力自我效能感量表

1)均值和标准差分析

利用统计软件 SPSS 17.0 对预调研样本中创造力自我效能感量表部分进行均值和标准差分析，结果如表 3-5 所示。

表 3-5 均值和标准差分析(二)

指标	数量	最小值	最大值	平均值	标准差
E1	99	1	5	3.80	1.000
E2	99	1	5	3.83	0.904
E3	99	1	5	3.93	0.982

注：E 表示创造力自我效能感

2)信度分析

对预调研数据中的创造力自我效能感量表部分进行信度检验，结果如表 3-6 所示。

表 3-6　信度分析(二)

指标	α 系数	项目数
数值	0.849	3

经检验发现，创造力自我效能感量表的 α 值大于 0.8，说明此量表信度良好。

3)效度分析

本章中的创造力自我效能感量表采用的也是国外经典量表，因此具有较好的内容效度。同样的，我们采用 Lisrel 8.70 对该问卷结构模型的各项拟合指标进行检验，其具体拟合指标如表 3-7 所示。

表 3-7　创造力自我效能感问卷结构的各项拟合指标(一)

指标	χ^2	df	χ^2/df	RMSEA
数值	0.00	0	0	0.000

由表 3-7 可以看出，χ^2 和 df 均为 0，χ^2/df 也为 0，该模型达到饱和，是完美的适配，表明该量表的结构效度非常好。

3. 创造力量表

1)均值和标准差分析

利用统计软件 SPSS 17.0 对预调研样本中创造力量表部分进行均值和标准差分析，结果如表 3-8 所示。

表 3-8　均值和标准差分析(三)

指标	数量	最小值	最大值	平均值	标准差
C1	99	1	5	3.89	0.936
C2	99	2	5	3.79	0.848
C3	99	2	5	3.86	0.821
C4	99	2	5	3.89	0.832
C5	99	1	5	3.56	0.982
C6	99	1	5	3.56	1.012
C7	99	2	5	3.73	0.924
C8	99	2	5	3.82	0.896
C9	99	1	5	3.76	0.846
C10	99	2	5	3.60	0.925
C11	99	2	5	3.71	0.918
C12	99	1	5	3.65	0.951

续表

指标	数量	最小值	最大值	平均值	标准差
C13	99	2	5	3.96	0.832

注：C表示创造力

2)信度分析

对预调研数据中的创造力部分进行信度检验，结果如表3-9所示。

表3-9 信度分析(三)

指标	α系数	项目数
数值	0.905	13

经检验发现，创造力自我效能感量表的α值大于0.9，说明该量表的信度非常好。

3)效度分析

创造力量表采用的也是国外经典量表，因此具有较好的内容效度。同样的，我们采用Lisrel 8.70对该问卷结构模型的各项拟合指标进行检验，其具体拟合指标如表3-10所示。

表3-10 创造力问卷结构的各项拟合指标(一)

指标	χ^2	df	χ^2/df	GFI	AGFI	NFI	IFI	CFI	RMSEA
数值	117.74	65	1.81	0.84	0.78	0.91	0.96	0.95	0.091

由表3-10可以看出，χ^2/df为1.81，符合数值小于5的要求，且小于2的门槛值。NFI、IFI、CFI的数值均在0.9以上，GFI虽未达到0.9，但是也在0.8以上。RMESA的值属于“中度适配”。因此，本模型与数据拟合非常好，成就目标导向问卷的结构效度良好。

综合以上分析可知，本章采用的成就目标导向量表、创造力自我效能感量表及创造力量表均具有较好的信度和效度水平，它们在中国情境下的适用性得到了检验。正式样本数据分析通过预调研对选用量表的信度和效度进行验证的基础上，本章进一步扩大样本规模，展开正式调研。在正式调查中，我们共向上海、江苏、山东、山西、河南、天津等地区的各类企事业单位发放240份问卷，收回230份，按照上文中提出的标准进行筛选，最终得到有效问卷218份，问卷有效回收率为90.8%。在接下来的研究中我们将通过分析这218份有效问卷，对上文提出的一系列研究假设进行实证检验。

3.3.3　描述性分析

1. 人口统计特征

描述性统计分析是对样本基本情况的描述。对样本的人口统计特征进行分析，就是具体分析被调查者的性别、婚姻状况、年龄、职称、学历、在公司服务时间、公司规模、所在行业等，通过对各个体变量类别的频次和百分比进行统计，旨在深入了解样本的分布情况。

利用统计软件 SPSS 17.0 对样本进行描述性统计分析，得到样本的具体分布情况，如表 3-11 所示。

表 3-11　样本的具体分布情况

项目		频次	百分比/%
性别	男	118	54.1
	女	100	45.9
	总计	218	100.0
婚姻状况	已婚	87	39.9
	未婚	131	60.1
	总计	218	100.0
年龄	20～25 岁	50	22.9
	26～30 岁	92	42.2
	31～40 岁	52	23.9
	41～50 岁	20	9.2
	＞50 岁	4	1.8
	总计	218	100.0
职称	没有	110	50.4
	初级	54	24.8
	中级	43	19.7
	副高级	5	2.3
	高级	6	2.8
	总计	218	100.0
学历	高中及以下	20	9.2
	专科	61	28.0
	本科	103	47.2
	研究生及以上	34	15.6
	总计	218	100.0

续表

项目		频次	百分比/%
在公司服务时间	<1 年	55	25.2
	1～3 年	70	32.1
	4～7 年	57	26.2
	8～10 年	16	7.3
	11～15 年	9	4.1
	16～20 年	8	3.7
	21～25 年	2	0.9
	>25 年	1	0.5
	总计	218	100.0
公司规模	较大	62	28.4
	中等	100	45.9
	较小	56	25.7
	总计	218	100.0
所在行业	制造业	50	22.9
	房地产	18	8.2
	金融业	9	4.1
	商贸流通	25	11.5
	IT 技术	15	6.9
	建筑	12	5.5
	运输	3	1.4
	能源	1	0.5
	其他	85	39.0
	总计	218	100.0

如表 3-11 所示，在 218 名被调查对象中，男性占 54.1%，女性占 45.9%，性别比例较为均衡。年龄在 20～40 岁的被调查者占 89%，而 40 岁以上的仅占 11%，说明样本构成总体上偏年轻化。另外在职称、学历以及在公司服务时间方面，样本分布较为广泛，极具代表性。在公司规模方面，中等规模占 45.9%，较大规模和较小规模分别占 28.4%、25.7%。从所在行业来看，样本主要涉及制造业、房地产、金融业、商贸流通及 IT 技术等，分布较为广泛。因此，从总体上来看，本章选择的样本具有较强的代表性。

2. 均值和标准差分析

在描述性统计分析中，还应包括对样本进行的均值和标准差分析。利用 SPSS 17.0 对样本进行均值和标准差分析，如表 3-12 所示。

表 3-12　均值和标准差分析(四)

变量	指标	数量	最小值	最大值	平均值	标准差
精熟目标导向	AL1	218	1	5	4.22	0.885
	AL2	218	1	5	4.20	0.795
	AL3	218	2	9	4.14	0.895
	AL4	218	1	5	3.89	0.914
	AL5	218	1	5	3.95	0.940
	AL6	218	1	5	4.14	0.858
	AL7	218	1	5	3.80	1.138
	AL8	218	2	5	4.22	0.710
	AL9	218	2	5	4.29	0.727
	AL10	218	1	5	4.07	0.803
绩效目标导向	AP11	218	1	5	3.67	1.031
	AP12	218	1	5	3.83	0.894
	AP13	218	1	5	3.86	0.937
	AP14	218	1	5	3.71	0.976
	AP15	218	1	5	3.49	1.133
	AP16	218	1	5	3.23	1.249
	AP17	218	1	5	3.62	1.037
	AP18	218	1	5	3.91	0.916
创造力自我效能感	E1	218	1	5	3.88	0.900
	E2	218	1	5	3.89	0.849
	E3	218	1	5	3.95	0.925
创造力	C1	218	1	5	3.93	0.820
	C2	218	1	5	3.86	0.793
	C3	218	2	5	3.89	0.796
	C4	218	2	5	3.97	0.805
	C5	218	1	44	3.85	2.895
	C6	218	1	5	3.71	1.036
	C7	218	2	5	3.85	0.883
	C8	218	2	5	3.93	0.848
	C9	218	1	5	3.84	0.822
	C10	218	1	5	3.82	0.897
	C11	218	1	5	3.82	0.882
	C12	217	1	5	3.86	0.878
	C13	218	1	5	4.04	0.816

3. 各量表信效度分析及内部拟合检验

量表的信度和效度是检验其测量效果的重要指标。信度代表测量的可靠程度，效度则反映了测量工具能够正确无误地测量潜在特质的程度。只有信度和效度都达到要求，才能保证测量是高质量的。与此同时，还应对测量模型进行内部拟合检验，从模型的内在质量来衡量每一个潜在标量的适配性(邱皓政和林碧芳，2009)。

1)成就目标导向量表信度分析、结构效度分析及内部拟合检验

(1)信度分析。

利用统计软件SPSS 17.0对正式数据中成就目标导向量表及其分量表的信度进行分析，采用内部一致性α系数进行信度检验，如表3-13所示。

表3-13 信度分析(四)

量表名称	α系数	问项数量
精熟目标导向	0.798	10
绩效目标导向	0.839	8
总量表	0.861	18

由表3-13可知，精熟目标导向和绩效目标导向两个分量表的α值都在0.7以上，而总量表的α值则在0.8以上，根据上文的标准，说明此量表信度指标良好，内部一致性较高。

(2)结构效度分析。

采用统计软件Lisrel 8.70对成就目标导向问卷结构的各项拟合指标进行检验，如表3-14所示。

表3-14 成就目标导向问卷结构的各项拟合指标(二)

指标	χ^2	df	χ^2/df	GFI	AGFI	NFI	IFI	CFI	RMSEA
数值	518.42	134	3.86	0.79	0.73	0.84	0.89	0.89	0.11

由表3-14可以看出，χ^2/df为3.86，符合数值小于5的要求。NFI、CFI、IFI均在0.8以上，GFI等指标虽未达到0.8，但是都在0.7以上，接近0.8。RMESA则接近适配范围。因此，我们可以认为成就目标导向问卷的结构效度良好。

(3)内部拟合检验。

通常情况下，我们可以通过CR和AVE对模型的内部拟合情况进行检验，验证事前定义因子的模型与实际数据的拟合能力。

CR值用于表示潜在变量概念指标的内部一致性，而AVE值则用于反映一个潜在变量能被一组观察变量有效估计的聚敛程度(Fornell and Larker，1981)，

即计算潜在变量的各测量变量对该潜在变量的平均变异解释力，具体计算公式如下：

$$CR=\frac{\left(\sum\lambda\right)^2}{\left(\sum\lambda\right)^2+\sum\theta}$$

$$AVE=\frac{\sum\lambda^2}{\sum\lambda^2+\sum\theta}$$

其中，$\left(\sum\lambda\right)^2$为因素载荷加总后取平方的数值；$\sum\theta$ 为各观察变量残差方差的总和；$\sum\lambda^2$ 为各因素载荷平方的加总。根据古典测验理论，量表的 CR 需达到 0.7 才算比较稳定的测量，此标准的达成必须使各题的因素载荷平均达到 0.7 以上，但社会科学领域的量表不易达到此标准。因此 Raines-Eudy(2000)的研究指出，CR 达到 0.50 时即可获得基本的稳定性。AVE 值一般也应大于 0.50，表示潜在变量的聚敛能力十分理想，具有良好的操作性定义化(辛涛，1997)。

利用 Lisrel 8.70 对数据进行内部拟合检验，得到成就目标导向标准化结构方程模型，如图 3-5 所示。根据图 3-5 中的标准化因子载荷和残差值，经计算 CR 值和 AVE 值如表 3-15 所示。

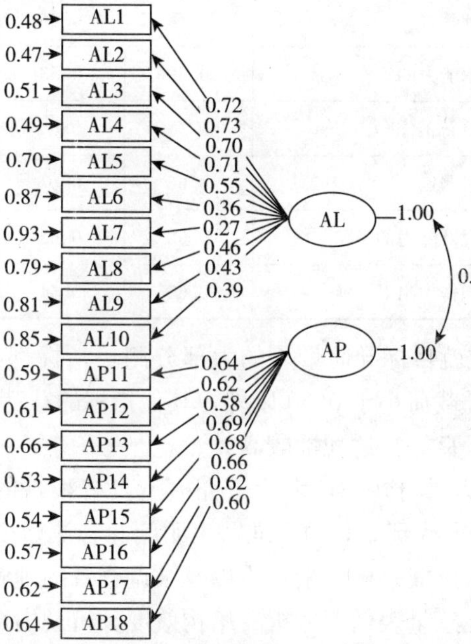

图 3-5　成就目标导向标准化结构方程模型

表 3-15 成就目标导向量表内部拟合检验

潜在变量	测量变量	标准化因子载荷 λ	标准化残差值 θ	CR	AVE
精熟目标导向	AL1 挑战性工作	0.72	0.48	0.80	0.31
	AL2 掌握新技能	0.73	0.47		
	AL3 有难度任务	0.70	0.51		
	AL4 发展工作能力	0.71	0.49		
	AL5 避免能力不足	0.55	0.70		
	AL6 尽量不出错	0.36	0.87		
	AL7 不比过去更糟	0.27	0.93		
	AL8 胜任工作	0.46	0.79		
	AL9 获得足够技能	0.43	0.81		
	AL10 避免不能很好执行任务	0.39	0.85		
绩效目标导向	AP11 在意是否比同事强	0.64	0.59	0.84	0.41
	AP12 试着在工作中证明能力	0.62	0.61		
	AP13 喜欢得到赞赏	0.58	0.66		
	AP14 从事展示能力的工作	0.69	0.53		
	AP15 宁愿避免新工作	0.68	0.54		
	AP16 避免展示弱点	0.66	0.57		
	AP17 避免表现低能力的工作	0.62	0.62		
	AP18 避免在工作中出丑	0.60	0.64		

由图 3-5 可知，成就目标导向量表的大部分测量指标都有较高的因子载荷，除了少数几个指标因子载荷小于 0.60 以外，其他指标的载荷都在 0.60 以上。整个测量问卷的测量质量良好，适配性较高。

结果显示，CR 值均高于 0.8，表示研究模型具有很好的内部一致性，量表非常稳定；而 AVE 值未达到 0.5 的标准，表明问卷各测量变量对潜在变量的平均变异解释力稍小，这可能是样本量较小以及被调查者的理解差异造成的。

2)创造力自我效能感量表信度分析、结构效度分析及内部拟合检验

(1)信度分析。

利用统计软件 SPSS 17.0 对正式调研数据中的创造力自我效能感量表进行信

度检验，结果如表 3-16 所示。

表 3-16 信度分析(五)

指标	α 系数	项目数
数值	0.806	3

经检验发现，创造力自我效能感量表的 α 值大于 0.8，此量表信度良好。

(2)结构效度分析。

采用统计软件 Lisrel 8.70 对创造力自我效能感问卷结构模型的各项拟合指标进行检验，如表 3-17 所示。

表 3-17 创造力自我效能感问卷结构的各项拟合指标(二)

指标	χ^2	df	χ^2/df	RMSEA
数值	0.00	0	0	0.000

由表 3-17 可以看出，χ^2 和 df 均为 0，χ^2/df 也为 0，该模型达到饱和，是完美的适配，表明该量表的结构效度非常好。

(3)内部拟合检验。

利用 Lisrel 8.70 对数据进行内部拟合检验，得到创造力自我效能感标准化结构方程模型，如图 3-6 所示。根据图 3-6 中的标准化因子载荷和残差值，经计算，CR 值和 AVE 值如表 3-18 所示。

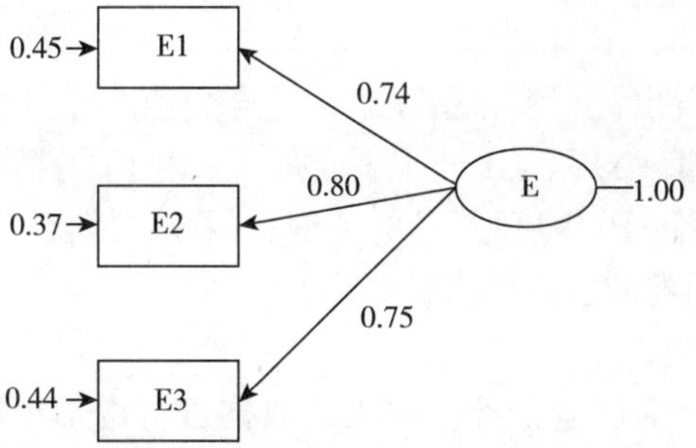

图 3-6 创造力自我效能感标准化结构方程模型

表 3-18 创造力自我效能感量表内部拟合检验

潜在变量	测量变量	标准化因子载荷 λ	标准化残差值 θ	CR	AVE
创造力自我效能感	E1 擅长提出一些新想法	0.74	0.45	0.81	0.58
	E2 经常会有许多好的想法	0.80	0.37		
	E3 有很好的想象力	0.75	0.44		

由图 3-6 可知，创造力自我效能感各指标都有较高的因子载荷，均在 0.7 以上，整个测量问卷的测量质量良好，各题的适配性均较高。

由表 3-18 可知，CR 值大于 0.6，表示各测量变量具有很好的内部一致性，量表非常稳定；AVE 值大于 0.5，表明量表各测量变量对潜在变量的平均变异解释力达到标准。

3)创造力量表信度分析、结构效度分析及内部拟合检验

(1)信度分析。

利用统计软件 SPSS 17.0 对正式数据中的创造力量表进行信度检验，结果如表 3-19 所示。

表 3-19　信度分析(六)

指标	α 系数	项目数
数值	0.825	13

经检验发现，创造力量表的 α 值为 0.825，大于 0.8，说明此量表的信度良好。

(2)结构效度分析。

采用统计软件 Lisrel 8.70 对创造力问卷结构模型的各项拟合指标进行检验，其具体拟合指标如表 3-20 所示。

表 3-20　创造力问卷结构的各项拟合指标(二)

指标	χ^2	df	χ^2/df	GFI	AGFI	NFI	IFI	CFI	RMSEA
数值	163.03	65	2.51	0.90	0.85	0.95	0.97	0.97	0.083

由表 3-20 可以看出，χ^2/df 为 2.51，符合数值小于 5 的要求，且接近 2 的门槛值。GFI、AGFI、NFI、CFI、IFI 均在 0.8 以上，且绝大部分指标值在 0.9 以上。RMESA 的值属于“中度适配”的范围。因此，综合以上各项拟合指标，我们可以认为创造力问卷的结构效度良好。

(3)内部拟合检验。

利用 Lisrel 8.70 对创造力量表的正式数据进行内部拟合检验，得到创造力标准化结构方程模型，如图 3-7 所示。根据图 3-7 中的标准化因子载荷和残差值，经计算，CR 值和 AVE 值如表 3-21 所示。

由图 3-7 可知，成就目标导向各指标都有较高的因子载荷，除了 C5、C6、C7 的因子载荷小于 0.60 以外，其他指标的载荷都在 0.60 以上。整个测量问卷的测量质量良好，适配性较高。

结果显示，CR 值达到 0.90，表明各测量变量具有很好的内部一致性，量表非常稳定；AVE 值大于 0.4，表明量表各测量变量对潜在变量的平均变异解释力接近标准水平。

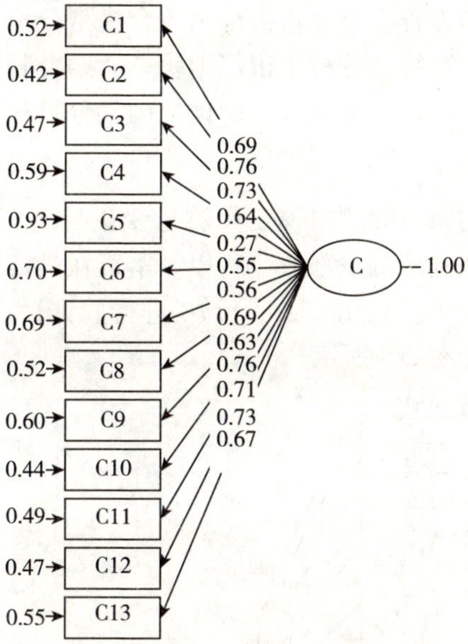

图 3-7　创造力标准化结构方程模型

表 3-21　创造力量表内部拟合检验

潜在变量	测量变量	标准化因子载荷 λ	标准化残差值 θ	CR	AVE
创造力	C1 建议使用新方法实现目标	0.69	0.52	0.90	0.43
	C2 提出新颖又实用的方法	0.76	0.42		
	C3 主动寻找新技术、新方法	0.73	0.47		
	C4 建议用新方法改进工作	0.64	0.59		
	C5 有很多创新的想法	0.27	0.93		
	C6 不怕承担风险	0.55	0.70		
	C7 坚持自己想法并介绍给别人	0.56	0.69		
	C8 将创造力运用到工作上	0.69	0.52		
	C9 制定计划实施新想法	0.63	0.60		
	C10 经常会有创新性想法	0.75	0.44		
	C11 针对问题提出解决方法	0.71	0.49		
	C12 有新鲜的解决问题的想法	0.73	0.47		
	C13 建议采用新方法完成任务	0.67	0.55		

3.3.4　结构方程模型的统合模型分析

结构方程模型是一种基于统计分析技术的研究方法，可用于对复杂的多变量研究数据进行分析和处理，以及建立、估计和检验因果关系模型。同时带有测量模型与结构模型的结构方程模型分析被称为统合模型分析，是路径分析与验证性因素分析的综合分析，在统合分析中很好地将二者融合起来。本章将采用统合模型分析的方法，对构建的模型分别进行验证性因素分析和路径分析。

1. 验证性因素分析

验证性因素分析用来检验测量模型中测量变量与潜在变量之间的假设关系，是结构方程模型中最基础的测量部分。所以，本章在进行路径分析之前，首先对模型进行验证性因素分析。利用 Lisrel 8.70 进行验证性因素分析得到验证性因素分析估计结果图，如图 3-8 所示。

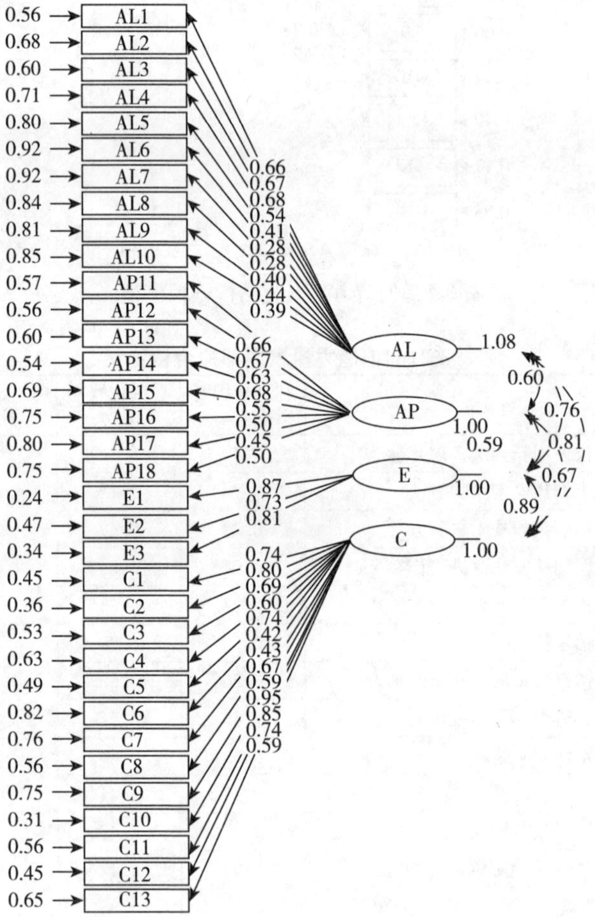

图 3-8 验证性因素分析估计结果图

该测量模型的各项拟合指标如表 3-22 所示。

表 3-22　测量模型的各项拟合指标

指标	χ^2	df	χ^2/df	GFI	AGFI	NFI	IFI	CFI	RMSEA
数值	1 131.13	521	2.17	0.77	0.73	0.91	0.95	0.95	0.073

由表 3-22 可知，模型的拟合情形大致良好。χ^2＝1 131.13，df＝521，χ^2/df 为 2.17，小于 5 且接近 2 的惯用门槛。RMSEA 值为 0.073，达到“不错适配”标准；NFI＝0.91，IFI＝0.95，CFI＝0.95，均达 0.90 标准。GFI 及 AGFI 虽未达到此标准，但也都在 0.7 以上，因子载荷也大致良好，且 t 值全部在 1.96 以上，均通过 t 检验。因此，可以进行下一步的结构模型分析。

2. 结构方程模型分析

本章构建的模型中共有 4 个潜在变量、34 个测量变量及 34 个残差变量。利用 Lisrel 8.70 进行数据处理得到结构模型估计结果图，如图 3-9、图 3-10 所示。

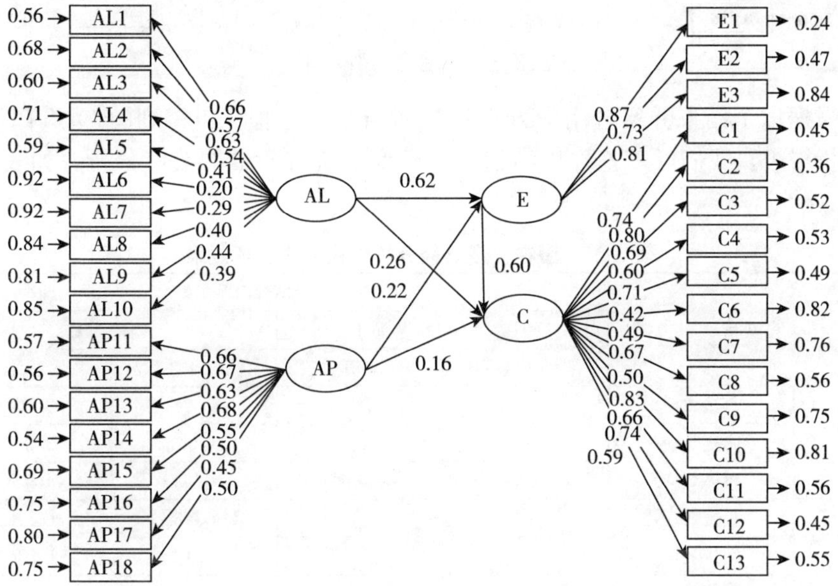

图 3-9　结构模型标准化系数估计图

AL 表示精熟目标导向；AP 表示绩效目标导向；E 表示创造力自我效能感；C 表示创造力

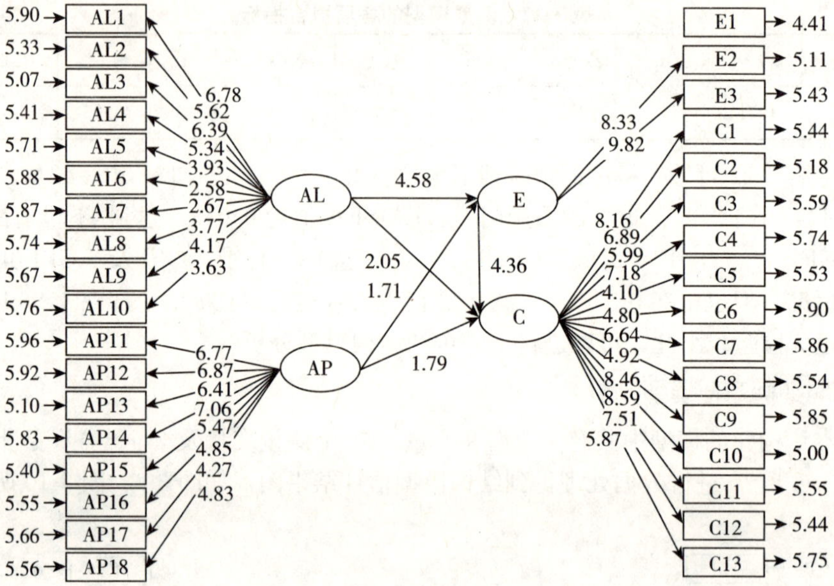

图 3-10 结构模型 t 值

根据以上结果并结合用 Lisrel 8.70 进行结构方程分析得到的 OUTPUT 效应分析报表，我们可以整理出结构方程模型中所有变量的效应分析，如表 3-23 所示。

表 3-23 潜在变量路径分析结构模式各项效果

自变量		因变量			
		创造力自我效能感 E		创造力 C	
		标准化系数	t 值	标准化系数	t 值
精熟目标导向 AL	直接效应	0.62	4.58***	0.26	2.05*
	间接效应			0.37	3.35***
	整体效应	0.62	4.58***	0.63	4.93***
绩效目标导向 AP	直接效应	0.22	1.71	0.16	1.79
	间接效应			0.13	1.59
	整体效应	0.22	1.71	0.29	2.55*
创造力自我效能感 E	直接效应			0.60	4.36***
	间接效应				
	整体效应			0.60	4.36***

t 值大于 1.96 时，* $p<0.05$；t 值大于 2.58 时，** $p<0.01$；t 值大于 3.29 时，*** $p<0.001$

3.3.5 假设检验

通过以上运用统计软件 Lisrel 对本章中模型进行的结构方程模型分析，我们可以根据表 3-23 中整理出的 t 检验值和完全标准化解对本章提出的初始假设进行检验，如表 3-24 所示。

表 3-24　对模型初始假设的验证

初始假设	模型中对应关系	t 值	是否通过检验	验证结果
H_{1a}：精熟目标导向对员工创造力存在正向影响	AL→C	2.05*	是	支持假设
H_{1b}：绩效目标导向与员工创造力之间关系复杂，不存在显著的相关关系	AP→C	1.79	否，不显著	支持假设
H_2：创造力自我效能感对员工创造力具有正向影响	E→C	4.36***	是	支持假设
H_{3a}：创造力自我效能感在精熟目标导向与创造力间起中介作用，即持有精熟目标导向的个体具有较高的创造力自我效能感，进而较富有创造力	AL→E→C	3.35***	是	支持假设
H_{3b}：创造力自我效能感在绩效目标导向与创造力间起中介作用，即持有绩效目标导向的个体具有较低的创造力自我效能感，进而较缺乏创造力	AP→E→C	1.59	否，不显著	不支持假设

t 值大于 1.96 时，* $p<0.05$；t 值大于 2.58 时，** $p<0.01$；t 值大于 3.29 时，*** $p<0.001$

注：AL 表示精熟目标导向；AP 表示绩效目标导向；E 表示创造力自我效能感；C 表示创造力

由表 3-24 可以看出，本章最初提出的假设路径大部分得到了验证。具体来说，通过对样本的统计分析，我们进一步验证了以下假设：在成就目标导向的二维结构中，精熟目标导向正向影响员工创造力；绩效目标导向与员工创造力的关系复杂，并不存在显著的相关关系；同时，创造力自我效能感对员工的创造力产生正向影响；在此基础上，创造力自我效能感在精熟目标导向与员工创造力之间起中介作用，即持有精熟目标导向的个体具有较高的创造力自我效能感，进而较富有创造力。

本章有一条初始假设经过数据处理得出该路径不显著，没有得到支持。在 H_{3b} 中，我们开始认为创造力自我效能感在绩效目标导向与创造力间起中介作用，即持有绩效目标导向的个体具有较低的创造力自我效能感，进而较缺乏创造力。但是研究结果表明，绩效目标导向与创造力自我效能感之间不具有显著的关系，因此，创造力自我效能感不能在绩效目标导向与创造力之间起中介作用。这与精熟目标导向与创造力之间的作用机制存在明显差别。

究其原因，持有绩效目标导向的个体以获得有利评价和回避不利评价证实个人能力为目的，因此他们一切行为的出发点是为了展示自己的能力，同时积极回避他人对自己能力的消极评价。通常意义上我们会认为过于关注对能力的评价而忽视自身能力的提升会使个人对自己创造力的自信心减弱，但是由于创造性活动的特殊性，当个体认为参与创造性活动有助于展现自己过人能力时，他也会想方设法采取多种措施积极促进创造性活动目标的达成，抑或为了获得他人的积极评价为此项创造性活动投入更多精力。所以，基于以上分析，持有绩效目标导向的个体在对自己为了展示能力、获得积极评价愿意参与并付出更多努力认知的基础上，也可能对自己创造力方面较有自信，即具有较高的创造力自我效能感。因此，以上正反两方面的因素导致绩效目标导向与创造力自我效能感之间关系复杂，不具有显著的相关关系。所以创造力自我效能感也就不能在绩效目标导向与创造力之间起到中介作用。

从另外一个层面上来讲，绩效目标导向与创造力自我效能感之间负向关系得不到支持也与被调查者的心理因素有关。尽管我们的调查问卷采取匿名方式进行，但是当人们接触陌生的调查时，总是会产生防备心理，不自觉地掩藏自己的缺点而放大自己的优点，容易按照社会期许回答问题。这就导致在创造力自我效能感这一量表的调查上得到的结果可能高于人们的实际情况。

3.4 结果分析

随着世界经济全球化和经济一体化进程的逐渐深入，企业将要应对的市场环境更加瞬息万变，充斥着激烈的竞争。组织创造力是保持企业核心竞争力、在竞争中获得优势地位的不二法宝。个人创造力是组织创造力的基础，因此如何提高企业中员工的创造力成为摆在企业和学术界面前的重要课题。本章旨在通过对创造力影响因素的研究揭示影响员工创造力的内在作用机制，在此基础上为企业的管理实践提供一些可行的操作建议，帮助强化企业拥有的员工的创造力。

在本章中，我们主要通过问卷调查的方式获得原始数据，并利用 SPSS、Lisrel 等统计软件对数据进行分析，具体研究了成就目标导向、创造力自我效能感及员工创造力之间的关系，揭示了成就目标导向影响员工创造力的内在作用机制。本节我们将对研究结论进行具体说明，并以此为依据提出增强员工创造力的管理建议，最后对本章中的不足进行说明并对未来的研究方向进行展望。

3.4.1 研究结论

(1)精熟目标导向对员工创造力存在正向影响，绩效目标导向与员工创造力之间关系不显著。

在本章中，我们通过成就目标导向的两因素结构，将其分为精熟目标导向和绩效目标导向这两个维度。经过实证分析，精熟目标导向对员工创造力存在正向影响，模型中完全标准化路径系数为 0.26，验证了这种正向相关关系。这与之前学者的一些研究结论是一致的。创造性活动往往是充满着挑战和挫折的，要求个体不断学习和努力。持有精熟目标导向的个体倾向于通过不断学习提高自身能力，视挑战性工作为提升能力的宝贵机会，面对挫折时能保持积极乐观的态度，投入更多精力持之以恒，这些都使个体更具有创造力。

而绩效目标导向与创造力之间的关系则不那么显著。一方面是因为持有绩效目标导向的个体行为的出发点是展示自己的能力和获得他人的积极评价，因此在能力观、认知以及面对困难时的表现与精熟目标导向的个体截然不同。同时创造力多是个人行为，通常没有外界制定的客观标准，因此一部分持有绩效目标导向的个体较少表现出创造力。另一方面持有绩效目标导向的个体为了向他人展示自己的过人能力，在处理问题时也愿意开动脑筋采取多种措施并投入更多的努力，因此也使一部分持有绩效目标导向的个体表现得较富有创造力。这两方面因素的共同作用使绩效目标导向与创造力之间关系复杂，不存在显著的相关关系。

本章对成就目标导向与员工创造力之间的关系在中国情境下企业领域进行了重新检验，拓展了二者原有的关系理论，为解决企业实践中"如何增强员工创造力"这一难题开拓了有益的思路。

(2)创造力自我效能感对员工的创造力具有正向影响。

本章通过实证分析证实了创造力自我效能感对员工创造力具有正向影响，模型中完全标准化路径系数为0.60，且通过t值检验。该结果与Tierney和Farmer(2004)在企业实际中的实证研究以及在教育领域里的研究结果是相同的，这充分说明了创造力自我效能感是触发员工创造力的关键性个体因素。

创造力自我效能感作为个体对自己是否具有创造力的一种主观认知，它直接影响着个体从事创造性活动时的积极程度和努力程度。高创造力自我效能感的个体对自身创造能力充满自信，因此能够更容易将注意力集中在工作上，并激发出更大的工作热情和动力，因而不畏风险，积极面对创造性活动中的各种困难和挑战。而低创造力自我效能感的个体往往会放大可能遇到的潜在困难，从而因个人能力经验等方面的不足而产生心理压力，从而影响其创造力的发挥。

这一结论立足于班杜拉的自我效能感理论，并采用与特定创造力领域相结合的创造力自我效能感这一变量，实证研究了其与员工创造力之间的关系，是对自我效能感理论在具体企业实践领域和创造力领域的开拓性研究。

(3)创造力自我效能感在精熟目标导向与员工创造力之间起中介作用。

本章验证了创造力自我效能感中介效应的存在。通过结构方程模型中的路径分析，精熟目标导向对员工创造力影响直接效应的完全标准化路径系数为0.26，而通过创造力自我效能感作用的间接效应的完全标准化路径系数为0.37，间接效应大于直接效应，且均通过t值检验，这就验证了创造力自我效能感在精熟目标导向与员工创造力之间中介效应的存在。与此同时，精熟目标导向与创造力自我效能感之间的完全标准化路径系数为 0.62，方向为正向，表明持有精熟目标导向的个体会具有较高的创造力自我效能感，进而较富有创造力。

持有精熟目标导向的个体由于持有动态的能力观以及积极的工作态度，注重学习，不断努力，因此对自己具有的从事创造性活动的能力充满自信，从而更容易接受具有挑战性的创造性工作，更加积极主动地开展创造性活动。而创造力自我效能感在绩效目标导向与创造力之间则因路径分析不显著起不到如上的中介效应，原因我们已在第 2 章的假设检验部分进行了分析，在此不再赘述。

创造力自我效能感在成就目标导向与创造力之间的中介效应可具体表述为以下路径：精熟目标导向—创造力自我效能感—创造力。这一结果完全支持了本章开始提出的动机—认知—行为的逻辑主线，强调个体的认知过程，特别是个体效能信念在动机和行为之间起到的重要作用。而通过创造性地将创造力自我效能感引入成就目标导向与员工创造力二者之间的关系之中，构建并验证这一中介效应的作用机制模型，拓展了成就目标导向与创造力的直接关系研究，打开了成就目标导向对创造力影响机制的理论黑箱，深入剖析其内在作用机制，具有十分重要的理论价值和实践意义。

对于创造力自我效能感这一变量起到中介效应的另一种潜在的解释是这一变量反映了个体对自己拥有的知识、技能及创造性内在动机的认知，而本章的贡献还在于通过这一个中介变量反映了 Amabile(1988)提出的创造力成分模型中的三个要素，即动机、领域技能与创造技能。

3.4.2 管理启示

理论的研究最终是为了指导实践的发展，本章研究了成就目标导向、创造力自我效能感与创造力之间的关系，提出了影响员工创造力的内在作用机制，并将这一研究扩展到企业实践的特定领域，大大丰富了原有的理论内容，对企业人力资源管理领域“如何提高员工创造力”这一永恒课题提供了一系列有益的管理启示。

1. 在人员选拔中选择持有精熟目标导向的个体

既然员工创造力是整个组织创造力的基础，对整个组织的发展起着至关重要的作用，那么我们在人员选拔上就应该善于选择那些富有创造力的员工。在本章中，我们对影响创造力的因素进行了研究，得出精熟目标导向对员工创造力具有正向影响，而绩效目标导向与员工创造力之间的关系则不显著。所以企业在选拔人员时，特别是为某些需要员工具有较高的创造力水平的研发团队等特定团队选拔成员时，应倾向于选择那些持有精熟目标导向的个体。

创造性活动的开展需要员工具有扎实的技能基础、持之以恒的努力投入和勇于面对挫折的积极心态，而精熟目标导向的个体具有的特质恰恰满足创造性活动的需求。因此，管理者在为复杂的创造性活动或者创造性地开展工作选拔人员时，可以将精熟目标导向作为选拔的标准。

持有精熟目标导向的个体在对能力和努力的认知、情感以及面对困难选择的行为等方面均表现出其特有的特点，管理者可以以此为标准判断并识别出这些持有精熟目标导向的个体。例如，可以考察员工过去是不是经常找机会参加各种培训项目以提升自己的能力，是不是愿意接受具有挑战性的任务并持之以恒地持续努力完成挑战等。

2. 鼓励创新性行为，将其纳入考核标准

在本章的结论中，绩效目标导向与员工创造力之间的关系并不显著。究其原因，可能是因为现阶段组织中的创新行为以及工作中员工创造力的发挥多是个人行为，并没有明确的外在标准对员工创造力进行衡量。而持有绩效目标导向的个体以表现自己的能力以及获得他人积极评价为目标，在面对没有外界约束的创造力行为时往往选择回避态度。

为了鼓励组织中这部分持有绩效目标导向的员工积极主动发挥自己的创造力，企业应该大力鼓励创新性行为，将创造力表现纳入部分创新性岗位的绩效考核标准中去，以此改变绩效目标导向个体对企业外在创造力标准方面的认知，使其为了满足企业要求，获得他人的积极评价，主动在创造性活动中投入更多努力，积极发挥自身的创造力。

3. 引导员工关注自身能力增长，形成精熟目标导向

成就目标导向虽然是个体的一种较为稳定的内在特性，但是它也会受到组织中周围环境因素的影响。例如，领导者的风格、组织的管控模式及企业文化等因素都会影响员工的成就目标导向。因此，管理者应该采取鼓励员工学习和成长的领导风格与管控模式，在企业中大力营造鼓励学习、注重自身价值提升的企业文化，将员工的注意焦点引导到通过自身努力实现个人能力增长上来，而不是一味地关注企业的外在标准和外界对其的评价。通过一些具体措施的实施引导员工关注个人能力成长，逐渐形成精熟目标导向，并以精熟目标导向的态度来对待工作，从而形成提高个人创造力的内在动机基础。

4. 采取多种措施提高员工的创造力自我效能感

通过本章的实证分析，我们可以推出创造力自我效能感对员工创造力具有正向影响，且其在精熟目标导向与员工创造力之间的关系中起中介作用。由此可见精熟目标导向通过创造力自我效能感对员工创造力产生影响，较高的创造力自我效能感有助于提高员工的创造力。同时，也可以通过提升持有绩效目标导向个体的创造力自我效能感，利用较高的创造力自我效能感的认知作用，提高这部分员

工的创造力水平，改变绩效目标导向与创造力之间原有的不显著关系。

因此，企业应该采取措施打造良好的创新氛围，提高全体员工的创造力自我效能感。参照由班杜拉提出的自我效能感理论中影响自我效能感的因素，企业可以从以下几方面完善管理行为。

首先，管理者应努力发挥自己的创造力，以身作则并亲自示范，为员工起到示范效应。替代性经验是自我效能感形成的重要影响因素，所以管理者应该发挥模范带头作用，使员工从他们身上看到发挥创造力的可能性，从而坚信自己也能通过努力发挥创造力。此外，管理者还应对一些在创造力方面表现良好的员工的优秀事迹进行大力宣传，着重介绍其进行创新行为的有益经验，充分发挥榜样的带动作用。

其次，上级领导者应在创造性活动的开展过程中，对员工进行实时支持和激励，使其坚信自己具备创造力。如前所述，言语劝说也是影响自我效能感的因素，它会影响个体对自身能力的认知。通过管理者在员工完成工作过程中的言语鼓励和劝说，员工往往会投入更多努力，更好地完成任务。特别是对充满困难和挑战的创造性活动来说，来自上级领导者的言语鼓励就显得尤为重要。它可以减轻员工在创造性活动中由于恐惧和焦虑产生的不确定感，甚至反过来还可以激发员工的创造力自我效能感。

最后，企业应开展多种培训活动，使员工掌握必要的提升创造力相关技能。创造性活动和其他任何活动一样，它的开展也需要一定的技能基础。因此，企业有必要对员工进行创造力技能的相关培训，以此来增强员工对自己创造能力的自信心。例如，可以请有经验的员工介绍经验、亲自指导相关技能，并提供给员工运用这些技能的机会，也可以对员工进行创造性思维方面的培训等。

参考文献

阿吉里斯 C. 2007. 克服组织防卫[M]. 郭旭力，鲜红霞译. 北京：中国人民大学出版社.

班杜拉 A. 2003. 自我效能：控制的实施（上、下册）[M]. 缪小春译. 上海：华东师范大学出版社.

冯旭，鲁若愚，彭蕾. 2009. 服务企业员工个人创新行为与工作动机、自我效能感关系研究[J]. 研究与发展管理，21(3)：42-49.

顾远东，彭纪生. 2010. 组织创新氛围对员工创新行为的影响：创新自我效能感的中介作用[J]. 南开管理评论，13(1)：30-41.

洪素苹，黄宏宇，林珊如. 2008. 重要他人回馈影响创意生活经验？以模式竞争方式检验创意自我效能与创意动机的中介效果[J]. 教育心理学报，40(2)：303-321.

黄四林，林崇德，王益文. 2005. 教师的创造力内隐理论[J]. 心理健康，28(5)：1243-1245.

李欣津. 2007. 工作特性及创造性自我效能与创造力间的关系[D]. 中山大学硕士学位论文.

李颖，王振华，王卫征. 2009. 支持性人力资源实践、自我效能感与创新行为的关系研究[J]. 科技管理研究，29(10)：478-480.

林碧芳，邱皓政．2004. 中小学教师创意教学自我效能感——从概念到评鉴工具的发展[C]. 2004 学年度师范学院教育学术论文发表会．
孟慧，范津砚，柳菁．2007. 目标定向与适应：社会自我效能感的中介作用[J]. 心理发展与教育，23(1)：54-58.
孟慧，Jeong S，范津砚，等．2003. 目标定向的因素结构及其与自我效能感、目标设置和绩效关系的初步研究[J]. 心理科学，26(1)：165-166.
邱皓政，林碧芳．2009. 结构方程模型的原理和应用[M]. 北京：中国轻工业出版社．
田宝，郭德俊．2004. 考试自我效能感是考试焦虑影响考试成绩的中介变量[J]. 心理科学，27(2)：340-343.
王端旭，洪雁．2010. 领导支持行为促进员工创造力的机理研究[J]. 南开管理评论，4：109-114.
王芳．2004. 中学教师教学效能感与成就目标的研究[D]. 南京师范大学硕士学位论文．
王晓玲，张景焕．2008. 创意自我效能的影响因素及其教学原则[J]. 当代教育科学，(7)：21-24.
王亚男．2009. 压力情境下创意自我效能感与创造力的关系[D]. 山东师范大学硕士学位论文．
王雁飞，方俐洛，凌文栓．2001. 关于成就目标定向理论研究的综述[J]. 心理科学，1(1)：85-86.
王雁飞，凌文辁，朱瑜．2004. 成就目标定向、自我效能与反馈寻求行为的关系[J]. 心理科学，(1)：203-206.
王晓玲，张景焕．2008. 创意自我效能的影响因素及其教学原则[J]. 当代教育科学，(7)：21-22.
吴明隆．2003. SPSS 统计应用实务[M]. 北京：科学出版社．
辛涛．1997. 教师教学监控能力——结构、影响因素及其与学生发展的关系[D]. 北京师范大学博士学位论文．
阳莉华．2009. 大学生职业生涯规划的自我教育模式论析[J]. 佳木斯大学社会科学学报，27(5)：112-113.
杨晶照，杨东涛，赵顺娣．2011. 工作场所中员工创新的内驱力：员工创造力自我效能感[J]. 心理科学进展，9：1363-1370.
袁登华．2005. 成就目标导向对创业行动效能的影响研究[J]. 心理科学，28(6)：1388-1392.
赵洋．2011. 成就目标导向对创造力的影响机制研究：创造力自我效能感的中介作用验证[D]. 上海大学硕士学位论文．
Amabile T M. 1983. The Social Psychology of Creativity[M]. New York：Spingerr-Verlag.
Amabile T M. 1988. A model of creativity and innovation in organizations[J]. Research in Organizational Behavior，10(10)：123-167.
Amabile T M. 1998. How to kill creativity[J]. Harvard Business Review，76(5)：76-87.
Babbie E. 1999. The Basics of Social Research[M]. San Francisco：Wadsworth Publishing.
Bandura A. 1977. Self-efficacy：toward a unifying theory of behavioral change[J]. Psychological Review，84(2)：191-215.

Bandura A. 1982. Self-efficacy mechanism in human agency[J]. American Psychologist, (2): 122-147.

Bandura A. 1995. Self-efficacy in Changing Societies[M]. Cambridge: Cambridge University Press.

Bandura A, Adams N E, Beyer J. 1977. Cognitive processes mediating behavioral change [J]. Journal of Personality and Social Psychology, 35(3): 125-139.

Baranik L E, Barron K E, Finney S J. 2007. Measuring goal orientation in a work domain: construct validity evidence for the 2×2 framework[J]. Educational and Psychological Measurement, 67(4): 697-718.

Beghetto R A. 2006. Creative self-efficacy: correlates in middle and secondary students [J]. Creativity Research Journal, 18(4): 447-457.

Bentler P M, Chou C P. 1987. Practical issues in structural modeling[J]. Sociological Methods Research , 16(1): 78-117.

Bulger C A, Mellor S. 1997. Self-efficacy as a mediator of the relationship between perceived union barriers and women's participation in union activities[J]. Journal of Applied Psychology, 82(6): 935-944.

Carmeli A, Schaubroeck J. 2007. The influence of leaders' and other referents' normative expectations on individual involvement in creative work[J]. The Leadership Quarterly, 18 (1): 35-48.

Chen G, Gully S M, Eden D. 2001. Validation of a new general self-efficacy scale[J]. Organizational Research Methods, 4(1): 62-83.

Choi J N. 2004. Individual and contextual predictors of creative performance: the mediating role of psychological processes[J]. Creativity Research Journal, 16(2): 187-199.

Diliello T C, Houghton J D. 2008. Creative potential and practised creativity: identifying untapped creativity in organizations[J]. Creativity & Innovation Management, 17(1): 37-46.

Drazin R, Kazanjian R K. 1999. Multilevel theorizing about creativity in organizations: a sense making perspective[J]. Academy of Management Review, 24(2): 286-307.

Dweck C S. 1999. Self-theories: their role in motivation, personality and development[J]. Journal of Child Psychology & Psychiatry & Allied Disciplines, 41(8): 1082.

Dweck C S. 2000. Self-theories: Their Role in Motivation, Personality and Development[M]. London: Psychology Press.

Elliot A J, Harackiewicz J M. 1996. Approach and avoidance achievement goals and intrinsic motivation, a mediational analysis[J]. Journal of Personality and Social Psychology, 70 (3): 461-475.

Elliot A J, McGregor H A. 2001. A 2 × 2 achievement goal framework[J]. Journal of Personality & Social Psychology, 80(1): 501-519.

Ericsson A K, Krampe R T, Tesch-Römer C. 1993. The role of deliberate practice in the acquisition of expert performance[J]. Psychological Review, 100(3): 363-406.

Evans R I, Bandura A. 1989. The Man and His Ideas—A Dialogue[M]. New York: Praeger Publishers Inc.

Ford C. 1996. A theory of individual creative action in multiple social domains[J]. Academy of Management Review, 21(4): 1112-1142.

Fornell C, Larker D F. 1981. Evaluating structural equation models with unobserved variables and measurement errors[J]. Journal of Marketing Research, 18(1): 39-50.

Ginamarie S, Leritz L E, Mumford M D. 2004. Types of creativity training: approaches and their effectiveness[J]. Journal of Creative Behavior, 38(3): 149-179.

Gist M E. 1987. Self-efficacy: implications for organizational behavior and human resource management[J]. Academy of Management Review, 12(3): 472-485.

Gist M E, Mitchell T R. 1992. Self-efficacy: a theoretical analysis of its determinants and malleability[J]. Academy of Management Review, 17(2): 183-211.

Gong Y, Huang J C, Farh J L. 2009. Employee learning orientation, transformational leadership, and employee creativity: the mediating role of employee creative self-efficacy [J]. Academy of Management Journal, 52(4): 765-778.

Gong Y, Huang J C, Farh J L, et al. 2007. Learning mind and stimulating leader: how do they affect creative performance? A three-wave field longitudinal investigation[C]. Academy of Management 2007 Conference.

Janssen O, van Yperen N W. 2004. Employees' goal orientations, the quality of leader-member exchange, and the outcomes of job performance and job satisfaction [J]. Academy of Management Journal, 47(3): 368-384.

Locke E A, Frederick E, Lee C, et al. 1984. Effect of self-efficacy, goals and task strategies on task performance[J]. Journal of Applied Psychology, 69(22): 241-251.

Mathisen G E, Bronnick K S. 2009. Creative self-efficacy: an intervention study [J]. International Journal of Educational Research, 48(1): 21-29.

Oldham G R, Cummings A. 1996. Employee creativity: personal and contextual factors at work [J]. Academy of Management Journal, 39(3): 607-634.

Plucker J A, Beghetto R A, Dow G T. 2004. Why isn't creativity more important to educational psychologists? Potentials, pitfalls, and future directions in creativity research [J]. Educational Psychologist, 39(2): 83-96.

Raines-Eudy R. 2000. Using structural equation modeling to test for differential reliability and validity: an empirical demonstration[J]. Structural Equation Modeling, 7(1): 124-141.

Sadri G, Robertson I T. 1993. Self-efficacy and work-related behavior: a review and metaanalysis[J]. Applied Psychology: An International Review, 42(2): 139-152.

Seo E H. 2008. Self-efficacy as a mediator in the relationship between self-oriented perfectionism and academic procrastination[J]. Social Behavior and Personality, 36(6), 753-764.

Shalley C E. 1991. Effects of productivity goals, creativity goals, and personal discretion on individual creativity[J]. Journal of Applied Psychology, 76(2): 179-185.

Shalley C E, Perry-Smith J E. 2001. Effects of social-psychological factors on creative performance: the role of informational and controlling expected evaluation and modeling experience[J]. Organizational Behavior & Human Decision Processes, 84(1): 1-22.

Stajkovic A D, Luthans F. 1998. Self-efficacy and work related performance: a meta-analysis [J]. Psychological Bulletin, 124(2): 240-261.

Tierney P, Farmer S. 2002. Creative self-efficacy: its potential antecedents and relationship to creative performance[J]. Academy of Management Review, 45(6): 1137-1148.

Tierney P, Farmer S. 2004. The pygmalion process and employee creativity[J]. Journal of Management, 30(3): 413-432.

Urdan T C, Maehr M L. 1995. Beyond a two-goal theory of motivation and achievement: a case for social goals[J]. Review of Educational Research, 65(3): 213-243.

Vandewalle D, Cron W L, Slocum J M. 2001. The role of goal orientation following performance feedback[J]. Journal of Applied Psychology, 86(4): 629-640.

Wood R, Bandura A. 1989. Social cognitive theory of organizational management[J]. Academy of Management Review, 14(3): 361-384.

Zhou J. 2003. When the presence of creative coworkers is related to creativity: role of supervisor close monitoring, developmental feedback, and creative personality[J]. Journal of Applied Psychology, 88(3): 413-422.

Zhou J, George J M. 2001. When job dissatisfaction leads to creativity: encouraging the expression of voice[J]. Academy of Management Journal, 44 (4): 682-696.

第 4 章

绩效控制对成就目标导向与创造力关系的线性调节作用研究

【本章导读】

第 3 章揭示了自我效能感在成就目标导向与创造力关系中的中介机制。从本章开始，将深入研究成就目标导向与创造力关系的调节作用，本章主要探讨情境变量绩效控制如何在成就目标导向与创造力之间起线性调节作用。

本章运用线性阶层模型考察个体层次的成就目标导向与员工创造力之间的关系、团队层次的发展型绩效控制和评估型绩效控制与员工创造力之间的关系、发展型绩效控制和评估型绩效控制对成就目标导向与员工创造力之间关系的跨层次交互调节作用。结果发现：①精熟目标导向对员工创造力具有正向影响；②绩效目标导向对员工创造力具有负向影响；③发展型绩效控制对员工创造力具有正向影响；④评估型绩效控制对员工创造力具有负向影响；⑤发展型绩效控制调节精熟目标导向与员工创造力之间的关系，使其正相关性增强；⑥评估型绩效控制调节精熟目标导向与员工创造力之间的关系，使其正相关性减弱；⑦发展型绩效控制调节绩效目标导向与员工创造力之间的关系，使其正相关性减弱；⑧评估型绩效控制调节绩效目标导向与员工创造力之间的关系，使其负相关性增强。蕴涵的管理启示如下：在研究管理团队创造力时，一方面应将人力资源活动视为启动创新的关键因素，创建民主自由的工作环境；另一方面应构建知识导向的人力资源管理系统，积累智慧资本。

4.1 组织绩效控制对员工创造力的影响

目前，理论界对“绩效薪酬能否激发员工创造力”这个观点未能形成统一认识，当前主要有两种认识。一种认识是，创造力高度依附内在动机，而绩效薪酬却鼓励员工关注与其创造性产出相联结的外在报酬，因此会降低员工的内在动机，从而压制员工创造力的发挥(Amabile，1998；Nanda and Singh，2009)。另一种认识是绩效薪酬是外在报酬的表现形式之一，能够在不破坏内在动机的前提下，强化员工创造性产出的外在动机，并适时增强动机的协同性，以此激发员工的创造力(Eisenberger et al.，1999；Eisenberger and Shanock，2003)。我国也有研究学者提出相似的看法，吴治国和石金涛(2007)认为，绩效薪酬作为强化创新动机的有效方式之一来提升员工创造力。孙锐(2010)指出，绩效薪酬影响的方面很多，包括对组织薪酬方向的理解。

综上所述，目前学术界对于"绩效薪酬能否激发员工创造力"这一观点还不能统一意见。而且大多数学者的研究是将绩效薪酬作为整体，而并未针对绩效薪酬的不同特征影响进行更深入的分析。所以根据绩效薪酬特征及效应进行探讨和分析将是一种新的可行思路。然而，由于目前的研究多以西方动机理论为基础，缺乏对不同文化个体存在显著差异的剖析(Eisenberg，2002)。因此，适应我国企业激励管理的理论研究应该扎根于本土文化的土壤中，不能简单地移植西方理论。在中国，面子具有广泛的社会性和认知性，是中国文化特征的典型，支配着中国人的社会行为和动机(杨国枢，1991；朱瑞玲，2009)。

4.1.1 组织绩效控制的相关研究

彼得·杜拉克曾指出："真正成功的企业家，决不是仅仅集聚了一笔财富，而是建立了一个足以长存于世的组织。"Perrow (1961)曾提出，多元目标构成的集合称为组织，这依靠一种控制机制进行协调并统筹好组织的目标，从而采用不同的控制方式针对不同的员工，进而影响企业的技术创新。组织采取的控制方式和控制强弱，将对每个员工都产生不同程度的影响。本节对组织绩效控制的概念和类型做相关研究。

1. 组织绩效控制的概念

组织绩效是指在某一规定时期内组织任务目标完成的数量、质量、效率及赢利情况。组织绩效能否实现建立在个人绩效的基础上，但实现个人绩效并不一定达成组织绩效。通俗地说，组织绩效就是经过层层分解，当每个工作岗位和组织成员都达成了组织要求后，才能实现。

在管理组织的过程中，实施控制的最重要方式就是绩效评价，这反映了组织的控制偏好。组织控制理论认为控制可以使企业工作按照预定的计划进行，是企业目标实现的有力保证(Robbins，2003)。企业持续成长的内因在于实现创新能力和控制能力动态均衡。组织对个人的控制程度又被组织管理学者(Hall，2002)称为组织的正规化。正规化关乎组织对成员的控制程度，个人行为的谨慎程度往往与组织的控制程度相关。

员工创新绩效的概念是 Janssen 和 van Yperen(2004)对基于行为的个人绩效结构模型进一步拓展而提出的。在此之前，有关个人绩效的结构模型方面，最主要的是 1993 年 Borman 和 Motowidlo 提出的任务绩效和周边绩效二元结构模型。任务绩效是指组织明文规定的行为或与特定作业活动相关的行为，周边绩效是指自发的而与特定作业活动无关的行为，它不直接为组织的核心技术活动产生增值作用，但却为组织的核心技术活动提供广泛的组织、心理和社会的环境支持(Borman and Motowidlo，1997)。随着组织环境的变化、知识经济的兴起，学者又提出了适应性绩效(Allworth and Hesketh，1999；Neal and Hesketh，1999)和学习绩效(London et al.，2004)。适应性绩效关注员工在应对变化、多样性和不确定性时的适应能力，学习绩效关注员工持续学习、不断获取新知识、新技能的能力。

Janssen 和 van Yperen(2004)关于员工创新绩效的提出，赋予了绩效内涵新的意义。他们将创新绩效定义为，在工作角色、团体或组织中，员工有意识地产生、推进和实现新的想法，从而有利于本职工作、团体或组织。他们提出了关于个体创新绩效的三个维度，即创新思维的产生、促进和实现，并设计了创新绩效问卷，拓宽了绩效研究视野。

韩翼等(2007)在《雇员工作绩效结构模型构建与实证研究》中也定义了创新绩效，即“在个体层次上产生的新颖且切实可行的，对组织而言具有价值的产品、过程、方法与思想”。他们指出为了应对愈演愈烈的全球化竞争，组织不仅要求雇员完成规定的工作绩效，而且期望雇员通过产生、促进和实现创新思维来了解组织的变化，促进组织的创新。学者们虽然对创新绩效的定义描述有所不同，但是他们关注的都是个体创新的过程及成果，因此本章赞同学者们的观点。通过对绩效薪酬特征的分析，以认知评价理论的观点为基础，绩效薪酬具有信息性和控制性。

2. 组织绩效控制研究述评

继熊彼特后，创新对于企业成长的重要性已经越来越被人所熟悉。但是，人们对企业成长中控制作用的理解，尚未到达应有的高度。绝大部分人认为控制仅仅是五大管理职能之一。随着影响企业的内外部因素持续增加，在企业管理范式中控制与创新应该处于对等的地位，共同成为企业管理的两大基本职能。正如哈佛大学教授罗伯特·西蒙斯所说：20 世纪 90 年代企业经理们面对主要问题之一是，如何在一个要求灵活性和创新性的企业中施加足够的控制。

3. 发展型绩效控制和评估型绩效控制

自 1965 年 Meyer 等首次提出绩效考核的“双重本质”以来，在该领域的文献中，绩效考核就被区分为发展型和评估型(Vandewalle，1997)。发展型绩效控制类型的组织格外重视团队学习与下属的职业发展，鼓励下属在工作中敢于表达疑惑、提出新想法、承担具有挑战性的任务，强调从失败中学习的重要性。评估型绩效控制的组织非常重视团队成员的绩效表现以及团队短期目标的实现，往往表现出自我导向、工具主义、行为防御等领导特质，盲目追求快速有效的工作技能，使下属成员集中在机械化的重复工作中，过度将重心放在短期工作绩效上，从而对团队学习产生抑制作用，导致团队适应能力与创新能力下降。因此，在评估型绩效控制的组织中，团队成员一般不会从事创新活动，进而团队创新绩效受到强烈抑制。

团队功能的发挥受到团队面临的情境强弱程度的影响，从某种程度上可以认为，组织绩效控制是团队成员面临的情境之一。当组织具备高度的发展型员工取向时，将会鼓励并要求团队成员表现出精熟目标导向行为与态度，这就促使一个强势情境产生，强势情境会弱化个人间的差异。相对而言，当组织的发展员工取向较低时，即形成一个弱势情境，弱势情境会让个人因个别差异现而表现出不同的行为，此时会有较大的自由度，随着团队成员精熟目标导向程度的不同而表现不同的行为模式。因此，组织绩效控制与团队成员学习导向组合对创新绩效会产生交互影响。

企业的持续成长必须建立在创新能力和控制能力动态均衡的情况下。所谓“创新力”，是指企业在市场中将企业要素资源条件进行有效的内在变革，从而提升其内在素质，驱动企业更多地获得与其他竞争企业的差异性能力，这种差异性最终表现为企业在市场上所能获得的竞争优势。所谓“控制力”是企业在生产经营中，顺应市场经济运行规律，自发调整企业的战略规划和运营，企业自觉自身行为，使其经营活动处于自身的能力范围之内，降低经营风险，最终获得相对于竞争对手更多的成本优势的能力。

企业创新能力和控制能力不均衡是一种常态，而企业持续成长的过程就是创新力和控制力统一朝着最优均衡状态不断逼近的过程。企业创新力和控制力是一对包含方向与程度两方面的矢量，由于可能存在两种相对失衡状态，即创新不足与控制过度、创新过度与控制不足，当企业长期处于上述失衡状态时，企业的成长将出现停滞或衰退。进入无法遏制甚至加剧衰退的进程，即企业创新力和控制力的失衡从量变达到质变程度时，企业便走向了破产消亡的处境。

4.1.2 团队绩效控制、成就目标导向对员工创造力的研究

1. 绩效控制与精熟目标导向

绩效控制是组织为应对不确定情境采取的主动策略，目的是使外部环境对组织目标的干扰最小化；同时向员工传递组织期望，引导员工聚焦组织目标

(Murphy and Cleveland，1991)。创造力孕育于目标实现过程中对困难和挑战的突破，因而成就目标导向、绩效控制及创造力之间的联系比较密切。

低绩效控制，意味着团队为员工提供了更大的自由度。精熟目标导向员工以自我参照为特征、对外部干扰的关注更低，聚焦于自身工作，通过不断探索、优化新的更具创意的方法来解决各种难题和挑战，创造力层次更高。换言之，低绩效控制为精熟目标导向的员工提升自身技能提供了更为有利的环境因素，有助于激活其创造特质。因此，低绩效控制下精熟目标导向正向影响创造力。

高绩效控制，意味着奖惩规则明确、任务明晰。尽管精熟目标导向有利于内化知识，充实专业素养，提升创造力的基础，但是对于组织可以给予个体的能够不断更新、接近或提升领域专业素养的学习资源、机会与通道必须加以考虑(Csikszentmihalyi，1993)。因而，高绩效控制情境是否有利于引导精熟目标导向个体主动从事创造性活动，以达到提升自我的目的，尚不明确。

首先，持有低水平精熟目标导向的员工学习和探索能力有限，也更易受到绩效控制的影响。在高绩效控制下，他们更可能将可实现的目标视作积累学习经验和指导自我发展的机会，由此注意力和精力将会被收敛到这类目标而非挑战性目标上，从而限制思维的层次，抑制创造力。

其次，Lounamaa 和 March (1987)的仿真研究发现，持中间水平精熟目标导向的个体更善于运用学习规则。同时，Lazarus (1991)的研究表明，在自我发展的驱动下他们更可能对高的目标和资源约束、程序控制及时间限制带来的高绩效压力做出挑战性评估(challenge appraisal)而非威胁性评估(threat appraisal)。挑战性评估有助于提高个体的认知灵活性(cognitive flexibility) (Compton et al.，2004)和行为适应性(Simonton，2000)，从而促进他们在工作中更好地发散思维、迁移和整合知识、寻找差异化策略，创造出新颖可行的解决方案(Hirst et al.，2009)。

最后，持精熟目标导向水平较高的员工更加关注自我能力的提升。尽管追求自我发展完善等对组织有益的行为，有助于提升个人认知层次和处理策略，但是从有限时间资源分配的角度看(Bergeron，2007)，这一行为需要占用组织大量的资源和时间，甚至很多稀缺的资源和时间被无效地应用于与组织目标无关的方面，这导致与组织的高绩效导向冲突。高绩效控制鼓励以组织为参照，意味着个体的学习和探索行为必须置于项目预算、流程，特别是时间和进程的刚性控制之下，限制个体自我成长和改进的时间与空间，因而加剧个体创造的心理风险。换言之，创造力是产生新颖有效方法的过程，在实践中创造不是无约束地为了创造而创造，而是为了满足特定的组织目标需求。相对于务实的目标，如果员工过分关注学习和提升自身技能，他们就可能忽视切实可行的解决方案，而不顾实际地追求完美和新奇(Bunderson and Sutcliffe，2003)。

2. 绩效控制与绩效-趋近目标导向

秉持绩效目标导向的个体追求奖励最大化和惩罚最小化，他们通过外部迹象判定哪些是可取的行为。因此可推测他们会把组织偏好看做选择有利行为的主要信息依据。

表现-趋近导向的员工具有为获得最大奖励而对外部信息反应灵敏的特征。Elliot 和 McGregor(2001)指出能力是目标导向意义建构的核心，包括能力的参照标准和能力的定价两个维度，当能力被正向定价时，会产生趋近或进取行为；当被负向定价时，会产生警戒或回避行为。因为对自我能力的定价为正向(Elliot and Thrash，2001)，据此我们可以推断，持有较强表现-趋近导向的人更容易对组织控制偏好等外部刺激做出正面反应。

当绩效控制程度低时，团队着眼于员工自我控制、学习与发展，鼓励尝试、创造新颖的组合，对失败的容忍度较高。此时组织传递出创造成为个体展示自我能力的竞技场的信号。在这种情境下，持有表现-趋近导向的员工认为他们应该积极学习、主动搜集信息，尝试使用复杂的方法解决问题，通过创造证明自己的能力并尽量比同事做得更好。因此，当团队情境支持和鼓励创造时，表现-趋近导向个体追求成功的正面情感就会受到刺激，主动参与创造过程。

3. 绩效控制与绩效-回避目标导向

绩效-回避目标导向的个体倾向于尽量避免接受含有较高错误风险和失败可能性的挑战，而将精力投入成功概率较高的事情(Vandewalle，1997)。

低绩效控制意味着团队鼓励员工自我学习与探索，团队成员工作自主性强，甚至在很大程度上需要自我决定工作成功的标准(Hollensbe and Guthrie，2000)。但是通过学习新知识和技能并为解决工作中的难题找到创造性的途径，这本身不可预测，还会出现挫折、失误和潜在的问题。对于持有绩效-回避目标导向的员工而言，开放式的绩效目标意味着创造成为模糊、不确定性的挑战。出于安全考虑，他们会远离这些行为，除非外部因素能够降低这些活动带来的心理风险，否则他们不愿意尝试采用新方法改变已有的工作范式和流程。因此，低绩效控制导致绩效-回避目标导向对创造力有负向影响。

高绩效控制意味着严格按照既定范式工作，对失败的容忍度相对较低。通常认为，高绩效控制对绩效-回避目标导向个体的保守决策起强化作用，以避免创造失败带来负面评价或惩罚的风险。但是越来越多的迹象表明，情况可能相反(Maier et al.，2003)。

一方面，明晰的任务、明确的规则有助于使创造成为一种确定性的挑战，缓解目标模糊带来的心理风险；另一方面，de Dreu 等(2008)提出的双路径创造力模型(the dual pathway to creativity model)强调，挑战性评估引发的认知灵活性并非获得创造力的唯一途径，高绩效控制引发的威胁性评估有助于加强个体的恒心和毅力(persistence and perseverance)，促使个体投入更多的精力及注意力关注手边的威胁，以避免潜在的损失。在此情境下，通过激活个体直接目标行为，让个体聚焦于相对密闭但明确的目标而不因其他任务或刺激而分心，同样可以提高绩效-回避目标导向个体创造的流畅性和原创性(George and Zhou，2007；Baas et al.，2011)。换言之，高绩效控制下“避免负面评价或者惩罚”类似于Tushman 等(1986)提出的“常规打破者”(frame breaker)，帮助绩效-回避目标导向个体积聚心理能量和资源，缓解外部威胁，并最终引导他们形成深入而独到的见解或解决方案，尽管它们的范围相对狭窄(Gutnick et al.，2012)。

4.2　研究假设推演与研究框架构建

4.2.1　研究变量定义与测量工具选择

概念的界定作为研究过程中的基础环节，是将研究中涉及的术语进行明确和统一，以避免研究结论的混淆和误用(Babbie，1999)。本章涉及的术语如下：①创造力；②成就目标导向；③精熟目标导向；④绩效目标导向；⑤组织绩效控制；⑥发展型绩效控制；⑦评估型绩效控制。

1. 创造力

在本书第 2 章中提到，将创造力视为结果变量，采用 Amabile(1988)对创造力的界定，认为创造力是关于产品、服务、运作及管理流程的新奇和有潜在价值的想法与产出。

2. 成就目标导向

目标导向影响着人们的认知、情感与行为(Dweck，2000)。我们采用成就目标导向的双因素结构模型，把成就目标导向分为精熟目标导向和绩效目标导向两个维度。

3. 精熟目标导向

个体更关注自身能力及工作知识水平的提高，他们以能力的提高和对任务的掌握与理解程度作为成功的标准。

4. 绩效目标导向

个体关注于向别人展示自己的能力，希望通过与他人比较获得对能力的正面评价或避免遭到负面评价。

5. 组织绩效控制

组织控制定义为组织在动态变化的环境中，为确保实现既定的目标，而进行的检查、监督、纠偏等管理活动，以求有效并高效地完成工作。本章采用 Meyer 和 Shklar(1965)提出的“双重本质”将绩效控制分为发展型绩效控制和评估型绩效控制。

6. 发展型绩效控制

重视团队学习与下属的职业发展，鼓励下属在工作中敢于表达疑惑、提出新想法、承担具有挑战性的任务，强调从失败中学习的重要性。

7. 评估型绩效控制

关注团队成员的绩效表现以及团队短期目标的实现，强调获取快速有效的工作技能，使下属成员专注于重复工作。

4.2.2 研究假设

1. 成就目标导向与员工创造力的关系

在教育研究领域中，成就目标导向已经被证实可以有效预测个体创新绩效(Dweck，1990)。不同成就目标导向的员工输出的创新行为表现也不同，企业可以根据成就目标导向识别出具有不同创造潜力的员工，有针对性地组成创造团队。同时采取有效措施影响员工的成就目标导向，使其朝着有利于发挥创造力的方向发展。

精熟目标导向的个人关注自身能力及工作知识水平的提高，因而他们以能力的提高和对任务的掌握与理解程度作为成功的标准。持学习目标的个体认为能力是可以改变的，个体会通过努力工作以增强自身能力，他们可以较为有效地设定目标，在面对失败时也能够坚持并寻找有效的策略。Elliott 和 Dweck(1988)研究表明，精熟目标导向的个人在工作中乐于尝试各种不同的做法，这一行为可以有效催生改进工作的新方法。他们不畏惧失败、勇于承担风险、乐于接受挑战并将其视为学习新事物的机会，因而会积极提出新的想法并加以实践尝试，在工作中创新行为较多。实证研究结果表明，个人精熟目标导向往往与个人的创新行为与绩效正相关。

绩效目标导向的关注点在于通过向别人展示自己的能力，与他人进行比较获得正面评价或避免遭到对能力的负面评价。持绩效目标者倾向于通过努力寻求胜过他人的机会，但常常对难度大或具有挑战性的任务缺乏兴趣，并且很容易从中退缩，害怕受到他人对自身能力负面的评价，因此并不试图对当前的制度加已改变，即使产生对改变现状有益的一些新想法，也不敢予以执行。Fisher 和 Ford (1998)指出绩效目标导向的人擅长从事机械性和熟悉的工作，不喜欢任务中具有很多不确定性的因素，而且他们为了超过其他人的绩效水平，容易关注一些表面的程序和做自己工作份内的事情(Elliot and McGregor，2001；Elliot et al.，

1999)。因此，高绩效目标导向的个体往往在工作中表现出较少的创新行为。

在实证研究结果方面，学习导向与绩效间的正向关系是广受支持的，如 Phillips 和 Gully (1997) 指出学习导向与课堂测验成绩正相关，Brett 和 Vandewalle(1999)发现精熟导向对销售人员的销售绩效有正向影响。因此，本章也认为精熟导向与个人创新行为之间有正向关联性。然而，关于绩效导向的实证研究结果存在较大分歧。Button 等(1996)发现绩效导向与学生平均成绩无显著相关，而 Bell 和 Kozlowski(2002)的研究则发现绩效导向与绩效间有负向关系。本章以个体创新行为作为创新绩效的指标，创新行为风险性较大，高绩效导向者偏好从事个体经验中自己表现好的任务，尽量避免负面及失败的结果，此特质将可能使高绩效导向者选择不从事创新行为，因此研究中主张表现导向与员工创造力间有负向关联性。综上所述，本章提出如下假设。

H_{1a}：精熟目标导向对员工创造力有正向影响。

H_{1b}：绩效目标导向对员工创造力有负向影响。

2. 组织绩效控制与员工创造力的关系

组织创造力理论强调组织绩效控制在影响个体创造力方面起重要作用。哈佛大学商学院的 Simons(1995)指出，在一个要求灵活性和创新性的授权时代，必须施以有效的影响和控制，才能使组织、团队和个人不偏离企业发展初衷。组织绩效控制可以影响员工对某些事件、活动和流程以及那些预期会受到奖励、支持与期望的行为的认知，这种认知与员工的行为联系紧密。个体接收到组织对其行为和该行为潜在结果的预期，并运用这些认知信息调整其意愿和行为方式。

发展型绩效控制的组织中，管理者鼓励各层次的信息自由而公开地进行交流、支持新观点、委派具有挑战性的工作，关心下属需求、能够及时提供各种所需的资源，员工对自己的工作拥有所有权和自主性。由于鼓励创新、包容风险的团队氛围，团队内部成员或同事之间相互协助，所以能满足创意工作的需要，员工会自觉发挥创造力来解决面临的新问题。

评估型绩效控制限制了工作方式而难以协调创造力要求较高的工作，因此被喻为“创造力杀手”。研究表明，当企业加强控制、保留资源、限制信息流动、依赖老套而熟练的程序、拒绝冒险时，员工创造力将受到抑制且呈现出思想僵化的趋势。综上所述，本章提出如下假设。

H_{2a}：发展型绩效控制对员工创造力有正向影响。

H_{2b}：评估型绩效控制对员工创造力有负向影响。

3. 组织绩效控制对成就目标导向与员工创造力关系的调节

竞争性的奖酬架构、规范的信息与评估反馈都可能影响特定情境下采取的目标，因而，在不同组织绩效控制下，个人可能显现不同的目标设定行为。绩效控制通过影响员工目标的设定从而对员工创造力产生影响，也就是说，组织绩效控制对个体精熟目标导向与创新行为的关系具有调节作用。

在发展型绩效控制的组织中，精熟目标导向的员工对外部干扰关注较少，专心聚焦于自己的工作，不断寻求能够解决问题的更具创意的方法，这也就意味着创造力处于高水平，即学习导向对个人创造力的正向影响将增强。而绩效目标导向的员工虽然不喜欢任务中具有很多不确定性因素，但是着力于通过努力寻求胜过他人的机会，也可能发挥出高水平的创造力，即表现导向对个人创造力的负向影响将减弱。

在评估型绩效控制的组织中，精熟目标导向的员工沉浸于工作，专注于解决手头问题，抑制了寻找新的更具创意的解决办法的动机，这就意味着低水平的创造力，即学习导向对个人创造力的正向影响将减弱。而绩效目标导向的员工擅长从事机械性和熟悉的工作，对困难或具有挑战性的任务常常缺乏兴趣，由于担忧受到他人负面的评价，对改变现状的一些新想法，也不敢予以执行，创造力水平较低，即表现导向对个人创造力的负向影响增强。综上所述，本章提出如下假设。

H_{3a}：发展型绩效控制调节精熟目标导向与员工创造力之间的关系，使其正相关性增强。

H_{3b}：评估型绩效控制调节精熟目标导向与员工创造力之间的关系，使其正相关性减弱。

H_{3c}：发展型绩效控制调节绩效目标导向与员工创造力之间的关系，使其负相关性减弱。

H_{3d}：评估型绩效控制调节绩效目标导向与员工创造力之间的关系，使其负相关性增强。

4.2.3 研究框架

成就目标导向、组织绩效控制对员工创造力的跨层次影响假设模型如图 4-1 所示，首先检验个体层次的成就目标导向与员工创造力之间的关系，其次检验团队层次的绩效控制与员工创造力之间的关系，最后检验组织绩效控制对成就目标导向与员工创造力之间关系的跨层次交互调节作用。

本章研究假设整理如下。

H_{1a}：精熟目标导向对员工创造力有正向影响。

H_{1b}：绩效目标导向对员工创造力有负向影响。

H_{2a}：发展型绩效控制对员工创造力有正向影响。

H_{2b}：评估型绩效控制对员工创造力有负向影响。

H_{3a}：发展型绩效控制调节精熟目标导向与员工创造力之间的关系，使其正相关性增强。

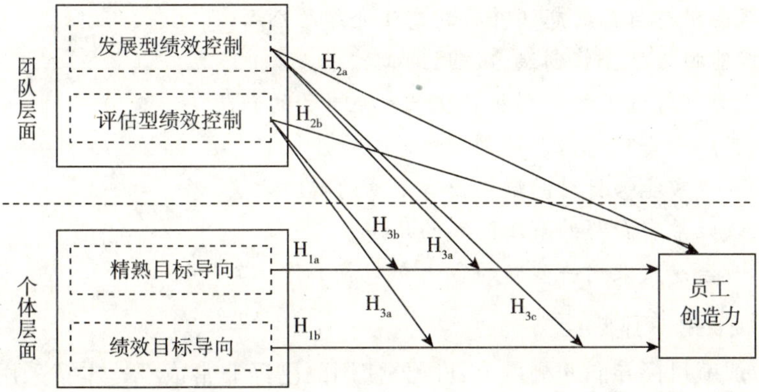

图 4-1　成就目标导向、组织绩效控制对员工创造力的跨层次影响假设模型

H_{3b}：评估型绩效控制调节精熟目标导向与员工创造力之间的关系，使其正相关性减弱。

H_{3c}：发展型绩效控制调节绩效目标导向与员工创造力之间的关系，使其负相关性减弱。

H_{3d}：评估型绩效控制调节绩效目标导向与员工创造力之间的关系，使其负相关性增强。

4.3　研究问卷、数据获取与质量评估

4.3.1　问卷设计

本章使用的调查问卷由三部分组合而成，分别是员工创造力量表、成就目标导向量表及组织绩效控制量表。采用李克特五点式计分，测量填答者对各题项叙述的同意程度，1 表示“非常不同意”，5 表示“非常同意”，无反向计分题。

1. 员工创造力量表

由于本章将个体创造力视为结果变量，所以我们采用 Janssen(2001)关于员工创新行为的量表。该量表为单一维度，共 13 个题项。

(1)我会建议使用新的方法来实现目标。

(2)我会提出既新颖又实用的方法来改善工作绩效。

(3)我会主动寻找新的技术、工作程序、工作方法和产品创意。

(4)我会建议用新的方法改善工作质量。

(5)我有很多创新的想法。

(6)我不怕承担风险。

(7)我会坚持自己的想法并将新想法介绍给别人。

(8)我能把握机会将创造力运用到工作中。

(9)我会制订适当的计划和日程来实施自己的新想法。

(10)我经常会有新的、有创新性的想法。

(11)我经常能够针对问题提出有创意的解决方法。

(12)我经常有新鲜的解决问题的想法。

(13)我会建议采用一些新的方法来完成工作任务。

2. 成就目标导向量表

关于成就目标导向的测量工具国外使用的已经非常成熟，本章采用 Baranik 等(2007)编制的适用于工作领域的成就目标导向量表。该量表分为两个维度，共 18 个题项。其中学习导向 10 个题项，绩效导向 8 个题项。

(1)我喜欢有挑战性的工作，这样能从中学到很多有用的东西。

(2)我经常寻找机会掌握新的技能和知识。

(3)我喜欢工作中有挑战性、有难度的任务，这样我可以学到新的技能。

(4)对我来说，工作能力的发展非常重要，我可以为之去冒险。

(5)我只是尽量避免在执行工作任务时缺乏必要的技能。

(6)当我投入一项工作任务时，我会反复思考怎么做才能不出错。

(7)在工作中，我关注的是不能比我之前做的工作差。

(8)我的目标是避免在执行工作任务时缺乏必要的技能。

(9)我希望可以获得能够胜任工作的足够的技能。

(10)在工作中，我尽量避免不能很好地执行工作任务的情况。

(11)我在意自己是否比其他同事强。

(12)我试着在工作中向他人证明自己的能力。

(13)我喜欢在工作中得到他人的赞赏。

(14)我喜欢从事能够向他人展示自己能力的工作。

(15)如果有可能向他人表现出自己没能力，我宁愿避免接受新的工作。

(16)对我来说避免展示自己弱点比学习新技能更重要。

(17)如果我的表现证明自身能力很低，则会担心是否要从事这个工作。

(18)我尽量避免工作中使自己出丑的情境。

3. 组织绩效控制量表

采用由 Desphande 和 Zaltman(1984)发展的组织正规化量表(formalization scale)，组织正规化反映了组织对个体行为的控制程度。马君(2010)在他的关于权变激励与有效绩效评价系统设计研究中使用了该问卷，并取得了较满意的研究效果。该量表分为两个维度，共 14 个题项。其中发展型绩效控制 9 个题项，评估型绩效控制5个题项。

(1)为困难的问题产生新的办法。

(2)寻找新的工作方法、技巧和措施。

(3)形成解决问题的新办法。

(4)为新的想法争取支持。

(5)寻求新想法获得批准。

(6)让组织中的重要人物对新想法充满热忱。

(7)将新的想法转化为有用的应用。

(8)系统地将新想法引入工作当中。

(9)评估创新性想法的应用价值。

(10)对于任何情况，都存在相应的既定处理流程。

(11)规则和程序在组织中占据核心地位。

(12)每位员工的表现都有书面记录存档。

(13)组织中员工违反规则的事情几乎不会发生。

(14)组织中每一层次上的所有职位都有书面的职位描述。

4. 控制变项

本章搜集的样本人口统计变量包括年龄、性别、学历、工龄、企业规模。

年龄：按照个人年龄分为20岁以下、20～25岁、26～30岁、31～40岁、41～50岁、50岁以上。

性别：分为男、女两个类别。

学历：分为高中以下、专科、本科、研究生四个类别。

工龄：根据个人进入组织的工作年限分为1年以内、1～3年、4～7年、8～10年、11～15年、16～20年、21～25年、25年以上。

企业规模：分为小、中、大三个等级。

4.3.2　正式样本数据分析

1. 分析方法

1)描述性统计

本章用SPSS 17.0对受试者的性别、年龄、学历、工龄及企业规模的频数和百分比进行统计，对样本资料进行基本描述，从而获得对样本分类分布的了解。

2)信度检验

本章用SPSS 17.0对各量表的每一题项进行内部一致性信度(Cronbach's α)分析，当Cronbach's α系数大于0.7时，即代表信度可以接受。

3)效度检验

本章用 SPSS 17.0 对量表首先进行 KMO 值和 Bartlett's 球形检验，通过球形检验后，再进行正式样本的正交旋转因子载荷分析。

4)组内一致度分析

运用 Rwg 判断同一组织内各成员对构念有相同反应的程度，当 Rwg 大于 0.7 时，表示聚合有足够的一致度。

5)资料特性分析

运用单因子变异数分析(one-way ANOVA)计算组内相关度(intraclass correlation coefficient，ICC)。当组织间的变异(ICC2)大于组织内的变异(ICC1)时，表示该资料适合做组织层次的资料。

6)相关分析

利用 Pearson 相关系数分析检验成就目标导向、组织绩效控制、员工创造力之间的相关性，并比较各变量之间的相关性，以了解存在显著差异的变量之间的关系程度和方向。

7)跨层次分析

相关分析只能验证变量间的相关性，无法区分因果关系，所以需要进一步验证各变量的主要影响及交互作用。本章的变量处于不同层次，因此我们采用 HLM 6.0 对资料进行跨层次分析。HLM 最主要的优点在于它不仅可以研究特定层次内的关系，而且同时可调查同层次间或跨层次的关系(Hoffmann and Gottschang，1977)。

2. 研究样本与程序

正式研究的样本对象来自 20 家企业的 52 个团队 515 名知识工作者。我们利用现场问卷填写及邮寄问卷等方式进行数据采集，在上海、江苏、浙江、安徽等地区进行问卷发放。

2010 年 3 月至 2011 年 3 月，我们共发放问卷 540 份，回收问卷 535 份，缺失值的处理采用整列删除(listwise)的方法，得到有效问卷 515 份，有效回收率为 95%。用做验证性分析的问卷达到 515 份，符合分析的要求。有效样本所在企业的分布情况如表 4-1 所示。

表 4-1 有效样本所在企业的分布情况

企业属性		频次	百分比/%
公司规模	较大	256	49.71
	中等	187	36.31
	较小	72	13.98
	总计	515	100.00

续表

企业属性		频次	百分比/%
公司所在行业	制造业	175	33.98
	房地产	16	3.11
	金融业	23	4.47
	商贸流通	33	6.41
	IT 技术	30	5.82
	建筑	3	0.58
	运输	18	3.49
	能源	112	21.75
	其他	105	20.39
	总计	515	100.00

有效样本的人口结构分布情况如表 4-2 所示，在 515 名受访者中，男性占比 65.44%，明显高于女性比例；年龄结构上，20～30 岁的占 60%，说明大部分受访者很年轻；教育程度上，高中及以下占 14.17%，大专占 20.58%，本科占 52.43%，研究生及以上占 12.82%，说明知识密集型企业绝大多数受访者有比较高的受教育程度；工作年限上，3 年以内的占 43%，4～7 年的占 22.7%，8～10 年的占 10.87%，11 年以上的占 23%，说明受访者的任职年限较短，企业的员工流动性较强。

表 4-2　有效样本的人口结构分布情况(N=515)

员工特性		频次	百分比/%
性别	男	337	65.44
	女	178	34.56
	总计	515	100.00
年龄	<20 岁	0	0.00
	20～25 岁	97	18.83
	26～30 岁	212	41.17
	31～40 岁	116	22.53
	41～50 岁	77	14.95
	>50 岁	13	2.52
	总计	515	100.00

续表

员工特性		频次	百分比/%
学历	高中以下	73	14.17
	专科	106	20.58
	本科	270	52.43
	研究生及以上	66	12.82
	总计	515	100.00
工作年限	1 年以内	89	17.28
	1～3 年	133	25.83
	4～7 年	117	22.72
	8～10 年	56	10.87
	11～15 年	45	8.74
	16～20 年	22	4.27
	21～25 年	31	6.02
	25 年以上	22	4.27
	总计	515	100.00

3. 描述性统计分析

对研究变量进行描述性统计分析，分别计算各变量的均值、标准差、最大值和最小值，研究变量的描述性统计分析如表 4-3 所示，然后对各变量及其维度上的整体表现进行分析说明。

表 4-3 研究变量的描述性统计分析

变项		个数	最小值	最大值	均值	标准差
第一层	1. 性别 Gender	515	1	2	1.35	0.476
	2. 年龄 Age	515	2	6	3.41	1.035
	3. 学历 Edu	515	1	5	2.64	0.883
	4. 工龄 Year	515	1	8	3.26	1.940
	5. 精熟目标导向 LGO	515	1	5	3.98	0.498
	6. 绩效目标导向 PGO	515	1	5	3.48	0.695
	7. 员工创造力 ECP	515	1	5	3.59	0.602
第二层	1. 规模 Size	52	1	3	1.71	0.757
	2. 发展型绩效控制 PAH	52	1	5	3.87	0.813
	3. 评估型绩效控制 PAV	52	1	5	3.65	0.723
	4. 员工创造力 ECP	52	1	5	3.59	0.401

对员工创造力的调查结果显示，整体均值为 3.59，这表示被访者在工作中呈现中等偏上程度的创造力水平。

对成就目标导向的调查结果显示，被访者的精熟目标导向维度得分均值为 3.98，高于绩效目标导向，表示员工普遍有掌握新知识、新技能，不断挑战自我的需要。但是两者差异性甚微，说明在竞争激烈的工作环境中，员工有意愿展现自身能力，以获得更多的发展机会。

对组织绩效控制的调查结果显示，发展型绩效控制的组织得分均值为 3.87，表示组织支持创造性的活动，营造宽松的发展空间，而评估型绩效控制的组织得分均值为 3.65，处于中等偏上，表明某些组织有明确严格的绩效标准。标准差分别为 0.813 和 0.723，意味着不同组织的绩效控制差异性大，这可能与组织所处的行业或规模有关。

4. 量表的信度检验

利用 SPSS 17.0 对正式数据的各个分量表及总量表的信度进行分析，具体分析结果见表 4-4。

表 4-4　正式调查量表的信度分析

分量表	α 系数	题项数量
精熟目标导向	0.744	10
绩效目标导向	0.861	8
发展型绩效控制	0.815	9
评估型绩效控制	0.834	5
员工创造力	0.917	13
总量表	0.918	45

由表 4-4 可以看出，各个分量表的 α 系数为 0.744～0.917，均大于 0.7，总量表的信度达到 0.918，大于 0.8，且删除任一指标后，都将导致其所测量概念的 α 系数降低。结果表明，本量表的各项信度指标良好，用于此次调研的问卷具有较高的内部一致性。

5. 量表的效度检验

在对量表进行效度分析时，首先运用 SPSS 17.0 对数据进行 KMO 值和 Bartlett's 球形检验，分析结果如表 4-5 所示。

表 4-5 正式调查 KMO 值和 Bartlett's 球形检验

KMO 值		0.809
Bartlett's 球形检验	χ^2 检验值	2 563.597
	df	630.000
	Sig.	0.000

从表 4-5 可以看出，KMO=0.809>0.70，χ^2=2 563.205 97(在 0.001 水平上显著)，p 值为 0.000，表明各个项目的得分不在同一个球面上，即各变量独立性假设不成立，通过了 Bartlett's 球形检验。说明正式样本数据适合进行因子分析，分析结果见表 4-6。

表 4-6 正式调查问卷正交旋转后因子载荷值(荷载小于 0.5 的不保留)

维度	题项	因子载荷				
		1	2	3	4	
精熟导向	a1	0.512				
	a2	0.516				
	a3	0.692				
	a4	0.621				
	a5	0.574				
	a6	0.559				
	a7	0.502				
	a8	0.681				
	a9	0.532				
	a10	0.567				
绩效导向	a11		0.701			
	a12		0.738			
	a13		0.802			
	a14		0.793			
	a15		0.692			
	a16		0.687			
	a17		0.627			
	a18		0.544			

续表

维度	题项	因子载荷				
		1	2	3	4	
员工创造力	b1			0.649		
	b2			0.718		
	b3			0.777		
	b4			0.739		
	b5			0.685		
	b6			0.513		
	b7			0.616		
	b8			0.724		
	b9			0.589		
	b10			0.705		
	b11			0.779		
	b12			0.794		
	b13			0.718		
发展型控制	c1				0.516	
	c2				0.692	
	c3				0.621	
	c4				0.574	
	c5				0.559	
	c6				0.502	
	c7				0.681	
	c8				0.532	
	c9				0.567	
评估型控制	d1					0.800
	d2					0.730
	d3					0.776
	d4					0.681
	d5					0.816

6. 基本特性检验

由于本章的组织绩效控制属于共享构念，资料的收集来自于个体层次，在进行跨层级分析前，必须检视变量整合至组织层次的适当性。为验证资料存在组内同质性及不同评量者之间共识程度，本章以 Rwg 为检验指标(James et al.，1984)，判定分析在同一组内各成员的回答结果是否具有一致性。经计算，本章群体凝聚力平均 Rwg 为 0.85，大于 0.70，说明本资料的组织绩效控制汇总的合理性。

运用单因子变异数分析计算 ICC，组织间的变异大于组织内的变异，意味着该数据适合作为组织层次的数据(表 4-7)。

表 4-7 组织绩效控制的内部一致性检验

变项	内在等级相关系数		Rwg 平均值
	ICC(1)	ICC(2)	
发展型绩效控制	0.14	0.89	0.86
评估型绩效控制	0.23	0.76	0.83

7. 相关性分析

1)成就目标导向与员工创造力的相关性分析

成就目标导向与员工创造力的 Pearson 相关性分析结果如表 4-8 所示，成就目标导向中“精熟导向”“绩效导向”两个维度与员工创造力都在 0.01 水平上(双侧检验)显著相关。

表 4-8 成就目标导向与员工创造力的相关性分析(N=515)

变项	Pearson 相关系数		
	1	2	3
1. 精熟目标导向	—		
2. 绩效目标导向	0.438**	—	
3. 员工创造力	0.301**	0.171**	—

* $p<0.05$；** $p<0.01$；*** $p<0.001$，双尾检验

2)组织绩效控制与员工创造力的相关性分析

组织绩效控制与员工创造力的 Pearson 相关性分析结果如表 4-9 所示，组织绩效控制中“发展型绩效控制”“评估型绩效控制”两个维度与员工创造力都在 0.01 水平上(双侧检验)显著相关。

表 4-9 组织绩效控制与员工创造力的相关性分析(N=52)

变项	Pearson 相关系数		
	1	2	3
1. 发展型绩效控制	—		
2. 评估型绩效控制	0.368**	—	

续表

变项	Pearson 相关系数		
	1	2	3
3. 员工创造力	0.615**	0.549**	—

* $p<0.05$； ** $p<0.01$； *** $p<0.001$，双尾检验

3)成就目标导向与组织绩效控制的相关性分析

成就目标导向与组织绩效控制的 Pearson 相关性分析结果如表 4-10 所示，成就目标导向中“精熟目标导向”维度与组织绩效控制中“发展型绩效控制”“评估型绩效控制”两个维度都在 0.01 水平上(双侧检验)显著相关；然而“绩效目标导向”维度与组织绩效控制中“发展型绩效控制”“评估型绩效控制”两个维度都无显著相关性。

表 4-10　成就目标导向与组织绩效控制的相关性分析($N=52$)

变项	Pearson 相关系数			
	1	2	3	4
1. 精熟目标导向	—			
2. 绩效目标导向	0.284**	—		
3. 发展型绩效控制	0.281**	0.013	—	
4. 评估型绩效控制	0.201**	0.026	0.683**	—

* $p<0.05$； ** $p<0.01$； *** $p<0.001$，双尾检验

8. 跨层次模式设定及假设验证

根据本章的层次结构特征，运用 HLM 6.0 多层线性建模工具，分析员工成就目标导向对个体创新行为的跨层次影响，并进一步检验组织绩效控制的调节作用，建立如下模型。

1)零模型设定及验证结果

首先考察两层均不纳入任何自变量的零模型。在跨层次研究的分析过程中，必须先检视跨层次效果的存在，即因变量间的组间与组内变异成分必须显著。因此，本章首先进行零模型(null model)的设定。

step Ⅰ：零模型

level-1 model 为

$$Y_{ij}=\beta_{0j}+r_{ij}$$

其中，$r_{ij}\sim N(0,\sigma^2)$。

level-2 model 为

$$\beta_{0j}=\gamma_{00}+\mu_{0j}$$

其中，$\mu_{0j}\sim N(0,\tau_{00})$。

上述方程式中，Y_{ij}表示j企业i员工的创造力；β_{0j}表示j企业员工创造力的平均数；γ_{00}表示员工创造力的总平均数；r_{ij}的方差σ^2表示员工创造力的组内方差；μ_{01}的方差τ_{00}表示员工创造力的组间方差。

由于员工创造力的总方差为$\sigma^2+\tau_{00}$，我们可以据此计算出ICC(1)，即员工创造力的组间方差百分比，公式为$\text{ICC}(1)=\frac{\tau_{00}}{\sigma^2+\tau_{00}}$，根据这一模型，可以考察员工创造力的总体变异中有多大比率是组织层面的差异造成。

此步骤的分析结果：组织层面的随机方差为$\tau_{00}=0.05$，且χ^2检验的结果表明组间方差是显著的：$\chi^2(51)=58.45$，$p<0.001$。此外$\sigma^2=0.3$，故ICC(1)＝0.14，表明员工创造力的总体变异中有14%来自企业之间的差异，而有86%来自员工个体层面的差异。根据Cohen和Lee(1988)提出的标准，属于高关联程度，不宜以一般的回归模式进行分析。由于员工创造力具有显著的组间方差，接下来便可进行假设检验。

2）第一层变量模型设定与验证结果

检验完组间与组内变异成分后，接着检验不同组织之间，是否存在不同的截距与斜率。在零模型的第一层方程中纳入员工的人口学变量(性别、年龄、学历、工龄)、精熟目标导向、绩效目标导向作为自变量，并估计以下模型，以考察员工个体因素对其创造力的影响。

stepⅡ：检验level-1的主效果

level-1 model为

$$Y_{ij}=\beta_{0j}+\beta_{1j}(\text{LGO})+\beta_{2j}(\text{PGO})+r_{ij}$$

level-2 model为

$$\beta_{0j}=\gamma_{00}+\mu_{0j}$$
$$\beta_{1j}=\gamma_{10}+\mu_{1j}$$
$$\beta_{2j}=\gamma_{20}+\mu_{2j}$$

其中，γ_{00}表示跨群体截距项的平均数；γ_{10}表示跨群体斜率的平均数(用来检验H_{1a})；γ_{20}表示跨群体斜率的平均数(用来检验H_{1b})；r_{ij}的方差σ^2表示level-1残差的方差；μ_{0j}的方差τ_{00}表示截距的方差；μ_{1j}的方差τ_{11}表示斜率的方差；μ_{2j}的方差τ_{22}表示斜率的方差。

在上述模型中，γ_{00}、γ_{10}、γ_{20}分别代表level-1的系数(即β_{0j}、β_{1j}、β_{2j})跨群体的平均数，其中γ_{10}表示精熟目标导向与员工创造力跨群体的关系，可用来检验H_{1a}，γ_{20}表示绩效目标导向与员工创造力跨群体的关系，可用来检验H_{1b}。另外，HLM也对γ_{00}、γ_{10}、γ_{20}进行t检验，如此便可检测这三个参数的统计显著性。此步骤的分析结果为$\gamma_{10}=0.304$，t-value(52)＝13.23，$p<0.001$，因此，H_{1a}得到支持；$\gamma_{20}=0.0831$，t-value(52)＝57.49，$p<0.001$，因此，H_{1b}也得

到支持。

在 level-1 的模型中，可通过加入个体层次变量后组内方差减少的程度计算 R^2，即我们可以计算出零模型中的组内方差有多少百分比可被个体层次变量解释，公式为

$$R^2 \text{ for level-1 model} = (\sigma^2 \text{ from step I} - \sigma^2 \text{ from step II}) / \sigma^2 \text{ from step I}$$
$$= (2.52 - 2.23) / 2.52$$
$$= 0.12$$

结果显示(表 4-11)，有 12%的员工创造力组内方差可被成就目标导向解释。此外，在随机效果的变异验证方面，截距项的变异成分显著 $\tau_{00}=0.02$($\chi^2=174.68$，df=132，$p<0.01$)，表示不同组织间确实存在不同的截距，组织绩效控制对员工创造力的直接效果可能存在。因此，我们接下来检验 H_{2a}和 H_{2b}。

表 4-11　精熟目标导向对员工创造力的随机回归结果

变量		固定效果			随机效果	
		回归系数	标准误	t 检验	方差成分	χ^2检验
截距项	γ_{00}	6.08	0.99	6.08		
level-1 预测因子	γ_{10}	0.304	0.230 3	13.23**		
	γ_{20}	0.083 1	0.018	57.49***		
随机效应	σ^2				0.022 52	184.98**
	τ_{00}				4.52	174.68***
	$R^2_{\text{level-1}}$				0.12	

* $p<0.05$；** $p<0.01$；*** $p<0.001$

$$R^2_{\text{level-1}} = (\sigma^2 \text{ from step I} - \sigma^2 \text{ from step II}) / \sigma^2 \text{ from step I}$$

3)第二层变量模型设定与验证结果

我们将组织绩效控制加入 level-2，并估计以下的以截距作为结果变量(intercepts-as-outcomes)的模型。

step Ⅲ：检验 level-2 的主效果

level-1 model 如下：

$$Y_{ij} = \beta_{0j} + \beta_{1j}(\text{LGO}) + \beta_{2j}(\text{PGO}) + r_{ij}$$

level-2 model 如下：

$$\beta_{0j} = \gamma_{00} + \gamma_{01}(\text{PAH}) + \gamma_{02}(\text{PAV}) + \mu_{0j}$$
$$\beta_{1j} = \gamma_{10} + \mu_{1j}$$
$$\beta_{2j} = \gamma_{20} + \mu_{2j}$$

其中，γ_{00}表示 level-2 的截距项；γ_{01}表示发展型控制对员工创造力的影响效果(用来检验 H_{2a})；γ_{02}表示评估型控制对员工创造力的影响效果(用来检验 H_{2b})；γ_{10}表示精熟目标导向对员工创造力的影响效果(用来检验 H_{1a})；γ_{20}表示绩效目

标导向对员工创造力的影响效果(用来检验 H_{1b})；r_{ij} 的方差 σ^2 表示 Level-1 残差的方差；μ_{0j} 的方差 τ_{00} 表示截距的方差；μ_{1j} 的方差 τ_{11} 表示斜率的方差；μ_{2j} 的方差 τ_{22} 表示斜率的方差。

上述方程中，γ_{01} 表示控制了 level-1 的变量后，发展型绩效控制与员工创造力之间关系的估计数，对 γ_{01} 进行 t 检验可用来检验 H_{2a}，同时，γ_{02} 表示控制了 level-1 的变量后，评估型绩效控制与员工创造力之间关系的估计数，对 γ_{02} 进行 t 检验可用来检验 H_{2b}。结果显示：$\gamma_{01}=0.74$，t-value(52)＝0.83，$p=0.012$，因此，H_{2a} 得到支持；$\gamma_{02}=-0.28$，t-value(52)＝0.67，$p=0.012$，因此，H_{2b} 得到支持。

同时，我们可以计算有多少百分比的员工创造力组间方差可以被组织绩效控制解释，公式如下：

$$\begin{aligned}&R^2 \text{ for level-2 main effect model}\\&=(\tau_{00} \text{ from step II}-\tau_{00} \text{ from step III})/\tau_{00} \text{ from step II}\\&=(4.52-4.09)/4.52\\&=0.10\end{aligned}$$

结果显示(表 4-12)，有 10％的创造力组间方差(非总方差)可以被组织绩效控制解释。此外，HLM 也估计了斜率(τ_{11}、τ_{22})的方差，并以 χ^2 检验来检测此方差的显著性。结果显示：$\tau_{11}=0.19$，$\chi^2=184.98$，$p<0.01$，表示精熟目标导向与员工创造力在各群组间存在显著的变异；$\tau_{22}=0.17$，$\chi^2=323.88$，$p<0.01$，表示绩效目标导向与员工创造力在各群组间存在显著的变异。因此，我们可以进行调节效果的检验。

表 4-12　团队水平自变量对个体水平截距项的预测结果

变量		固定效果			随机效果	
		回归系数	标准误	t 检验	方差成分	χ^2检验
截距项	γ_{00}	6.08	0.99	6.08		
level-2 预测因子	γ_{01}	0.74	0.83	13.23**		
	γ_{02}	−0.28	0.67	4.53***		
随机效应	σ^2				0.022 52	184.98**
	τ_{00}				4.09	232.88***
	$R^2_{\text{level-2截距式}}$				0.10	

* $p<0.05$；** $p<0.01$；*** $p<0.001$

$$R^2_{\text{level-2截距式}}=(\tau_{00} \text{ from step II}-\tau_{00} \text{ from step III})/\tau_{00} \text{ from step II}$$

4)跨层次交互调节模型设定与验证结果

一般来说，为了检验 level-1 变量和 level-2 变量的交互作用，我们可以估计一个斜率作为结果变量(slopes-as-outcomes)的模型。也就是说，将 level-2 的变量作为斜率系数(β_{1j})的预测因子，以得知此 level-2 的变量是否可以解释斜率的变异。

step Ⅳ：检验跨层次调节效果

level-1 model 如下：

$$Y_{ij}=\beta_{0j}+\beta_{1j}(\mathrm{LGO})+\beta_{2j}(\mathrm{PGO})+r_{ij}$$

level-2 model 如下：

$$\beta_{0j}=\gamma_{00}+\gamma_{01}(\mathrm{PAH})+\gamma_{02}(\mathrm{PAV})+\mu_{0j}$$
$$\beta_{1j}=\gamma_{10}+\gamma_{11}(\mathrm{PAH})+\gamma_{12}(\mathrm{PAV})+\mu_{1j}$$
$$\beta_{2j}=\gamma_{20}+\gamma_{21}(\mathrm{PAH})+\gamma_{22}(\mathrm{PAV})+\mu_{2j}$$

其中，γ_{00}表示 level-2 的截距项(以 level-1 的截距为因变量)；$\gamma_{01(02)}$表示 level-2 的斜率；$\gamma_{10(20)}$表示 level-2 的截距项(以 level－1 的斜率为因变量)；γ_{11}表示 level-2 的斜率，即发展型绩效控制对学习导向与创造力关系的调节效果(用于检验 H_{3a})；γ_{12}表示 level-2 的斜率，即评估型绩效控制对学习导向与创造力关系的调节效果(用于检验 H_{3b})；γ_{21}表示 level-2 的斜率，即发展型绩效控制对表现导向与创造力关系的调节效果(用于检验 H_{3c})；γ_{22}表示 level-2 的斜率，即评估型绩效控制对表现导向与创造力关系的调节效果(用来检验 H_{3d})；r_{ij}的方差σ^2表示 level-1 残差的方差；μ_{0j}的方差τ_{00}表示截距的方差；μ_{1j}的方差τ_{11}表示斜率的方差；μ_{2j}的方差τ_{22}表示斜率的方差。

H_{3a}是预测发展型绩效控制与学习导向之间有正向的交互作用，当存在高水平的发展型绩效控制时，精熟目标导向与员工创造力的正向相关会加强。在跨层次交互调节模型中，γ_{11}表示发展型绩效控制与学习导向之间交互作用项的估计数，对γ_{11}进行 t 检验可验证 H_{3a}。分析结果显示：$\gamma_{11}=0.014\,2$，t-value(52)$=0.502$，$p<0.001$，交互作用的结果与 H_{3a}预测的方向一致(即为正向的交互作用)，且统计上显著，因此，H_{3a}得到支持。图 4-2 表示这种增强型的交互作用。

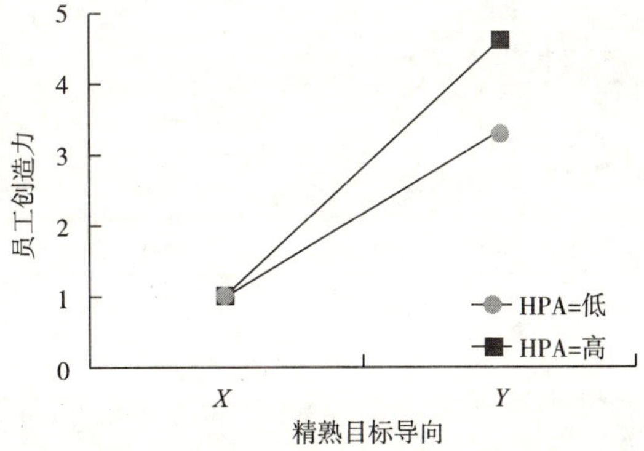

图 4-2　组织发展型绩效控制对员工精熟目标导向与其创造力关系的调节作用

H_{3b}是评估型绩效控制与学习导向之间有正向的交互作用，当存在高水平的评估型绩效控制时，精熟目标导向与员工创造力的正向相关会减弱。在跨层交互调节模型中，γ_{12}表示评估型绩效控制与学习导向之间交互作用项的估计数，对γ_{12}进行 t 检验可验证 H_{3b}。分析结果显示：$\gamma_{12} = 0.005\,6$，$t\text{-value}(52) = 0.165$，$p < 0.001$，交互作用的结果与 H_{3b}预测的方向一致(即为正向的交互作用)，且统计上显著，因此，H_{3b}得到支持。图 4-3 表示这种干扰型的交互作用。

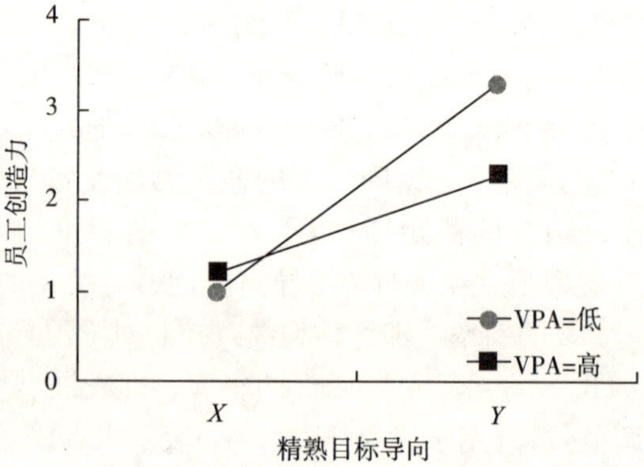

图 4-3　组织评估型绩效控制对员工精熟目标导向与其创造力关系的调节作用

H_{3c}是发展型绩效控制与表现导向之间有负向的交互作用，当存在高水平的发展型绩效控制时，绩效目标导向与员工创造力的负向相关会增强。在跨层次交互调节模型中，γ_{21}表示评估型绩效控制与学习导向之间交互作用项的估计数，对 γ_{21}进行 t 检验可验证 H_{3c}。分析结果显示：$\gamma_{21} = -0.000\,1$，$t\text{-value}(52) = 0.032\,1$，$p < 0.001$，交互作用的结果与 H_{3c}预测的方向一致(即为负向的交互作用)，且统计上显著，因此，H_{3c}得到支持。图 4-4 表示这种干扰型的交互作用。

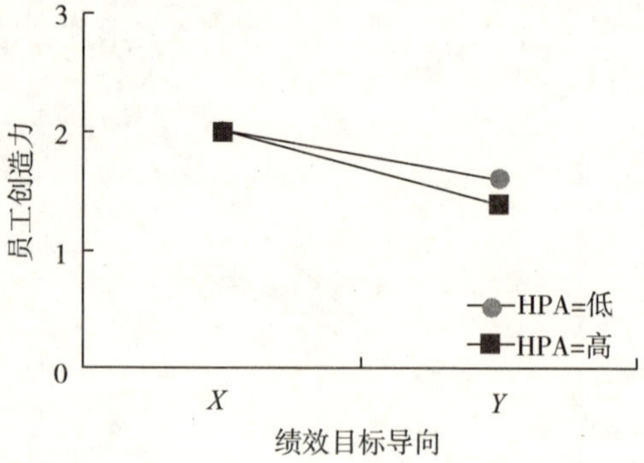

图 4-4　组织发展型绩效控制对员工绩效目标导向与其创造力关系的调节作用

H_{3d}是评估型绩效控制与绩效目标导向之间有负向的交互作用，当存在高水平的评估型绩效控制时，绩效目标导向与员工创造力的负向相关会减弱。在跨层次交互调节模型中，γ_{22}表示评估型绩效控制与学习导向之间交互作用项的估计数，对γ_{22}进行 t 检验可验证 H_{3d}。分析结果显示：$\gamma_{22}=-0.0617$，t-value(52)＝0.035 5，$p<0.001$，交互作用的结果与 H_{3d}预测的方向一致(即为负向的交互作用)，且统计上显著，因此，H_{3d}得到支持。图 4-5 表示这种增强型的交互作用。

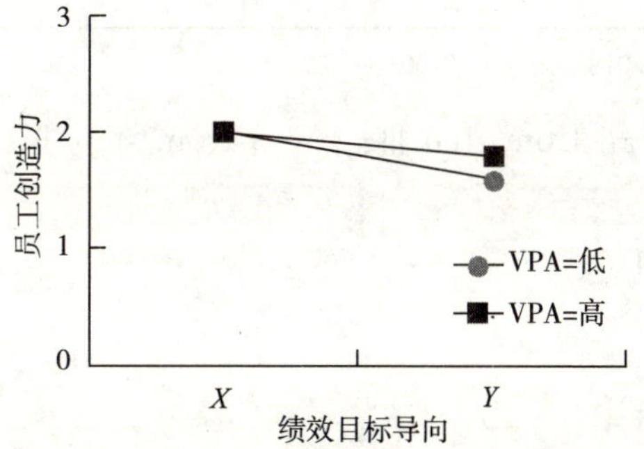

图 4-5　组织评估型绩效控制对员工绩效目标导向与其创造力关系的调节作用

进一步计算斜率方差被绩效控制解释的程度，可以比较 Step Ⅳ和 Step Ⅲ的斜率残差方差，公式如下：

$$R^2 \text{ for level-2 moderating model}$$
$$=(\tau_{11} \text{ from step Ⅲ} - \tau_{11} \text{ from step Ⅳ})/\tau_{11} \text{ from step Ⅲ}$$
$$=(0.015-0.012)/0.015$$
$$=0.20$$

结果显示(表 4-13)，调节效果的 R^2 为 0.20，意味着引进组织绩效控制可减少第二层截距项 20%的变异程度。此外，研究者检验随机效果变异成分，τ_{00}仍达显著水平($\chi^2=177.20$，df ＝131，$p<0.01$)，表示截距项尚有其他第二层的变量未被本章考量，后续研究可进一步寻找可能的影响因素。

表 4-13　目标导向、绩效控制对员工创造力跨层次影响的 HLM 分析表

变量		固定效果			随机效果	
		回归系数	标准误	t 检验	方差成分	χ^2检验
截距项	γ_{00}	6.08	0.99	6.08		
学习导向→创造力	γ_{11}	0.014 2	0.028 4	0.502		
	γ_{12}	0.005 6	0.033 9	0.165		
目标导向→创造力	γ_{21}	−0.000 1	0.032 1	−0.002		
	γ_{22}	−0.061 7	0.035 5	−1.740		

续表

变量		固定效果			随机效果	
		回归系数	标准误	t 检验	方差成分	χ^2检验
随机效应	σ^2				0.022 52	184.98**
	τ_{00}				0.012	232.88***
	$R^2_{\text{leve-2交互作用效果}}$				0.20	

* $p<0.05$； ** $p<0.01$； *** $p<0.001$

$R^2_{\text{level-2交互作用效果}}=\tau_{11}$ from step Ⅲ $\tau_{11}-\tau_{11}$ from step/Ⅳ τ_{11} from step Ⅲ

4.4 结果分析

4.4.1 研究结论

本章采用 HLM 6.0 统计软件进行两层 HLM 分析，采用约束最大似然(restricted maximum likelihood，REML)法估计模型中的回归系数参数和方差，以稳健性标准误(robust standard error)作为检验的基础，研究结果见表 4-14。

表 4-14 研究假设的检验结果汇总

编号	假设内容	检验结果
H_{1a}	精熟目标导向对员工创造力有正向影响	支持
H_{1b}	绩效目标导向对员工创造力有负向影响	支持
H_{2a}	发展型绩效控制对员工创造力有正向影响	支持
H_{2b}	评估型绩效控制对员工创造力有负向影响	支持
H_{3a}	发展型绩效控制调节精熟目标导向与员工创造力之间的关系，使其正相关性增强	支持
H_{3b}	评估型绩效控制调节精熟目标导向与员工创造力之间的关系，使其正相关性减弱	支持
H_{3c}	发展型绩效控制调节绩效目标影响向与员工创造力之间的关系，使其负相关性减弱	支持
H_{3d}	评估型绩效控制调节绩效目标导向与员工创造力之间的关系，使其负相关性增强	支持

1. 个体层次成就目标导向的主要效果

从假设检验结果可以看出，精熟目标导向与创造力的关系显著，产生正向影响，即持有精熟目标导向的个体拥有的创造力水平越高，H_{1a}得到证明；绩效目标导向对创造力产生负向影响，即持有绩效目标导向的个体拥有的创造力水平越低，H_{1b}得到证明。

成就目标导向作为个体对所从事任务的目的或原因的认知，容易主导个体的工作行为和工作态度。当个体持有精熟目标导向时，个体的关注点在于提高自身能力及知识水平，他们以能力的提高以及对任务的掌握和理解程度作为成功的标准，此时个体的目标也会因为个体能力的提升而不断提高，同时个体创造力也不断激发出来；相反，持有绩效目标导向的个体，着力于向别人展示自己的能力，希望通过与他人比较获得正面评价或避免遭到对能力的负面评价，此时的个体更多的是寻找一条捷径，即以较少的付出赢得较多的收获，表现出人们通常说的投机取巧。

2. 组织层次绩效控制的主要效果

从假设检验结果可以看出，组织发展型控制与创造力的关系显著，产生正向影响，即当个体受到越强的发展型组织控制时，个体产生的创造力越强，H_{2a}得到验证。组织评估型控制与创造力的关系显著，产生负向影响，即当个体受到越强的评估型组织控制时，个体产生的创造力越弱，H_{2b}得到验证。

在人们的惯性思维中，人们普遍认为组织控制越少意味着个体拥有的自我空间越大，也能产生越强的创造力，但是检验结果却否定了这一观念。这与本章调研的环境有紧密关联。本章数据收集对象是国内企业的员工，大多没有出国留学经验，可以说是土生土长的中国人，笔者认为中国的具体国情是产生这一结果的主要原因。中国虽然国际化及开放程度越来越高，但是等级观念仍不可动摇，大多数个体的工作状态仍比较传统，即存在于组织中的个体依旧被动等待组织分配任务及设定目标，期望组织下放更大的权力，继而在拥有的权限范围内努力达到组织设定的目标。当组织加强对个体的硬性控制时，个体会产生更大的不安全感和压力，从而想方设法完成组织分配的任务，更可能激发个体创造力，相反，组织控制更关注个体发展时，个体的安全感和惰性加强，容易将精力放在与工作无关的事情上，个体创造力水平自然也就越来越弱了。

3. 组织绩效控制的跨层次调节效果

组织控制在精熟目标导向与创造力之间的关系中起调节作用。当组织对个体施加的控制更多是以硬性的规章制度呈现时，组织对个体的规定是不容置疑的，此时持有精熟目标导向的个体会因为顾及组织的规章制度及相关限定而放弃原先设定好的目标及目标实现路径，将关注点由原先的提高自身能力及工作知识水平转移到在组织设定的范围内完成组织任务的基础上提高自身能力及工作知识水平，并且在多数时候组织期望和个体期望并不完全一致，甚至是有矛盾的，因此组织高强度的控制对于持精熟目标导向的个体来说是一种阻碍，弱化了精熟目标导向与创造力之间的关系。而当组织表现出软性控制的态度时，组织不仅对个体的硬性限定减少，反而会支持个体发展，这时个体容易将全部精力投入个体期望的实现中，也会以更高的热情投入工作中，激发个体的斗志，从而唤醒个体内在的潜能，激发创造力。

从验证结果来看，组织控制在绩效目标导向与创造力之间的关系中起调节作用。持有绩效目标导向的个体关注于向别人展示自己的能力，期望通过与他人比较获得正面评价或避免遭到对能力的负面评价，对生存于组织中的个体来说，与他人横向比较的标准就是组织对个体的要求和规范，达标是组织对个体的最低标准，也是避免遭到对个体能力负面评价的最低标准，因此绩效目标的个体更关注组织每一次规则的改变，以组织的规章制度为行为规范，偏好于受到组织的硬性控制，此时更容易激发个体创造力；反而在组织将组织控制的重心落在支持个体发展时，持有绩效目标导向的个体不易生存，甚至会有抵触情绪，表现出对这种控制模式的反对和打击，更不用说创造力的产生了，因为他们的工作态度和有限的能力，不愿看到他人在这种控制模式中得到更好的发展和提升，他人的提高意味着对自己评价的不利。因此持该种成就目标导向的个体喜好组织的垂直控制模式。

4.4.2 管理启示

1. 打造良性互动机制，创建民主自由的工作环境

日本索尼公司近年乏善可陈，究其原因在于索尼实施了“一切看指标”的“绩效主义”政策，曾经的“创业先锋”“激情集团”逐渐沦为平庸之辈。美国安然所谓的“压力驱动型”绩效文化，导致了公司内部气氛沉闷，目标短视。国内领先企业华为公司尽管在业务拓展方面形势乐观，但是近年出现多起员工“非正常死亡”事件。无论是索尼的“绩效主义”、安然的“压力锅文化”，抑或华为的“狼性文化”，均体现了组织的控制偏好。组织应根据组织发展需要打开“组织控制黑箱”：首先，组织应高度重视员工个体创造力的作用，鼓励员工创造力的激发，并从制度上加以支持。其次，组织要识别组织成员的个体特质，针对不同个体采用具体的管控模式，在保证基本的硬性管理基础上灵活管理。再次，组织应帮助员工树立正确的成就目标导向，让员工对自我有更加准确的定位，挖掘员工的潜能。最后，组织应打造良性的互动机制，创建民主自由的工作环境，加强上下级的沟通，使管理更加有效。

2. 将人力资源管理活动视为启动创新的关键因素

管理者面临着识别出具有创造潜力的员工，以及塑造更利于员工创造力发挥的组织氛围的双重挑战。本章由资源基础理论观点出发，将人力资源管理活动视为启动创新的关键因素。研究结果显示，若高科技产业能针对知识工作者设计知

识导向人力资源管理系统(招募遴选实务包含内部晋升员工、严格筛选人才、注重员工达成力等；教育培训实务包含训练完整性、连续性、注重发展员工长期技能培养与发展知识等；绩效考核方面包含全面考核、多重来源、目标设定与技能发展考核；薪酬组合方面包含奖励创新、多重奖励、奖励团队表现)，将有助于提升知识创造与创新绩效的水平。而此多重实务在系统观点下，必须相互整合，即系统内各项活动间彼此应协调一致，才能发挥其效能。

3. 建立员工平衡型心理契约，诱使创新行为

在影响员工知识创新行为方面，心理契约扮演着重要角色。员工重要的心理契约内涵包括培训技能、晋升机会、设定具有挑战性目标、提升个人竞争力与提升其职场上的价值等。组织都期望被实践，若其心理契约没有被实践，则会对创新行为有负面影响。因此，管理者可建立员工平衡型心理契约，如此才能诱使其创新行为。再者，本章结果也显示企业创新氛围越高，则员工创新表现、知识创造与创新绩效越高。因此，同事间越能多方讨论、交换心得并自由地设定工作目标与进度，且团队崇尚自由开放与创新变革、团队意识强，这些氛围都对员工个人创新行为、团队知识创造与创新绩效有益处。另外，若团队个人都有创新行为，则会显著正向影响团队创新绩效。

4. 构建知识导向人力资源管理系统，积累智慧资本

据权威机构华信惠悦咨询公司的调查，劳动力市场人才争夺大战日趋激烈，使中国内地人才流动率高于亚洲任何一个地区。本章也发现，知识导向人力资源管理系统建立有助于智慧资本积累，好的人力资本必须在工作组织及流程给予其发挥技能与知识的机会，人力资本效能才能发挥，即组织资本的结构越好，则员工发挥空间越大，人力资源的贡献意愿也相当重要，员工与组织间关系不佳，无法建立认同感，则即使拥有技能与知识，也无意愿贡献组织。因此，内部关系越佳，则人力资源管理效益将随之提高。总而言之，智慧资本是相互影响的，不能偏废某一资本。

参考文献

韩翼，廖建桥，龙立荣．2007. 雇员工作绩效结构模型构建与实证研究[J]. 管理科学学报，(5)：62-77.

马君．2010. 权变激励与有效绩效评价系统设计研究[J]. 科研管理，(6)：180-190.

孙锐．2010. 薪酬、授权、培训、职业发展与组织创新关系研究[J]. 科研管理，31(2)：57-64.

吴治国，石金涛．2007. 员工创新行为触发系统分析及管理启示[J]. 中国软科学，(3)：92-98.

杨国枢．1991. 中国人的心理与行为[M]. 台北：桂冠图书股份有限公司．

张燕. 2012. 成就目标导向、组织绩效控制对员工创造力影响的跨层次研究[D]. 上海大学硕士学位论文.

朱瑞玲. 2009. 面子压力与其因应行为[J]. 国科会人文及社会科学书刊，1(1)：14-31.

Allworth E，Hesketh B. 1999. Construct-oriented biodata：capturing change-related and contextually relevant future performance[J]. International Journal of Selection and Assessment，7(2)：97-111.

Amabile T M. 1988. A model of creativity and innovation in organizations[J]. Research in Organizational Behavior，10(10)：123-167.

Amabile T M. 1998. How to kill creativity[J]. Harvard Business Review，76(5)：76-87.

Baas M，Deu C K W，Nijstad B A. 2011. Creative production by angry people peaks early on，decreases over time，and is relatively unstructured[J]. Journal of Experimental Social Psychology，47(6)：1107-1115.

Babbie R E. 1999. The Basics of Social Research[M]. San Francisco：Wadsworth Publishing.

Bell B S，Kozlowski S W J. 2002. Goal orientation and ability：interactive on self-efficacy，performance，and knowledge[J]. Journal of Applied Psychology，87(3)，497-505.

Baranik L E，Barron K E，Finney S J. 2007. Measuring goal orientation in a work domain construct validity evidence for the 2×2 framework[J]. Educational & Psychological Measurement，67(4)：697-718.

Bergeron D M. 2007. The potential paradox of organizational citizenship behavior：good citizens at what cost? [J]. Academy of Management Review，32(4)：1078-1095.

Borman W，Motowidlo S. 1997. Task performance and contextual performance：the meaning for personnel selection research[J]. Human Performance，10(2)：99-109.

Brett J F，Vandewalle D. 1999. Goal orientation and goal content as predictors of performance in a training program[J]. Journal of Applied Psychology，84(6)：863-873.

Button S B，Mathieu J E，Zajac D M. 1996. Goal orientation in organizational research：a conceptual and empirical foundation[J]. Organizational Behavior & Human Decision Processes，67(1)：26-48.

Bunderson J S，Sutcliffe K M. 2003. Management team learning orientation and business unit performance[J]. Journal of Applied Psychology，88(3)：552-560.

Cohen M A，Lee H L. 1988. Strategic analysis of integrated production-distribution systems：models and methods[J]. Operations Research，36(2)：216-228.

Compton R J，Wirtz D，Pajoumand G，et al. 2004. Association between positive affect and attentional shifting[J]. Cognitive Therapy & Research，28(6)：733-744.

Csikszentmihalyi M. 1993. Activity and happiness：towards a science of occupation[J]. Journal of Occupational Science，(1)：38-42.

de Dreu C K，Baas M，Nijstad B A. 2008. Hedonic tone and activation level in the mood-creativity link：toward a dual pathway to creativity model[J]. Journal of Personality and Social Psychology，94(5)：739-756.

Deshpande R, Zaltman G. 1984. A comparison of factors affecting researcher and manager perceptions of market research use[J]. Journal of Marketing Research, 21(1): 32-38.

Dweck C S. 1990. Self-theories and goals: their role in motivation, personality, and development[J]. Nebraska Symposium on Motivation Nebraska Symposium Motivation, 38(4): 199-235.

Dweck C S. 2000. Self-theories: Their Role in Motivation, Personality, and Development [M]. London: Psychology Press.

Eisenberg J. 2002. How individualism-collectivism moderates the effects of rewards on creativity and innovation: a comparative review of practices in Japan and the US[J]. Creativity and Innovation Management, 8(4): 251-261.

Eisenberger R, Pierce W D, Cameron J. 1999. Effects of reward on intrinsic motivation-negative, neutral, and positive: comment on deci, Koestner, and Ryan[J]. American Psychological Association, 125(6): 677-691.

Eisenberger R, Shanock L. 2003. Rewards, intrinsic motivation, and creativity: a case study of conceptual and methodological isolation[J]. Creativity Research Journal, 15(3): 121-130.

Elliot A J, McGregor H A. 2001. A 2×2 achievement goal framework[J]. Journal of Personality and Social Psychology, 80(1): 501-519.

Elliot A J, McGregor H A, Gable S. 1999. Achievement goals, study strategies, and exam performance: a mediational analysis[J]. Journal of Educational Psychology, 91(3): 549-563.

Elliot A J, Thrash T M. 2001. Achievement goals and the hierarchical model of achievement motivation[J]. Educational Psychology Review, 13(2): 139-156.

Elliott E S, Dweck C S. 1988. Goals: an approach to motivation and achievement[J]. Journal of Personality and Social Psychology, 54(1): 5-12.

Fisher S L, Ford J K. 1998. Differential effernts of learner effort and goal orientation on two learning outcomes[J]. Personnel Psychology, 51(2): 397-420.

George J M, Zhou J. 2007. Dual tuning in a supportive context: joint contributions of positive mood, negative mood, and supervisory behaviors to employee creativity[J]. Academy of Management Journal, 50(3): 605-622.

Gutnick D, Walter F, Nijstad B A. 2012. Creative performance under pressure: an integrative conceptual framework[J]. Organizational Psychology Review, 2(3): 189-207.

Hall R H. 2002. Organization: Strutures, Processes, and Outcomes[M]. Englewood Cliffs: Prentice-Hall.

Hirst G, Knippenberg D V, Zhou J. 2009. A cross-level perspective on employee creativity: goal orientation, team learning behavior, and individual creativity[J]. Academy of Management Journal, 52(2): 280-293.

Hoffmann C O, Gottschang J L. 1977. Numbers, distribution, and movements of a raccoon population in a suburban residential community[J]. Journal of Mammalogy, 58(4): 623-636.

Hofmann D A. 1997. An overview of the logic and rationale of hierarchical linear models [J]. Journal of Management, 23(6): 723-744.

Hollensbe E C, Guthrie J P. 2000. Group pay-for-performance plans: the role of spontaneous goal setting [J]. Academy of Management Review, 25(4): 864-872.

James L R, Demaree R G, Wolf G. 1984. Estimating within-group interrater reliability with and without response bias[J]. Jornal of Applied Psychology, (1): 85-98.

Janssen O. 2001. Fairness perceptions as a moderator in the curvilinear relationships between job demands, and job performance and job satisfaction [J]. Academy of Management Journal, 44(5): 1039-1050.

Janssen O, van Yperen N W. 2004. Employees' goal orientations, the quality of leader-member exchange, and the outcomes of job performance and job satisfaction[J]. Academy of Management Journal, 47(3): 368-384.

Lazarus R S. 1991. Cognition and motivation in emotion[J]. American Psychologist, 46(4): 352-367.

London M, Mone E M, Scott J C. 2004. Performance management and assessment: methods for improved rater accuracy and employee goal setting[J]. Human Resource Management, 43(4): 319-336.

Lounamaa P H, March J G. 1987. Adaptive coordination of a learning team[J]. Management Science, 33(1): 107-123.

Maier K J, Waldstein S R, Synowski S J. 2003. Relation of cognitive appraisal to cardiovascular reactivity, affect, and task engagement[J]. Annals of Behavioral Medicine A Publication of the Society of Behavioral Medicine, 26(1): 32-41.

Meyer I, Shklar G. 1965. Malignant tumors metastatic to mouth and jaws[J]. Oral Surgery Oral Medicine & Oral Pathology, 20(65): 350-362.

Murphy K R, Cleveland J N. 1991. Performance Appraisal: An Organizational Perspective [M]. Boston: Allyn and Bacon.

Nanda T, Singh T P. 2009. Determinants of creativity and innovation in the workplace: a comprehensive review[J]. International Journal of Technology, Policy and Management, 9(1): 84-106.

Neal A F, Hesketh B. 1999. The Changing Nature of performance: Implications for Staffing, Motivation and Development[M]. San Francisco: Jossey-Bass.

Perrow C. 1961. The analysis of goals in complex organizations[J]. American Sociological Review, 26(6): 854-866.

Phillips J M, Gully S M. 1997. Role of goal orientation, ability, need for achievement, and locus of control in the self-efficacy and goal-setting process[J]. Journal of Applied Psychology, 82(5): 792-802.

Robbins S P. 2003. Organizational Behavior (9th ed.) [M]. San Diego: San Diego State University Prentice Hall International, Inc.

Simons R. 1995. Control in an age of empowerment[J]. Harvard Business Review, 73(2): 80-88.

Simonton D K. 2000. Creativity, cognitive, personal, developmental, and social aspects [J]. American Psychologist, 55(1): 151-158.

Tushman L M, Newman H W, Romanelli E, et al. 1986. Convergence and upheaval: managing the unsteady pace of organizational evolution[J]. California Management Review, 29(1): 29-44.

Vandewalle D. 1997. Development and validation of a work domain achievement goal orientation instrument[J]. Educational & Psychological Measurement, 57(6): 995-1015.

第 5 章

绩效控制对成就目标导向与创造力关系调节作用的非线性研究

【本章导读】

在第 4 章，揭示了情境变量绩效控制对成就目标导向与创造力关系的线性调节作用。在研究中随机效果变异成分 τ_{00} 仍达显著水平，表示截距项尚有其他第二层的变量未被考量，后续研究可进一步寻找可能的影响因素。为进一步拓展绩效控制对成就目标导向与创造力关系的调节作用研究，本章将深入探讨情境变量绩效控制对成就目标导向与创造力关系的非线性调节作用。

本章运用线性阶层模型考察个体层次的成就目标导向与员工创造力之间的关系、组织绩效控制对成就目标导向与员工创造力之间关系的跨层次交互调节作用。结果发现：①精熟目标导向与员工创造力之间存在正相关关系。②绩效目标导向与员工创造力之间关系复杂，不存在显著的相关关系。③组织绩效控制偏好影响精熟目标导向与员工创造力之间的相互关系。组织绩效控制水平高时，精熟目标导向与员工创造力之间的正向相关度在学习导向处于中间水平时最高，分别高于处于较高或较低水平状态时；组织绩效控制水平低时，精熟目标导向和创造力之间则呈线性正相关关系。④组织绩效控制偏好调节员工绩效-趋近导向和员工创造力之间的相互作用，组织绩效控制水平低时，绩效-趋近导向和创造力之间呈正相关关系。⑤组织绩效控制偏好调节员工绩效-回避导向和员工创造力之间的相互作用，组织绩效控制水平高时，绩效-回避导向和创造力之间呈负相关关系。⑥组织绩效控制与创造力之间存在“S”形关系。蕴涵的管理启示如下：在研究管理团队创造力时，一方面应打造互动机制，聚焦工作目标；另一方面应塑造良好的组织氛围，激发员工的创造潜能。

5.1　研究假设推演与研究框架构建

本章在原有研究的基础上开展进一步讨论，主要研究组织绩效控制在成就目标导向对员工创造力影响关系中的非线性调节作用。

5.1.1　变量概念的界定

概念的界定作为研究过程中的基础环节，将研究中涉及的术语进行明确和统一，以避免研究结论的混淆和误用(Babbie，1999)。本章涉及的术语如下：①创造力；②精熟目标导向；③绩效-趋近目标导向；④绩效-回避目标导向；⑤组织绩效控制。

1. 创造力

由之前的文献综述不难发现，创造力的界定可以从不同角度进行，但无论从哪个角度定义，“新奇性”和“适用性”都是创造力的核心要素。这里，我们引用Amabile(1988)对创造力的定义，即创造力是关于产品、服务、运作及管理流程的新奇和有适用价值的想法或产出。

2. 精熟目标导向

在这种目标定向的情况下，个体关注的是掌握任务，提高知识和能力水平，获得一种基于自我参照或任务参照的胜任感。

3. 绩效-趋近目标导向

在绩效-趋近目标的情况下，个体关注的是如何取得好成绩，以此来证明自己的能力，得到一个基于社会比较结果的胜任感和良好的能力评价。

4. 绩效-回避目标导向

在绩效-回避目标的情况下，个体关注的是如何避免形成对其自身不利的能力评价，并且回避社会比较得出的不胜任结果。

5. 组织绩效控制

控制作为管理的一大职能，存在于任何组织形式中，不同的只是组织控制程度的高低。本章将组织绩效控制定义如下：贯穿于组织绩效管理的各个环节之中，通过衡量及纠偏，不断强化组织成员的绩效行为，以确保组织既定目标的有效达成。

5.1.2　研究假设与研究框架

1. 员工成就目标导向与其创造力之间的关系

员工创造是一个过程，即员工有效地运用新方法或新技术解决实现目标过程中遇到的挑战和困难。由此可知，目标导向行为促进了创造力的产生。在以往的研究中，我们不难发现精熟目标导向常常与一系列“适应性”行为相对接，如寻找挑战、任务的卷入及自我深造等(Ames and Archer，1988；Nolen and Haladyna，1990)。而这些行为也在一定程度上激发以“自我发展”为导向、敢于尝试、不惧怕失败、重视过程多于结果的人群的潜在的创造能力。因此，持精熟目标导向的个体相信以努力换能力，从而不断地提高自身的竞争力。另外，他们在遇到特殊的困难和挑战时也更有毅力坚持，能够享受过程。由此本章提出如下假设。

H_{1a}：精熟目标导向与员工创造力之间存在正相关关系，如图 5-1 所示。

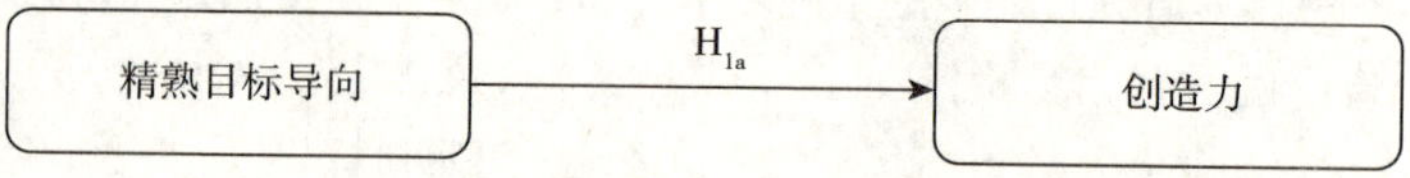

图 5-1 精熟目标导向与创造力关系假设

持绩效目标导向的员工主要会受到来自于业绩相关的外部环境的影响，因此常常与一系列“非适应性”行为相联系，如回避挑战、表层处理等(Elliott and Dweck，1988；Nolen，1988)。其中，持绩效-趋近目标导向的员工更关注的是表现得比别人好；持有绩效-回避目标导向的员工更关注怎样回避消极的外部评价。正因为持绩效目标导向的个体把外部的反馈，作为引导自身行为的标杆，因此在分析他们的行为动机时需要考虑情境因素。同时，创造力本身是个推陈出新的过程，具有较高的不确定性，各种挫折与挑战随时发生。因此，个体的冒险精神对于创造力的产生而言是必不可少的。显然，绩效目标导向的个体会根据组织绩效控制的程度以及其他具体的情境因素做出主动而权变的调试行为，因而，我们很难建立绩效目标导向与创造力之间的直接关系。基于此，本章提出如下假设。

H_{1b}：绩效目标导向与员工创造力之间关系复杂，不存在显著的相关关系，如图 5-2 所示。

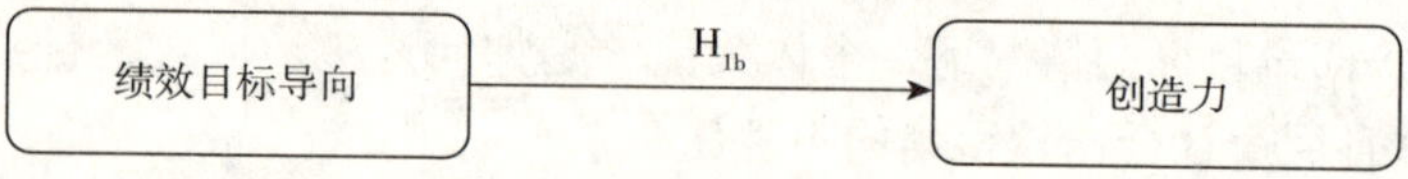

图 5-2 绩效目标导向与创造力关系假设

2. 个体成就目标导向与组织绩效控制之间的跨层次关系

对于一个企业来讲，要保证持有不同目标导向的个体，其自身的发展目标与组织目标相一致，那么一定程度的绩效控制则是必要的。依据特质激活理论，当影响员工能力发挥的组织情境与某种特质密切相关时，它就可能激发个体的这种特质(Tett and Burnett，2003；Chen and Kanfer，2006)。因此，如果个体的目标导向与组织期望的目标行为不一致，那么受环境影响较弱；而如果他们倾向于表现某种被激励的行为时，环境产生的影响更强。

如果企业绩效控制程度较高，即组织制度、规范、刚性化程度较高，有利于在企业中创建一个传统的界面规则(interface rules)，促使组织与个体维持稳定、协调、有序的关系。但是高绩效控制对行为的自适应性(self-adapting)具有边际递减趋势，即控制达到最大化程度，可能会束缚个体的灵活性、创造性及活力。由此，本章认为，组织绩效控制偏好和个体的精熟目标导向之间的交互作用，与员工的创造力之间可能存在非线性关系。基于此，本章提出如下假设，

H_{2a}：组织绩效控制偏好影响精熟目标导向与员工创造力之间的相互关系。组织绩效控制水平高时，精熟导向与员工创造力之间的正向相关度在精熟导向处于中间水平时最高，分别高于处于较高或较低水平状态时；组织绩效控制水平低时，精熟导向和创造力之间则呈线性正相关关系，如图 5-3 所示。

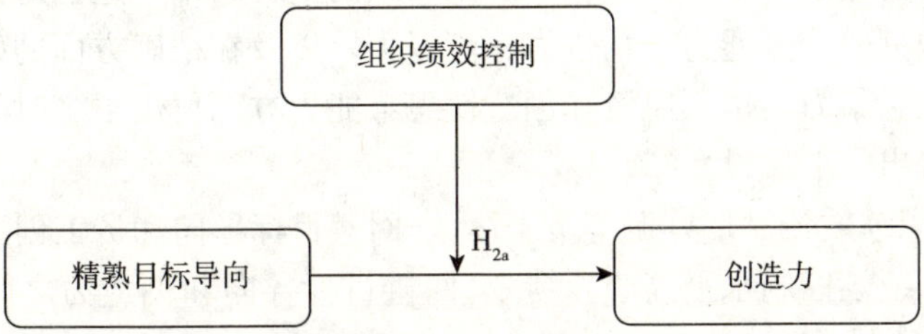

图 5-3　组织绩效控制影响精熟目标导向与创造力关系假设

持绩效目标导向的个体寻求奖励最大化及惩罚最小化，并通过对外部情境因素的判断决定应采取的行为方式。因此，可预测在进行行为选择时，他们将组织绩效控制的程度作为主要信息依据。组织绩效控制偏好作为一种外部激励因素，它很可能指导绩效目标导向的人选择合适的行为，但是鉴于不同的个体持有的趋近或回避倾向不同，所以会产生不同的影响。

持绩效-趋近目标导向的个体更关注与他人的比较，因而对外部的信息反映较为敏感。据此可以推测，趋近目标导向较强的个体更容易对组织绩效控制程度等外部激励做出反应。当组织绩效控制水平较低时，即倾向员工进行自我控制、学习发展时，此时企业更倾向于采取鼓励冒险，宽容失败的行为模式。由此，我们提出持有绩效-趋近目标导向的员工此时适宜创造。基于此，本章提出如下假设。

H_{2b}：组织绩效控制偏好调节员工绩效-趋近目标导向和员工创造力之间的相互作用，组织绩效控制水平低时，绩效-趋近目标导向和创造力之间呈正相关关系，如图 5-4 所示。

绩效-回避目标导向的个体倾向于最大限度地避免接受含有较高错误和失败风险的挑战，而更多地将精力投入成功概率较高的事情中(Vandewalle，1997)。当企业绩效控制程度高时，即员工个体的自我控制程度较低，此时企业对失败和

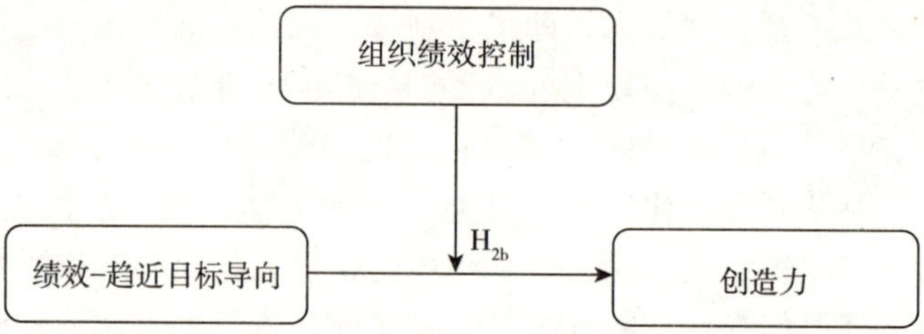

图 5-4 组织绩效控制调节绩效-趋近目标导向与创造力关系假设

冒险的行为采取较为收敛及保守的态度。而正如我们之前提到的，创造力具有很高的不可预测性，挫折、失误和问题会随时发生，由此，持该导向的员工可能趋向于选择保守的方法，尽量回避创新思维导致的消极结果；这也可能抑制个体在认知方面的独创力、变通力、精进力、流畅力，以及在情感方面的好奇心、冒险性、挑战性及想象力，也不愿意在创造性思考能力方面付出更多时间和精力。基于此，本章提出如下假设。

H_{2c}：组织绩效控制偏好调节员工绩效-回避目标导向和员工创造力之间的相互作用，组织绩效控制水平高时，绩效-回避目标导向和创造力之间呈负相关关系，如图 5-5 所示。

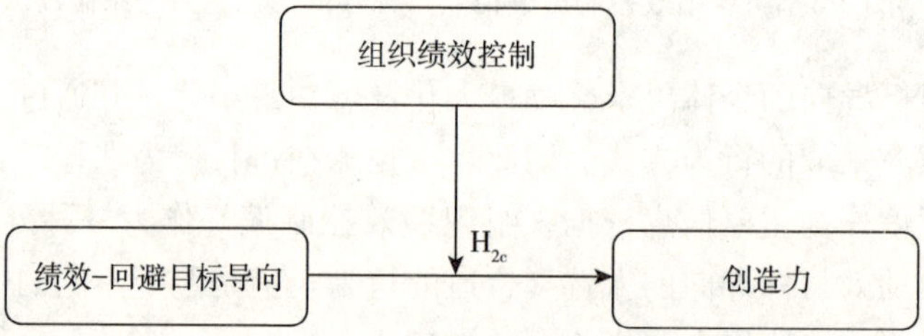

图 5-5 组织绩效控制调节绩效-回避目标导向与创造力关系假设

3. 组织绩效控制与员工创造力之间的关系

在企业实践过程中，组织绩效控制的缺失往往会使员工产生投机行为，导致效率损失。而过度的控制又可能抑制员工的创造力，为企业创新带来阻碍，即组织管理中存在“控制悖论”，由此 Adizes(1989)认为组织控制与员工绩效之间可能存在倒“U”形关系。而马君(2009)进一步发展完善了传统机制设计理论，构建了一个权变的激励-绩效模型，推导并证明了这种倒“U”形关系。而在经历过2 000多年君权的高压下，形成的自觉的“奴性”的中国，笔者认为对于普遍的员工来说，失去组织的绩效控制就相当于失去行为的准绳与方向，没有方向何谈创造力。因此，二者的关系变化相较于之前的倒“U”形，存在一定的“滞后性”，呈现出“S”形。基于此，本章提出如下假设。

H_3：组织绩效控制与创造力之间存在“S”形关系，如图 5-6 所示。

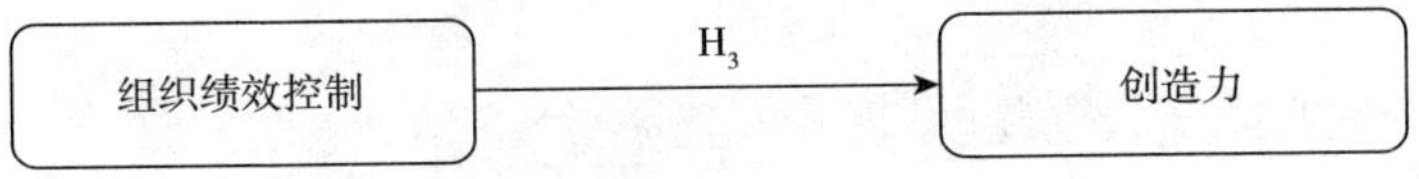

图 5-6　组织绩效控制与创造力关系假设

由以上五个子模型可以看出，本章首先检验个体层次的成就目标导向与员工创造力的关系，然后检验组织绩效控制对成就目标导向与员工创造力之间关系的跨层次交互调节作用。因此，综合以上细化模型，可以得出本章的基本研究框架，如图 5-7 所示。

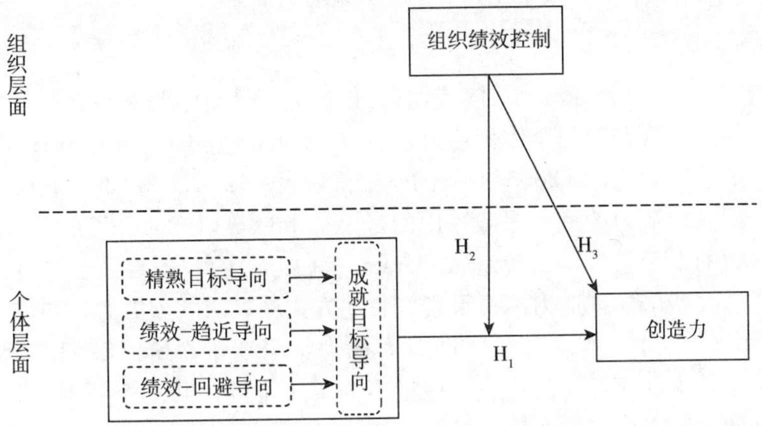

图 5-7　成就目标导向、组织绩效控制对员工创造力的跨层次影响假设模型

本章研究假设整理如下。

H_{1a}：精熟目标导向与员工创造力之间存在正相关关系。

H_{1b}：绩效目标导向与员工创造力之间关系复杂，不存在显著的相关关系。

H_{2a}：组织绩效控制偏好影响精熟目标导向与员工创造力之间的相互关系。组织绩效控制水平高时，精熟导向与员工创造力之间的正向相关度在精熟导向处于中间水平时最高，分别高于处于较高或较低水平状态时。组织绩效控制水平低时，精熟导向和创造力之间则呈线性正相关关系。

H_{2b}：组织绩效控制偏好调节员工绩效-趋近目标导向和员工创造力之间的相互作用，组织绩效控制水平低时，绩效-趋近目标导向和创造力之间呈正相关关系。

H_{2c}：组织绩效控制偏好调节员工绩效-回避目标导向和员工创造力之间的相互作用，组织绩效控制水平高时，绩效-回避目标导向和创造力之间呈负相关关系。

H_3：组织绩效控制与创造力之间存在“S”形关系。

5.2 研究问卷、数据获取与质量评估

5.2.1 变量测量

本章使用的问卷由三部分组成，分别是创造力问卷、成就目标导向问卷及组织绩效控制问卷。采用 5 点式量表形式，即 1 表示非常不符合，2 表示基本符合，3 表示不清楚，4 表示基本符合，5 表示非常符合。

1. 员工创造力量表

创造力主要包括个体、群体(或团队)创造力，针对不同对象，测量方法应有所区别。使用较为普遍的个体创造力量表有 Oldham 和 Cummings(1996)开发的 3 项目量表；Tierney 等(2006)开发的 9 项目量表；George 等(2007)开发的 13 项目量表。团队创造力的测量一般采用的是 Amabile 等(1986)开发的 Keys 量表中测量创造力的 6 个条目，或者是 Anderson 等(1985)的 8 条目量表。另外，我们也可以通过改变个体创造力测量量表的表述方式测量团队创造力，如将“我”改为“我所在团队”。由于本章将个体创造力视为结果变量，所以我们采用 Janssen (2000)关于员工创新行为的量表，该量表为单一维度，共 9 个题项，分别如下：①为困难的问题产生新的方法；②寻找新的工作方法、技巧和措施；③形成解决问题的新方法；④为新想法争取支持；⑤寻求新想法获得批准；⑥让组织的重要人物对新想法充满热忱；⑦将新想法转化为有用的应用；⑧系统地将新想法引入工作当中；⑨评估创新性想法的应用价值。

2. 成就目标导向量表

关于成就目标导向的测量工具，国外使用的已经非常成熟。其中比较有代表性的是由 Duda 和 Nicholls (1992)开发的任务定向及自我定向的 12 项体育量表；由 Duda 和 Nicholls (1992)、Elliot (1999)、Elliot 和 Church (1997)开发的 18 项成就目标导向量表，该量表以 8～11 年级的学生为样本，测试其信度、效度及其他各项指标，并取得满意的研究成果。鉴于本章研究的是员工创造力的影响机制，因此选择的成就目标导向的测量问卷适用于工作领域，该量表由 Baranik 等 (2007)编制，共 18 个题项，具体内容如下。

精熟-趋近目标导向问项包括以下几点。

(1)我喜欢富有挑战性的工作，这样能从中学到很多有用的东西。

(2)我经常寻找机会掌握新的技能和知识。

(3)我喜欢工作中有挑战性、有难度的任务，这样可以学到新的技能。

(4)对我来说，工作能力的发展非常重要，我可以为之冒险。

精熟-回避目标导向问项包括以下几点。

(1)我只是尽量避免在执行工作任务时缺乏必要的技能。

(2)当投入一项工作任务时，我会反复思考怎么做才能不出错。

(3)在工作中，我关注的是不能比之前的工作差。

(4)我的目标是避免在执行工作任务时缺乏必要的技能。

(5)我希望可以获得能够胜任工作的足够的技能。

(6)在工作中，我尽量避免不能很好地执行工作任务的情况。

绩效-趋近目标导向问项包括以下几点。

(1)我在意自己是否比其他同事强。

(2)我试着在工作中向他人证明自己的能力。

(3)我喜欢在工作中得到他人的赞赏。

(4)我喜欢从事能够向他人展示自己能力的工作。

绩效-回避目标导向问项包括以下几点。

(1)如果有可能向他人表现出自己没能力，我宁愿避免接受新的工作。

(2)对我来说避免展示自己弱点比学习新技能更重要。

(3)如果我的表现证明我的能力很低，我就会担心是否要从事这项工作。

(4)我尽量避免工作中使自己出丑的情境。

3. 组织绩效控制量表

对组织绩效控制的测量采用由 Deshpande 和 Zaltman(1982)发展的组织正规化量表。组织正规化反映了组织对个体行为的控制程度。该量表包括五个题项，用于评估员工感知组织在职业标准、职位职责和组织政策等方面明确规定的程度。Jansen 等(2006)把该量表引入组织研究中，马君和王玉(2010)在其关于权变激励与有效绩效评价系统设计研究中使用了该问卷，并取得了较满意的研究效果，证明该量表的信度和效度良好。

量表题项如下：①对于任何情况，都存在相应的既定处理流程。②规则和程序在组织中占据核心地位。③每位员工的表现都有书面记录存档。④组织中员工违反规则的事情几乎不会发生。⑤组织中每一层次上的所有职位都有书面的职位描述。

4. 控制变量

本章搜集的样本人口统计变量包括性别、年龄、学历、工作年限及企业规模等。

性别：分为男、女两个类别。

年龄：按照个人年龄分为 20 岁以下、20～25 岁、26～30 岁、31～40 岁、41～50 岁，以及 50 岁以上。

学历：分为高中以下、专科、本科、研究生四个类别。

工作年限：根据个人进入组织的工作年限分为1年以内、1～3年、4～7年、8～10年、11～15年、16～20年、21～25年、25年以上。

企业规模：分为大、中、小三个等级。

5.2.2 研究样本

本次调查数据主要通过面向上海、江苏、浙江、安徽等地区的企业进行采集，利用现场问卷及邮寄问卷的方式，共发放问卷540份，收回535份，有效问卷515份，有效回收率为95%。

针对样本，利用SPSS 19.0对个体的性别、年龄、学历、工作年限、公司规模和所在行业进行统计分析，得到样本所在企业的分布情况，如表5-1所示。

表5-1 样本所在企业的分布情况

企业属性		频次	百分比/%
公司规模	较大	256	49.71
	中等	187	36.31
	较小	72	13.98
	总计	515	100.00
公司所在行业	制造业	175	33.98
	房地产	16	3.11
	金融业	23	4.47
	商贸流通	33	6.41
	IT技术	30	5.82
	建筑	3	0.58
	运输	18	3.49
	能源	112	21.75
	其他	105	20.39
	总计	515	100.00
性别	男	337	65.44
	女	178	34.56
	总计	515	100.00
年龄	20岁以下	0	0.00
	20～25岁	97	18.83
	26～30岁	212	41.17
	31～40岁	116	22.53
	41～50岁	77	14.95
	50岁以上	13	2.52
	总计	515	100.00

续表

企业属性		频次	百分比/%
学历	高中以下	73	14.17
	专科	106	20.58
	本科	270	52.43
	研究生以上	66	12.82
	总计	515	100.00
工作年限	1 年以内	89	17.28
	1～3 年	133	25.83
	4～7 年	117	22.72
	8～10 年	56	10.87
	11～15 年	45	8.74
	16～20 年	22	4.27
	21～25 年	31	6.02
	25 年以上	22	4.27
	总计	515	100.00

由表 5-1 可以看出：男性受访者(65.44%)的比例高于女性；教育程度大部分是本科学历(52.43%)，说明大多数受访者的受教育程度较高；且年龄层次多集中在 26～30 岁(41.17%)，而美国国家经济研究局调查发现，29 岁是现代人最具爆炸性创造力的年龄，因此，样本选择的代表性很强。

1. 描述性统计分析

对研究变量进行描述性统计分析，分别计算出各变量的最小值、最大值、均值和标准差，整理结果如表 5-2 所示。

表 5-2　研究变量的描述性统计分析

变项		个数	最小值	最大值	均值	标准差
第一层	性别	515	1	2	1.35	0.476
	年龄	515	2	6	3.41	1.035
	学历	515	1	5	2.64	0.883
	工龄	515	1	8	3.26	1.940
	精熟目标导向	515	1	5	3.98	0.498
	绩效-趋近目标导向	515	1	5	3.70	0.787
	绩效-回避目标导向	515	1	5	3.26	0.841
	员工创造力	515	1	5	3.59	0.602
第二层	公司规模	52	1	3	1.71	0.757
	组织绩效控制	52	1	5	3.65	0.724
	员工创造力	52	1	5	3.59	0.401

由表5-2可知：员工创造力的整体均值为3.59，这表示被访者在工作中呈现出中等偏上程度的创造力水平；精熟目标导向的均值(3.98)大于绩效-趋近目标导向及绩效-回避目标导向，由此表明受访者普遍关注的是任务的掌握程度，能力的发展和提高，基于自我参照或任务参照的胜任感的获得；而对组织绩效控制的调查结果显示，其均值为3.65，处于中等偏上状态，表示绝大部分企业具有明确严格的绩效标准。

2. 量表的信度检验

信度分析主要用于评价问卷等测量工具的稳定性和可靠性，具体来说就是用问卷对同一事物进行重复的测量时，所得结果的一致性程度。虽然对于信度的判断没有统一的标准，但多数学者认为，如果测验或量表的信度系数在0.9以上，表明该测验或量表的信度很好；信度系数在0.8以上则表示很可信；若信度系数在0.6以上，则表示该量表应被进一步修订，但仍有价值；但如果信度系数小于0.6，则表明问卷的测量效果很差。

本章利用SPSS 19.0对正式数据各个层面的信度进行分析，见表5-3。

表5-3 正式调查信度分析结果

量表	α系数	项数
成就目标导向	0.769	18
组织绩效控制	0.820	5
员工创造力	0.859	13
总量表	0.828	36

由表5-3分析结果可以看出，三个变量的信度系数均高于0.7，组织绩效控制、员工创造力量表及总量表的α系数甚至高于0.8，表明这一正式调查问卷的可信度很高。

3. 量表的效度检验

效度是指测量值与真实值的接近程度。它假设在真分数中稳定的存在系统误差，于是重新分解实际分数为$X=V+I+E$(其中，X表示实际分数；V表示有效分数；I表示系统误差分数；E表示随机误差分数)。通常可通过KMO值和Bartlett's球形进行检验，以判断量表的效度。

KMO统计量的取值为0～1，KMO值越接近于0表明原始变量相关性越弱，越接近于1表明原始变量相关性越强。通常认为KMO的度量标准如下：0.9及以上表示非常适合进行因子分析，0.8及以上表示比较适合，0.7表示一般，0.6表示不太适合，0.5及以下表示极不适合。因此，根据统计学家Kaiser的论述，KMO的取值小于0.6将不适合做因子分析，Bartlett's球形检验的零假设表示本检测数据不适合做因子分析。

本章利用 SPSS 19.0 对数据进行 KMO 值和 Bartlett's 球形检验，分析结果见表 5-4。

表 5-4　正式调查 KMO 值和 Bartlett's 球形检验

KMO 值		0.848
Bartlett's 球形检验	χ^2 检验值	5 602.098
	df	496
	Sig.	0.000

从表 5-4 可以看出，KMO＝0.848＞0.80，表示原始变量相关性较强，p 值为 0.000，表明各个项目的得分不在同一个球面上，即各变量独立性假设不成立，通过了 Bartlett's 球形检验。说明正式样本数据适合进行因子分析。

4. 因子分析

因子分析，又叫因素分析，就是从变量群中提取共性因子，简化变量中存在复杂关系的一种统计方法，它将多个变量综合为少数几个“因子”以再现原始变量与“因子”之间的相关关系。

本章对各变量进行因子分析(表 5-5)，其中不保留因子载荷小于 0.5 的题项。

表 5-5　正式调查问卷正交旋转后因子载荷值

维度	题项	因子载荷				
		1	2	3	4	5
精熟导向	a1	0.714				
	a2	0.669				
	a3	0.684				
	a4	0.621				
	a5	0.574				
	a6	0.566				
	a7	0.507				
	a8	0.607				
	a9	0.582				
	a10	0.567				
绩效-趋近目标导向	a11		0.557			
	a12		0.643			
	a13		0.683			
	a14		0.666			

续表

维度	题项	因子载荷				
		1	2	3	4	5
绩效-回避目标导向	a15			0.578		
	a16			0.662		
	a17			0.618		
	a18			0.544		
员工创造力	b1				0.679	
	b2				0.640	
	b3				0.550	
	b4				0.513	
	b5				0.548	
	b6				0.673	
	b7				0.641	
	b8				0.684	
	b9				0.617	
绩效控制	c1					0.679
	c2					0.635
	c3					0.613
	c4					0.527
	c5					0.619

5. 相关性分析

相关性分析就是观察各个指标的相关密切程度。一般来说，相关性越高，主成分分析就越成功。通常我们使用 Pearson 指数分析两个变量之间的相关性，Pearson 相关是一个相关系数，它指出了两个变量之间相关的密切程度和方向。这个数值的绝对值越大说明两个变量的关系越密切，一般来说，$R<0.2$，表示变量之间最低相关，基本无相关关系；$0.2<R<0.4$ 表示变量之间低相关；$0.4<R<0.7$ 表示变量之间切实相关，即为较显著的相关；$0.7<R<0.9$ 表示变量之间高度相关，即显著的相关；$R>0.9$ 表示变量之间的最高相关性。

本章利用 SPSS 19.0 对数据进行相关性检验，结果如表 5-6 所示。

表 5-6 正式调查的相关性分析结果

变量	精熟目标导向	绩效-趋近目标导向	绩效-回避目标导向	创造力	绩效控制
精熟目标导向	—				
绩效-趋近目标导向	0.402**	—			

续表

变量	精熟目标导向	绩效-趋近目标导向	绩效-回避目标导向	创造力	绩效控制
绩效-回避目标导向	0.270**	0.465**	—		
创造力	0.255**	0.221**	0.078	—	
绩效控制	0.191**	0.215**	0.240**	0.305**	—

* $p<0.05$；** $p<0.01$；*** $p<0.001$

由表 5-6 可以看出，精熟目标导向与其余各个变量的相关系数均在 0.01 水平之上，呈显著相关状态；绩效-趋近目标导向与其余各变量的相关系数也均在 0.01 水平之上，表示显著相关；绩效-回避目标导向与创造力的相关系数较小，二者相关性不显著，但创造力与其余各变量则显著相关。

6. 跨层次模式设定及假设验证

根据本章的层次结构特征，运用 HLM 6.0 多层线性建模工具，分析员工成就目标导向对个体创新行为的跨层次影响，并进一步检验组织绩效控制对其影响的调节作用，建立如下模型。

1)虚无模型设定

step Ⅰ：虚无模型

level-1 model 如下：

$$Y_{ij}=\beta_{0j}+r_{ij}，r_{ij}\sim N(0，\sigma^2)$$

level-2 model 如下：

$$\beta_{0j}=\gamma_{00}+\mu_{0j}，\mu_{0j}\sim N(0，\tau_{00})$$

其中，Y_{ij} 表示 j 企业 i 员工的创造力；β_{0j} 表示 j 企业员工创造力的平均数；γ_{00} 表示员工创造力的总平均数；r_{ij} 的方差 σ^2 表示员工创造力的组内方差；μ_{0j} 的方差 τ_{00} 表示员工创造力的组间方差。

在 HLM 6.0 中输入虚无模型，得到如下运行结果(表 5-7)。

表 5-7　虚无模型随机回归结果分析

变量		回归系数和显著性检验		方差成分和显著性检验		
		回归系数	标准误	t 检验	方差成分	χ^2 检验
固定效应	γ_{00}	3.585 260	0.040 352	88.849***		
随机效应	μ_{0j}				0.055 09	141.266 00***
	σ^2				0.308 02	

* $p<0.05$；** $p<0.01$；*** $p<0.001$

根据公式 $ICC=\tau_{00}/\sigma^2+\tau_{00}$，可得 ICC=0.15。这一运算结果说明，员工创

造力的总体差异中有15%来自企业之间的差异，而85%来自员工个体层面的差异。由于员工创造力具有显著的组间方差，所以可以进行跨层次研究。

2)随机参数回归模型

在上述基本二层模型基础上，我们将成就目标导向这一自变量添加到虚无模型的第一层方程中，并通过 HLM 6.0 的运行，估计员工个体的成就目标导向对其创造力的影响。

StepⅡ：检验 level-1 的主效果

level-1 model 如下：

$$Y_{ij}=\beta_{0j}+\beta_{1j}(\text{精熟目标导向})+\beta_{2j}(\text{绩效-趋近目标导向})+\beta_{3j}(\text{绩效-回避目标导向})+r_{ij}$$

level-2 model 如下：

$$\beta_{0j}=\gamma_{00}+\mu_{0j}$$
$$\beta_{1j}=\gamma_{10}+\mu_{1j}$$
$$\beta_{2j}=\gamma_{20}+\mu_{2j}$$
$$\beta_{3j}=\gamma_{30}+\mu_{3j}$$

其中，γ_{00}表示跨群体截距项的平均数；γ_{10}表示跨群体斜率的平均数；γ_{20}表示跨群体斜率的平均数；γ_{30}表示跨群体斜率的平均数；r_{ij}的方差σ^2表示 level-1 残差的方差；μ_{0j}的方差τ_{00}表示截距的方差；μ_{1j}的方差τ_{11}表示斜率的方差；μ_{2j}的方差τ_{22}表示斜率的方差；μ_{3j}的方差τ_{33}表示斜率的方差。

在 HLM 6.0 中输入随机参数回归模型，得到如下运行结果(表 5-8)。

表 5-8 成就目标导向对员工创造力的随机回归结果

变量		回归系数和显著性检验			方差成分和显著性检验	
		回归系数	标准误	t 检验	方差成分	χ^2检验
固定效应	γ_{00}	3.585 116	0.040 361	88.827***		
	γ_{10}	0.313 220	0.092 757	3.377***		
	γ_{20}	0.058 668	0.034 808	1.685		
	γ_{30}	−0.014 752	0.031 286	−0.472		
随机效应	μ_{0j}				0.057 62	153.520 29***
	σ^2				0.283 43	

* $p<0.05$；** $p<0.01$；*** $p<0.001$

表 5-8 显示了以创造力为因变量，员工的精熟目标导向、绩效-趋近目标导向及绩效-回避目标导向为自变量的随机分析结果。结果显示：对员工创造力来说，精熟目标导向是一个显著的正向预期因子，其中回归系数为 0.313 220，$p<0.001$，此结论恰好支持了 H_{1a}，即精熟目标导向与员工创造力之间是正向相关关系。而从γ_{20}和γ_{30}的估计结果可以看出，绩效-趋近目标导向对员工创造力

正向预期作用(回归系数 0.058 668，$p>0.05$)以及绩效-回避目标导向对员工创造力的负向预期作用(回归系数−0.014 752，$p>0.05$)皆不显著。这一结论也证实了之前的 H_{1b}，即个体的绩效目标导向由于情况复杂，对其创造力的影响作用不显著。

3)截距项预测模型

在随机参数回归模型中，我们以个体的成就目标导向为自变量，员工创造力为因变量建立了第一层模型方程，在此处，我们依据研究假设以及上述分析结果将绩效控制变量添加到模型的第二层有关方程中，具体的模型方程如下。

step Ⅲ：检验 level-2 的主效果

level-1 model 如下：

$$Y_{ij}=\beta_{0j}+\beta_{1j}(\text{精熟目标导向})+\beta_{2j}(\text{绩效-趋近目标导向})+\beta_{3j}(\text{绩效-回避目标导向})+r_{ij}$$

level-2 model 如下：

$$\beta_{0j}=\gamma_{00}+\gamma_{01}(\text{绩效控制})+\gamma_{02}(\text{绩效控制})^2+\gamma_{03}(\text{绩效控制})^3+\mu_{0j}$$

$$\beta_{1j}=\gamma_{10}+\mu_{1j}$$

$$\beta_{2j}=\gamma_{20}+\mu_{2j}$$

$$\beta_{3j}=\gamma_{30}+\mu_{3j}$$

其中，γ_{00}表示 level-2 的截距项；$\gamma_{01/02/03}$表示绩效控制对员工创造力的影响效果；γ_{10}表示精熟目标导向对员工创造力的影响效果；γ_{20}表示绩效-趋近目标导向对员工创造力的影响效果；γ_{30}表示绩效-回避目标导向对员工创造力的影响效果；r_{ij}的方差σ^2表示 level-1 残差的方差；μ_{0j}的方差τ_{00}表示截距的方差；μ_{1j}的方差τ_{11}表示斜率的方差；μ_{2j}的方差τ_{22}表示斜率的方差；μ_{3j}的方差τ_{33}表示斜率的方差。

在 HLM 6.0 中输入截距项预测模型，得到如下运行结果(表 5-9)。

表 5-9　团队水平自变量对个体水平截距项的预测结果

变量		回归系数和显著性检验			方差成分和显著性检验	
		回归系数	标准误	t 检验	方差成分	χ^2检验
固定效应	γ_{00}	1.938 765	0.942 135	2.058*		
	γ_{01}	−0.427 070	0.173 354	2.464**		
	γ_{02}	0.094 757	0.257 916	0.367*		
	γ_{03}	−0.229 760	0.048 864	−1.470*		
	γ_{10}	0.313 220	0.059 211	5.290		
	γ_{20}	0.058 668	0.035 364	1.659*		
	γ_{30}	−0.014 752	0.034 558	0.427		

续表

变量		回归系数和显著性检验			方差成分和显著性检验	
		回归系数	标准误	t 检验	方差成分	χ^2检验
随机效应	μ_{0j}				0.049 66	132.085 85***
	σ^2				0.283 35	

* $p<0.05$；** $p<0.01$；*** $p<0.001$

表 5-9 显示了将创造力作为因变量，绩效控制作为调节变量的随机分析结果。由以上结果可以得出，绩效控制的一次方回归系数为负($\beta=-0.427\ 070$，$p<0.01$)，二次方回归系数为正($\beta=0.094\ 757$，$p<0.05$)，三次方回归系数为负($\beta=-0.229\ 76$，$p<0.05$)。说明绩效控制对创造力的影响呈先下降再上升之后再次下降的“S”形走势。这一结论恰好验证了 H_3，即组织绩效控制与创造力之间存在“S”形关系。

4)斜率项预测模型

一般来说，为了检验 level-1 变量及 level-2 变量的交互作用，我们可以估计一个斜率作为结果变量的模型。也就是说，将 level-2 的变量作为斜率系数的预测因子，以得知此 level-2 的变量是否可以解释斜率的变异。

stepⅣ：检验跨层次调节效果

level-1 model 如下：

$$Y_{ij}=\beta_{0j}+\beta_{1j}(\text{精熟目标导向})+\beta_{2j}(\text{绩效-趋近目标导向})+\beta_{3j}(\text{绩效-回避目标导向})+r_{ij}$$

level-2 model 如下：

$$\beta_{0j}=\gamma_{00}+\gamma_{01}(\text{绩效控制})+\gamma_{02}(\text{绩效控制})^2+\gamma_{03}(\text{绩效控制})^3+\mu_{0j}$$

$$\beta_{1j}=\gamma_{10}+\gamma_{11}(\text{绩效控制})+\gamma_{12}(\text{绩效控制})^2+\gamma_{13}(\text{绩效控制})^3+\mu_{1j}$$

$$\beta_{2j}=\gamma_{20}+\gamma_{21}(\text{绩效控制})+\mu_{2j}$$

$$\beta_{3j}=\gamma_{30}+\gamma_{31}(\text{绩效控制})+\mu_{3j}$$

其中，γ_{00}表示 level-2 的截距项(以 level-1 的截距为因变量)；$\gamma_{01/02/03}$表示 level-2 的斜率项，绩效控制对员工创造力的影响效果；$\gamma_{10/20/30}$表示 level-2 的截距项(以 level-1 的斜率为因变量)；$\gamma_{11/12/13}$表示绩效控制对绩效导向与创造力的调节效果；γ_{21}表示绩效控制对绩效-趋近目标导向与创造力的调节效果；γ_{31}表示绩效控制对绩效-回避目标导向与创造力的调节效果；r_{ij}的方差σ^2表示 level-1 残差的方差；μ_{0j}的方差τ_{00}表示截距的方差；μ_{1j}的方差τ_{11}表示斜率的方差；μ_{2j}的方差τ_{22}表示斜率的方差；μ_{3j}的方差τ_{33}表示斜率的方差。

在 HLM 6.0 中输入斜率项预测模型，得到如下运行结果(表 5-10)。

表 5-10　目标导向、绩效控制对员工创造力跨层次影响的 HLM 分析表

变量			回归系数和显著性检验			方差成分和显著性检验	
			回归系数	标准误	t 检验	方差成分	χ^2检验
固定效应	截距项	γ_{00}	1.938 750	0.940 191	2.062*		
		γ_{01}	−0.427 048	0.173 420	−2.463**		
		γ_{02}	0.094 785	0.257 458	0.368*		
		γ_{03}	−0.229 810	0.048 777	1.471*		
	精熟目标导向	γ_{10}	1.940 220	2.790 378	1.356*		
		γ_{11}	−0.195 083	0.263 357	0.741*		
		γ_{12}	0.441 027	0.715 607	0.616*		
		γ_{13}	−0.898 990	0.135 335	−1.664*		
	绩效-趋近目标导向	γ_{20}	0.431 098	0.371 616	1.160*		
		γ_{21}	0.136 066	0.103 176	1.319*		
	绩效-回避目标导向	γ_{30}	0.654 095	0.395 268	1.655*		
		γ_{31}	−0.184 627	0.108 280	−1.705*		
随机效应		μ_{0j}				0.050 23	134.647 91***
		σ^2				0.277 96	

$* p<0.05$；$** p<0.01$；$*** p<0.001$

表 5-10 显示了以创造力为因变量，研究组织绩效控制与个体成就目标导向的交互效应的随机分析结果。由结果可以看出，在高组织绩效控制的调节下，精熟目标导向的一次方回归系数为负($\beta=-0.195\,083$，$p<0.05$)，二次方回归系数为正($\beta=0.441\,027$，$p<0.05$)，三次方回归系数为负($\beta=-0.898\,99$，$p<0.05$)，由此可知，绩效控制与精熟目标导向的交互作用对员工创造力的影响呈现出“下降-上升-下降”的“S”形趋势；在组织绩效控制处于低水平时，精熟目标导向与员工创造力之间呈现正向的线性关系，即结论验证了 H_{2a}。图 5-8 表示这种非线性的交互作用。

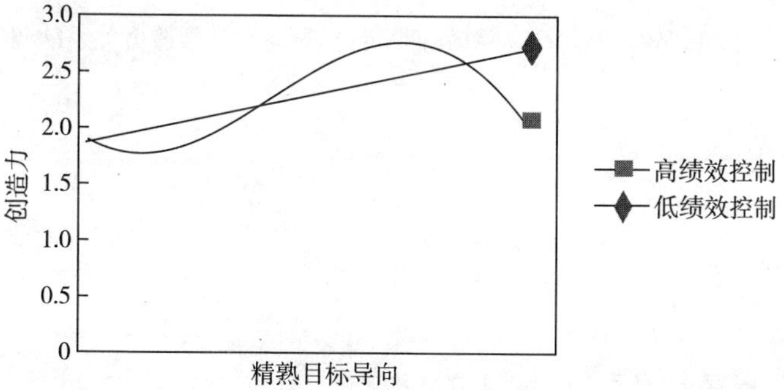

图 5-8　组织绩效控制对个体精熟目标导向与其创造力关系的调节作用

而在绩效控制的调节下，表现-趋近导向对创造力产生了显著的正向影响效果，其正向预期因子的回归系数为β=0.136 066，$p<0.05$，且低绩效控制与绩效-趋近的交互作用对个体创造力的影响显著于高绩效控制，也就是说，组织绩效控制的强度越小，那么自变量与因变量之间的正向关联性越强，即结论验证了H_{2b}。图 5-9 显示了这一交互调节效应。

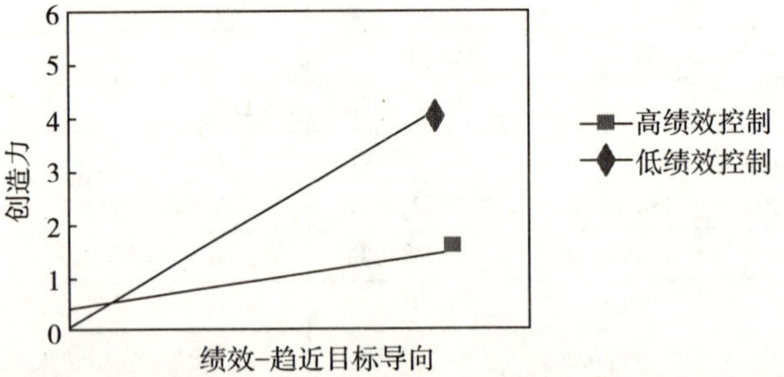

图 5-9 组织绩效控制对个体绩效-趋近目标导向及其创造力关系的调节作用

同理可得，在组织绩效控制的调节下，绩效-回避目标导向与创造力之间呈现显著的负向相关作用，其负向预期因子的回归系数为β=−0.184 627，$p<0.05$，且高绩效控制与绩效-回避目标导向的交互作用对个体创造力的影响显著于低绩效控制。也就是说，组织绩效控制程度越高，绩效-回避目标导向与创造力之间的反向相关性越强，即H_{2c}得以证实。图 5-10 显示了这一交互调节效应。

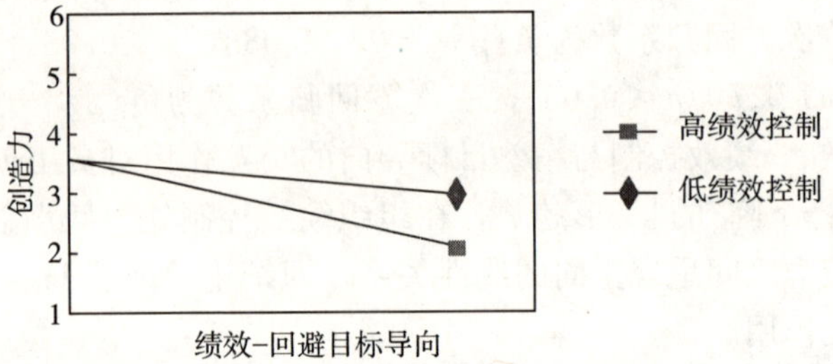

图 5-10 组织绩效控制对个体绩效-回避目标导向及其创造力关系的调节作用

5.3 结果分析

5.3.1 研究结论

1. 成就目标导向对员工创造力的影响

本章利用 HLM 6.0，通过将自变量成就目标导向纳入随机参数回归模型的第一层方程中，成功验证了 H_{1a}及 H_{1b}。

从假设检验的结果可以看出，精熟目标导向对员工创造力产生正向相关作用，即持有精熟目标导向的个体拥有较高的创造力水平。一般来说，持精熟目标的个体认为能力是可变的，他们更关注自己的努力而非能力，这类人群在碰到困难与挑战的时候，他们在意的并不是能否攻克问题，而是能否在这样的情境下发展新的技能，不断提高自己。正如埃里克·弗洛姆所说，创造力产生的条件如下：感到困惑，专注，接受冲突和压力，每天重生，感受真正的自我。持有精熟目标导向的个体正是这样一类在困境中不断提高自己，并激发无限创造力的人群。由此可知 H_{1a}得以证实。

由上述结果可以看出，绩效-趋近目标导向对员工创造力的正向预期效果以及绩效-回避目标导向对员工创造力的反向预期效果皆不显著。一般来说，我们根据个体的自我知觉能力，将绩效目标导向分为趋近及回避两个维度，当个体对自己能力有信心的时候，他们通过向他人展示自己的努力和决心证明自己的高能力，并获取外部的积极评价，这一适应性的行为可能可以激发个体的创造力；相反，当个体对自己的能力没有信心的时候，他们更倾向于回避风险，拒绝挑战及外部消极评价的非适应性行为，那么则可能导致个体创造力的削弱。但无论哪一种，持有绩效目标导向的个体会根据组织偏好和具体的按任务情境做出主动而权变的调试行为，由此可知，外部的情境因素成为影响个体行为的关键，所以很难建立绩效目标导向与员工创造力的直接关系。因此 H_{1b}得以验证，即绩效目标导向与员工创造力之间存在不显著的相关关系。

2. 组织绩效控制对员工创造力的影响

从假设检验的结果可以看出，组织绩效控制与员工创造力之间存在非线性关系，即组织适度的绩效控制，有利于激发个体的创造力，但随着组织控制程度从无到有，个体创造力则呈现"S"形走势。这一结论使 H_3 得以验证。

在一个组织中，尤其是在一个知识型团队中，员工最宝贵的财富是其自身拥有的不可预测的创造能力，这样一来组织对员工的绩效控制似乎总是处于左右为难的困境之中。"控制"，怕影响员工的创造力，"不控制"，又担心失去章法。因此，"适度"原则，成为找到组织控制与激发创造力之间平衡点的关键。"无规矩不成方圆"，在中国这样一个强调集权的国家，大多数个体的工作状态仍比较传统，即被动、机械地等待组织分配任务及下放权力，以完成职责内的目标。而组织的绩效控制为员工设定了目标与计划，绩效控制越小甚至达到零绩效控制状态，则员工的自我控制越大，在中国没有约束作用的管理，像是滋养员工散漫、惰性的温床，整个无序的状态自然会严重削弱个体的创造力。而随着绩效控制的适度提高及有序调节，员工创造力会因受到激发而逐步提高。但当组织绩效控制过大时，员工的自我控制就越小，这一过度的控制，不仅束缚了员工，更加束缚了创造力。因此，适度的组织绩效控制不仅不会束缚知识员工的创造力，反而能够激发他们的潜能并且形成合力，不断提升个体及团队的创造力。

3. 组织绩效控制与个体成就目标导向交互作用对个体创造力的影响

由假设检验的结果可以看出，组织的绩效控制在个体的成就目标导向与员工创造力之间起调节作用。研究认为：在组织绩效控制的调节下，精熟目标导向与创造力之间存在非线性关系。当组织的绩效控制水平高时，即组织对个体施加的控制更多是以硬性的规章制度呈现，那么持有精熟目标导向水平较低的个体，可能更多地倾向于“循规蹈矩”或“墨守陈规”，将自身的重心由“提升自我”转移到“完成组织任务”，这样一来，高强度的组织控制对于持有精熟目标导向的个体来说，极大地阻碍了其创造力的发挥，即弱化了精熟目标导向与创造力之间的正相关关系。而当精熟目标导向处于中间水平时，个体可能更好地把握与权衡自我发展目标与组织发展目标之间的关系，因而更有利于激发自身的创造潜能。但当个体持有的精熟目标导向水平过高时，其更加关注自身的发展，这类人群可能不会因为一些硬性的组织规章制度的限定而放弃自身设定的目标及目标实现的途径，因此，在这一情境下，极容易产生组织目标与个体目标不一致甚至对立的情况。可见在组织绩效控制水平较高、精熟目标导向处于中间水平时，即组织期望与个体期望协调发展时，精熟目标导向与创造力之间的正向相关程度最高。相反，当组织的绩效控制水平较低时，即组织更加注重员工个体的自我控制能力及自我发展能力，那么持精熟目标导向的个体，在工作中的成长与学习的需求就会得到组织更多的支持与满足，这样一来，就能更有效地激发员工的创造潜能。由此可知 H_{2a} 得以证实。

由研究结论可知，组织绩效控制调节绩效目标导向与员工创造力之间的关系。其中，当组织绩效控制水平较低时，绩效-趋近目标导向和创造力之间呈正向相关关系；当组织绩效控制水平较高时，绩效-回避目标导向和创造力之间呈负向相关关系。一般来说，持有绩效目标导向的人，希望通过与他人的对比证明自己的能力，从而得到正面评价或避免负面的批评，因此，这类人群对外界环境的变化相当敏感，当持有绩效-趋近目标导向的个体感知到组织绩效控制水平较低时，这类对自身能力十分有信心的人群，在自我控制较高的情境下，更有决心挑战新目标，以赢得他人的认可，这样的应对方式更容易激发个体的创造力。当组织绩效控制水平较高时，持较高绩效-回避目标导向的个体感知到组织施加的硬性控制，因此这类对自身能力没有信心的个体，为了避免外界的负面评价，更倾向于采取保守的做法——回避挑战。这一非适应性的行为方式也将极大程度地弱化创造力的产生。

综上所述，将本章的验证结果汇总如下(表 5-11)。

表 5-11　本章的验证结果

假设内容	验证结果
H_{1a}：精熟目标导向与员工创造力之间存在正相关关系	支持
H_{1b}：绩效目标导向与员工创造力之间关系复杂，不存在显著的相关关系	支持
H_{2a}：组织绩效控制偏好影响精熟目标导向与员工创造力之间的相互关系。组织绩效控制水平高时，精熟导向与员工创造力之间的正向相关度在精熟导向处于中间水平时最高，分别高于处于较高或较低水平状态时。组织绩效控制水平低时，精熟导向和创造力之间则呈线性正相关关系	支持
H_{2b}：组织绩效控制偏好调节员工绩效-趋近目标导向和员工创造力之间的相互作用，组织绩效控制水平低时，绩效-趋近目标导向和创造力之间呈正相关关系	支持
H_{2c}：组织绩效控制偏好调节员工绩效-回避目标导向和员工创造力之间的相互作用，组织绩效控制水平高时，绩效-回避目标导向和创造力之间呈负相关关系	支持
H_3：组织绩效控制与创造力之间存在"S"形关系	支持

5.3.2　管理启示

1. 打造互动机制，聚焦工作目标

在竞争不断加剧的今天，个体只有不断自我增值、自我强化，才能从人才济济的群体中脱颖而出。因而在实践中追求自我发展的机会也成为驱动员工努力工作的动力之一。而组织要凝聚个体的向心力，就要认真聚焦工作目标，为防止出现偏差甚至对立的状况，企业上下应当打造良好的互动机制，构建良好的沟通渠道，通过及时的交流与反馈，掌握员工个体的期望发展目标，同时将组织发展目标渗透到企业内每个员工的血液之中，这样一来既可以保障组织绩效控制有的放矢，也可以使员工在实现组织目标的过程中，找到归属感，提高忠诚度，并树立正确的成就目标导向，从而使个体的目标与组织目标一致，最终实现个体及组织的有效统一发展。

2. 坚持适度原则，塑造良好的组织氛围

高端产业主导权的争夺完全是一场关于知识资本的较量，只有精通业务和具有创造力的知识员工才能胜任高附加价值的创造。由此，管理者面对着发掘具有创造潜力的员工，以及营造更利于员工创造力发挥的组织氛围这样的双重挑战。近年来接连上演的富士康"跳楼事件"、普华永道"过劳死事件"等，这一系列的"非正常死亡事件"都不禁让人们对类似于华为所谓的"狼性文化"、安然所谓的"压力锅文化"进行深刻反思。在实践中这种高强度的控制偏好对组织发展并没有正向的促进作用，反而会带来消极效果。因此在倡导“和谐”的今天，我们不妨效法古人提倡的“中庸之道”，在不束缚员工、不束缚创造力的前提下，坚持以“适度”为原则，在保证组织成员有章法可依的情况下，给予员工一定的自我控制空间，同时给予一定的制度保障及政策激励，积极营造“鼓励创新，宽容失败”的组织文化氛围，以此激励和支持员工对创造力的迸发和应用。

3. 量体裁衣，激发员工的创造潜能

依据特质激活理论，当影响员工能力发挥的组织情境与某种特质紧密相关时，它就可能激发个体的这种特质(Tett and Burnett，2003；Chen and Kanfer，2006)。因此，如果个体的目标导向使他们不愿参与某种被激励的行为，环境产生的影响相对来说较小；如果他们倾向于表现这些行为时，环境就会产生相对更大的影响。对于员工个体来说，每个人持有的目标导向不同，那么在外部绩效控制这一情境因素的影响下，导致的行为动机也会有所差异，随之而来的一些适应性及非适应性的行为在一定程度上都会加强或削弱员工创造力的发挥。因此，组织应当充分识别所属员工的个体特质，针对不同的个体量体裁衣，制定有效的管控模式，以保证个体期望与组织期望的一致性。当然在出现矛盾甚至对立的时候，组织应当帮助个体树立正确的目标导向，以保证员工在所处的组织情境中，创造潜力得以充分的挖掘与发挥。

参考文献

德鲁克 P. 1988. 管理的前沿[M]. 许斌译 . 北京：企业管理出版社 .

杜蕾 . 2013. 跨层次视角下成就目标导向、组织绩效控制对员工创造力影响的非线性研究[D]. 上海大学硕士学位论文 .

马君 . 2009. 权变激励与有效绩效评价系统设计研究[J]. 科研管理，(2)：184-192.

马君，王玉 . 2010. 绩效评价系统的内在驱动机制及其影响效应研究[J]. 科研管理，(6)：180-190.

Adizes I. 1989. How to gain & maintain a prime condition[J]. Executive Excellence，6(2)：7-8.

Amabile T M. 1988. A model of creativity and innovation in organizations[J]. Research in Organizational Behavior，10(1)：123-167.

Amabile T M，Hennessey B A，Grossman B S. 1986. Social influences on creativity：the effects of contracted-for reward[J]. Journal of Personality & Social Psychology，50(1)：14-23.

Ames C，Archer J. 1988. Achievement goals in the classroom：students' learning strategies and motivation processes[J]. Journal of Educational Psychology，80(3)：260.

Anderson R E，Glenwick D S，Levin S R. 1985. Abstract：cognitive impulsivity and creativity in hearing impaired and nonimpaired elementary school children[J]. Journal of Creative Behavior，19(2)：137-137.

Babbie R E. 1999. The Basics of Social Research [M]. Son Francisco：Wadsworth Publishing.

Baranik L E, Barron K E, Finney S J. 2007. Measuring goal orientation in a work domain: construct validity evidence for the 2×2 framework[J]. Educational and Psychological Measurement, 67(4): 697-718.

Chen G, Kanfer R. 2006. Toward a systems theory of motivated behavior in work teams[J]. Research in Organizational Behavior, 27: 223-267.

Deshpande R, Zaltman G. 1982. Factors affecting the use of market research information: a path analysis[J]. Journal of Marketing Research, 19(1): 14-31.

Duda J L, Nicholls J G. 1992. Dimensions of achievement motivation in schoolwork and sport[J]. Journal of Educational Psychology, 84(3): 290.

Elliot A J. 1999. Approach and avoidance motivation and achievement goals[J]. Educational Psychologist, 34(3): 169-189.

Elliot A J, Church M A. 1997. A hierarchical model of approach and avoidance achievement motivation[J]. Journal of Personality and Social Psychology, 72(1): 218-232.

Elliott E S, Dweck C S. 1988. Goals: an approach to motivation and achievement[J]. Journal of Personality and Social Psychology, 54(1): 5-12.

George L, Fuchs V K, Kumar J P. 2007. Emotional creativity, alexithymia, and styles of creativity[J]. Creativity Research Journal, 19(2～3): 233-245.

Jansen J J P, Frans A J, van Den B, et al. 2006. Exploratory innovation, exploitative innovationand performance: effects of organizational antecedents and environmental moderators [J]. Management Science, 52(11): 1661-1674.

Janssen O. 2000. Job demands, perceptions of effort-reward fairness and innovative work behaviour[J]. Journal of Occupational and Organizational Psychology, 73(3): 287-302.

Nolen S B. 1988. Reasons for studying: motivational orientations and study strategies[J]. Cognition and Instruction, 5(4): 269-287.

Nolen S B, Haladyna T M. 1990. Personal and environmental influences on students' beliefs about effective study strategies[J]. Contemporary Educational Psychology, 15(2): 116-130.

Oldham G R, Cummings A. 1996. Employee creativity: personal and contextual factors at work [J]. Academy of Management Journal, 39(3): 607-634.

Simons R. 1995. Control in an age of empowerment[J]. Harvard Business Review, 73(2): 80-88.

Tett R P, Burnett D D. 2003. A personality trait-based interactionist model of job performance [J]. Journal of Applied Psychology, 88(3): 500-517.

Tierney P, Farmer S M, Graen G B. 2006. An examination of leadership and employee creativity: the relevance of traits and relationships[J]. Personnel Psychology, 52(3), 591-620.

Vandewalle D. 1997. Development and validation of a work domain goal orientation instrument [J]. Educational and Psychological Measurement, 57(6): 995-1015.

第 6 章

协和控制对成就目标导向与创造力关系的线性调节作用研究

【本章导读】

在第 4 章和第 5 章，揭示了情境变量绩效控制对成就目标导向与创造力关系的线性和非线性调节作用。本章将探讨情境变量协和控制如何在成就目标导向与创造力之间起线性调节作用。

本章考察自我管理团队中实施的协和控制与个体层面的成就目标导向进行跨层次交互作用对员工创造力的影响，结果发现：①精熟-趋近成就目标导向与员工创造力正相关；②协和控制与精熟-趋近成就目标导向交互作用对员工创造力负相关；③精熟-回避成就目标导向与员工创造力无显著相关性；④协和控制与精熟-回避成就目标导向交互作用对员工创造力正相关；⑤绩效-趋近成就目标导向与员工创造力正相关；⑥协和控制与绩效-趋近成就目标导向交互作用对员工创造力负相关；⑦绩效-回避成就目标导向与员工创造力负相关；⑧协和控制与绩效-回避成就目标导向交互作用对员工创造力无显著相关性。蕴涵的管理启示如下：在研究管理团队创造力时，一方面对个体成就目标导向有了更为全面的认识，为人才甄选提供依据；另一方面组织应塑造良好的团队环境，设立鼓励创新的激励制度和政策机制。

6.1 团队协和控制对创造力的影响

协和控制是指群体成员通过协商、互动，共同塑造共有的价值观与规范，并以该规范控制群体的行为。

管理控制的模式有简单控制(simple control)、技术控制(technological control)和官僚控制(bureaucratic control)。协和控制是在这三种模式产生后形成的另一种新兴管理控制模式，其实质如下：企业会为拥有相同价值观的人提供聚集和共赢的平台，员工作为自动自发型个体，可以通过与其他成员之间的协商，最终形成一套自我管理和控制的方式。员工可以通过这个平台更好地实现自我价值，并且在不损害他人价值实现的前提下经过协调合作达成共赢，这时自我管理和控制就已经被员工掌握。在这种情况下，尽管员工对实现个人期望值较高，但还会进行合理的控制，在不牺牲他人的价值实现为代价的基础上，将实现群体共同的期望设定为目标，从而有效避免和解决内部的冲突。

一旦达成了协和控制，企业的自动运行机制就会开始运转，团队成员间的合作促进员工创造力的开发。

6.1.1　自我管理团队与协和控制

由于组织所处的商业环境日益复杂，工作任务经常需要涉及多学科、多层次的知识，组织经常采用团队的形式应对难题。因而，创造力通常是在团队工作情境中产生的(Taggar，2002)。

1. 自我管理团队

目前，组织结构创新的一大现象是组织由传统的、以层级为基础向扁平化、自我管理团队为基础转变。自我管理团队是一种团队工作模式。团队是指通过正向协作、优势互补，从而有效发挥各自才能以实现共同目标的群体，其重要特征是通过正向协作达到 1＋1＞2，即整体的功能大于个体能力之和，主要包括解决问题团队、自我管理团队、跨职能团队及虚拟团队等。

自我管理区别于其他团队类型之处在于团队及个人获得充分授权，整个团队共同负责一个完整的项目或者管理一个部门，每个团队成员在承担各自工作任务的同时还要进行自我管理。自我管理团队的工作方式已被广泛运用于各种盈利或非盈利组织，如通用电气、百事、惠普等。尽管自我管理团队实践方兴未艾，但相关研究最早却可以追溯到 20 世纪 50 年代 Trist 对英国煤矿工人组成自我协调团队进行的研究，发现机械化程度的提高使外部管理对团队活动的介入程度增加(现代化组织)，虽然会提高生产效率，却降低了员工满意度并损害了非机械化团队中的良好社会关系(Pasmore and Khalsa，1993)。随着当代组织中员工流失率及缺勤率的不断恶化，并且员工满意度逐渐降低(Cummings et al.，1975)，Trist(1977)指出应该采用新型的组织模式应对组织面对的新情况——环境不确定性及复杂性增加、相互依赖程度增高。很多学者认为自我管理团队是有效的解决办法之一，这种情境下，团队成员会将自己视为团队绩效的贡献者，乐意充分发挥自己的价值、提升自身的创造力，而不再仅仅关注完成自己的工作(Manz and Sims，1987)。大量的相关研究表明自我管理团队可以提高生产力(Cohen and Ledford，1994；Goodman，1988)、改善工作质量(Cohen and Ledford，

1994；Becker and Wellins，1990）及顾客服务质量（Becker and Wellins，1990）、提高工作满意度（Wall et al.，1986）和组织忠诚度（Cordery and Smith，1991）。

尽管研究团队的学者列出了很多影响团队绩效的因素（Liden et al.，1997；Pugh et al.，1968），如团队多样性（Baldwin and Magjuka，1991）、团队氛围（Gupta and Ash，1994）、合作（Vinokur-Kaplan，1995）、团队凝聚力（Evans and Dion，1991；Mullen and Copper，1994）等。但团队成员之间的互动依赖关系和团队自主性才是组成团队结构的两个关键因素（Campion et al.，1993；Langfred，2004，2005）。学者们分别强调了个人对工作的掌控及个体间的协调合作（Langfred，2007）。

自主性是指在安排工作内容、工作程序方面赋予处于任务前线的团队成员制定关键决策的自由和权力（Hackman，2002）。工作特征模型（job characteristics model）相关的实证研究均表明，自主性可以通过改善员工对工作的参与性，提高员工增强任职者的责任意识（Cohen and Ledford，1994；Mueller et al.，1991），提高他们对工作安排的认同感（Langfred，2000）和对组织的忠诚度（Cordery and Smith，1991），刺激个体的内在动机，从而提高员工的生产力、改善成员的绩效水平（Cohen and Ledford，1994）。但自主性与团队绩效之间的关系取决于个体成长需求动机，需求高的个体倾向于做出更为积极的反应，有更强的心理体验，从而可以改善其绩效，而成长需求动机的个体则可能不会表现出更高的业绩和满意感。团队绩效的有效预测指标也可以是团队成员之间的互动关系（Vinokur-Kaplan，1995），尤其在团队中，成员间互动关系对团队绩效往往具有深远影响（于若蓉和刘育升，2004），成员间互动关系就是指团队成员之间的协调及互动程度。团队一般由不同领域的成员组成，其目的是通过整合团队成员的知识和技能以实现某个目标，因而团队成员之间的协作也就成了团队的必要。与其相关的的研究主要聚焦在团队凝聚力（Gully et al.，1995；George and Bettenhausen，1990）、成员之间的信任（Langfred，2004）及冲突（de Dreu and Weingart，2003；Ilgen et al.，2005）。部分实证研究已经证明团队凝聚力会正向影响团队的绩效（Gully et al.，1995），但也有研究表明团队凝聚力会削弱决策质量（Mullen and Anthony，1994）。由于这些研究发现不一致，有学者建议将团队凝聚力详细分为任务凝聚力和关系凝聚力两个维度，任务凝聚力的提高有助于改进工作绩效，反之，如果团队成员将注意力放在关系凝聚力上，则会降低决策质量，这可能是因为关系凝聚力对个体的社会影响力比较大，使个体在归属压力下表现出的行为更倾向于与所在团体的期望一致。

冲突的含义为因某方面的不一致抑或对立造成的组织个体间不相融合的差异。尽管不一致的意见激发的讨论有利于团队改善决策效果，存在着积极意义。但总体而言，无论是关系冲突还是任务冲突都会对团队的合作协调造成一定的负面影响，阻碍团队目标的实现(de Dreu and Weingart，2003；Peterson et al.，2003；Ilgen et al.，2005)。关系冲突会使团队成员产生一些负面情绪，从而降低团队成员的互动、协调和合作水平，最终导致组织绩效下降；任务冲突则很可能导致关系冲突，尤其是对坚信自己观点的个体而言，他们可能会怀疑持有不同意见个体的能力及可信任程度(Taylor and Brown，1988)，从而影响合作互动水平。Langfred(2007)认为冲突在自我管理团队中是间接影响团队绩效的，其首先降低的是团队成员之间的信任度，其次使团队绩效水平下降。

信任描述的是一方对另一方行为的设防程度，反映了个体在关系中感知到对方的可信赖程度(Spreitzer and Mishra，1999)以及愿意承担的风险水平(Deutsch，1958)。Dirks 和 Ferrin(2001)曾回顾了 43 篇实验，研究后发现，信任会对满意度、个体的组织公民行为等产生正面效应，但信任对组织绩效特别是对团队绩效的影响并不显著(Pich et al.，1970；Dirks，1999)。在组织中，信任会显著影响组织对个体的监督水平，即如果组织充分相信组织成员，就会降低对他们的监督水平(Creed-Miles et al.，1996)；如果组织认为成员值得信任的程度不高，势必会增加对他们的监督(Bromiley and Cummings，1995)。自我管理团队中，Langfred(2004)认为信任会影响彼此之间的监督水平，过高的信任水平会降低团队成员彼此监督的程度，使团队因为缺少有效的控制措施而影响团队绩效的提升，而 Langfred 提到的团队成员之间的相互监督就是自我管理团队的控制机制——协和控制。

2. 协和控制

除非拥有一个有效的控制体系，将不同的利益需求和成员行为进行协调和整合，否则参与性组织(如自我管理团队)是不会富有成效的(Tannenbaum and Williams，1968)，自 Bale(1950)提出团队过程模型以来，控制一直是团队设计的重要问题。Tompkins 和 Cheney(1985)指出协和控制为我们综合理解和分析团队过程提供了全面视角。协和控制是适应团队工作方式，区别于传统的控制方式。

1)组织控制方式演变

自韦伯的组织理论产生以来，控制一直是组织理论的核心概念(Phipps and Barker，1993)，也将是组织生活永恒的话题(Larson and Tompkins，2005)。Peter 等(1962)认为组织存在是具有一定意义的，其目的是指引组织成员共同努力，以更好地实现组织既定的目标。但是在管理实践中，个体间以及个体与组织间的目标只可能存在部分重叠(Ouchi，1980)，因此组织必须努力找到控制个体的最佳途径，以使个人目标服从组织目标，最大化实现组织整体利益。

控制也就是对组织活动进行监测，确保组织目标按照计划方案实现，并在必要时对出现偏差的活动进行纠正的过程。控制对于组织目标的实现至关重要，因为计划赶不上变化，完美无缺的计划在实际运作中也难免出现偏差，尤其是在今天快速变化的商业环境中。另外，Edwards(1978)曾总结了三种组织控制方式，即简单控制、技术控制和官僚控制。这三种方式不仅是随时代变迁而依次发展的，即使在同一个企业内部也可能随企业由小到大、由简单到复杂而依次采用这三种不同的控制方式。简单控制通过简单的分工体系和直接监督实现，对员工和老板之间的私人关系存在依赖，一般被存在众多竞争者的小企业采用；技术控制通过控制实现对技术和生产的组织；官僚控制则通过组织结构、规则、工作分类、晋升阶梯、工资层级、奖励等实现控制。

官僚制组织相较于其他任何形式的组织，其在纯技术层面上具有很强的优越性，这也是官僚制组织能够发展的决定性原因。高度发达的官僚组织和其他组织之间的关系，就像是一套机械化装置生产方式和非机械化生产方式的关系。精确、迅速、明晰、档案知识、连续性、酌处权、统一性、严格的隶属关系、减少摩擦、降低物力人力成本，在严谨的——尤其是独断形式的官僚制行政中都可以达到最佳状态。官僚化提供了一种最大的可能性——按照纯客观考虑执行行政专业化的原则，这就意味着要按照“可计算的规则”履行职责。现代官僚制中，可计算的规则是一种不可或缺的组成成分。官僚制到了高度发达的程度时，也会服从某种特定意义上的“无爱亦无恨”的原则。官僚制的“非人化”随着其本身变得越来越完备而逐渐提高，在成功消除公务职责中的一些不可计算的爱、憎和一切非理性的纯个人情感要素方面就更加彻底。

官僚制将社会行动改造为理性的有组织行动的特定手段，是理性组织权威关系的工具。官僚机器依赖的是专业素养、工作职能专业化以及在逐一掌握条理性相互协调的职能时那种惯常的精益求精的态度。正如 Hirst 等(2011)指出正规化和集权化是官僚控制的实质那样，官僚制具有遵守规则、善于手段——目的计算以及就事论事占优势的“理性”性质。但 Bennis(1959)认为这种理性只存在于组织理性的结构设计与规范等控制机制中，但这只是一个“没有人的组织”(罗家德等，2008)，没有办法摒弃人的非理性的破坏(Perrow，1986)。

2)协和控制及其主要特征

随着组织环境更为复杂多变，目标制定和绩效评价变得日益模糊，科层管理体系逐渐失灵(Ouchi，1980)，强调个体间目标依赖的团队工作方式方兴未艾；同时，有权威的理论家一直主张分权、参与和更为民主的控制方式，推动了参与和扁平化组织结构的持续发展(Nohria and Eccles，1992)。越来越多的学者认为在信息化时代，组织将通过价值观(Meglin and Costabile，1998)、团队(Ezzamel and Willmott，1998)实现对员工的控制。

于是不少学者宣称官僚控制和层级体系即将终结(Kanter，1989)，后管理时代随之来临，其主要特征如下：控制中心下移至具体执行任务的员工，行为准则以组织成员协商一致的价值观为基础(Soeters，1986；Parker et al.，1992；Phipps and Barker，1993)。之后，学者为这种新的控制方式赋予了差异化的定义。同侪控制和小集团控制就是比较突出的例子。同侪控制是指成员间利用非正式权力彼此施加的一种非正式控制(Loughry and Tosi，2008)。在小集团控制下，员工依据相同的信念和价值观等组织文化要素调节个人行为。Tompkins 和 Cheney(1985)最早提出了协和控制的概念，这是一种新型管理模式，它是继简单控制、技术控制和官僚控制之后形成的第四种控制方式，它是在扁平化管理结构和员工的高参与度中产生的。他们认为协和控制是自我管理团队的控制特征，建立在团队成员对工作标准达成的一致意见以及对这些规则认同的基础之上。从定义可以看出，"协和控制"的概念很好地包含了"小集团控制"和"同侪控制"。Barker(1993)对协和控制进行了更加深层次的研究。他通过对团队成员之间沟通方式的变化进行跟踪实地观察，对协和控制的形成过程进行了剖析。协和控制体系形成过程如图 6-1 所示。在团队成立之初，团队成员根据组织愿景陈述讨论决定与组织价值观一致的行为要求，并据此确定行为指导方针；在下一个阶段，对团队中的新成员进行团队社会化，为使他们认同团队价值观，团队核心规范及规则继而产生，在这个阶段虽然新成员扮演了产生团队具体规范的"催化剂"，但实质上它们是在从"价值共识"向有章法的团队或组织的转化过程中自然而然出现的(Kalberg，1980)；在第三个阶段，团队行为趋于稳定，这种日常行为模式逐步演变为合理有效的"常规"，团队成员相互监督，形成了以规范为基础的协和控制体系，团队成员逐渐感受到压力，他们既是自己的主人，也是自己的奴隶。

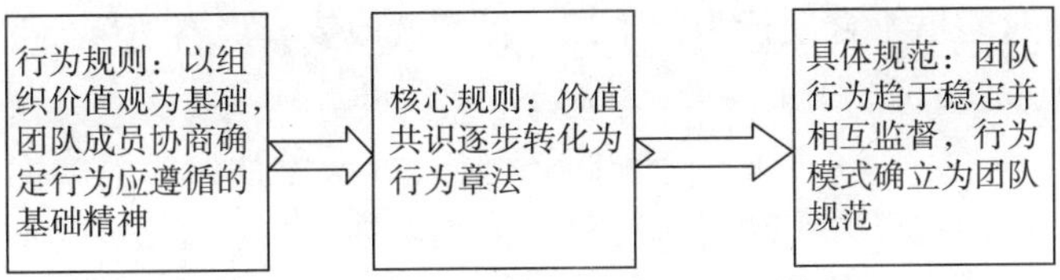

图 6-1　协和控制体系形成过程

民主、分权向来被学者们宣称为替代官僚控制的最佳选择(Lewin K and Lewin G W，1948)。协和控制具备如下特征：第一，控制的基础由原来的理性制度和层级转变为团队成员协商认同的规范。规则不再由上司制定，而是转变为下属对协商所形成价值观的认同。第二，权力重心由管理当局下放至组织成员。所以从表面上看，这种下放式控制似乎削弱了组织对员工创造力的控制力，团队组织结构也因此被称为"松散的结合"或"组织的无政府主义"(Ouchi，1980；张钢和熊立，2008)，而事实上它只不过是将控制隐藏得更深。这与一些学者对组织发展趋势的预测不谋而合：第一，Foucault(1980)等认为组织生活将会变得越来越理性化，受到的控制也会越来越大；第二，组织控制将会逐渐变得更加隐蔽，但会逐渐更强大。

Perrow(1972)指出最为有力的控制方式是对行动背后的认知进行的控制。而协和控制恰恰是这样的一种控制方式，组织成员受到同侪压力的驱使对组织以价值观为基础的规范产生认同(Larson and Tompkins，2005)，并以此为指导执行任务，监督自身与同事。而正是同事间这种彼此实施的同侪控制大大增加了协和控制的控制力(Tannenbaum and Williams，1968)，它不仅使监督变得无时无刻不在，同时也使控制变得更加隐蔽，因为它控制的是人们采取行动的前提——认知和价值判断。

Barker(1993)认为协和控制存在于任何一个以同事互动为主要工作方式的工作环境，是合作体系中解决问题的方式。他认为在协和控制体系中依然存在理性规则，不过这些规则不再通过严格的层级监控得以实施，而是依靠同侪压力。因而同侪压力及规范认同成为两个协和控制中的重要因素。

(1)同侪压力。

同侪压力，在国内的学术文献中通常也被译作横向监督(章元和李全，2003；郭梅和李霞，2008)或同事压力(王艳梅和郭德俊，2008)。Chinn(1979)将同侪压力定义为个体团队成员通过提高其个人工作努力程度为其他团队成员创造的额外收入，其内涵比与之相近的同侪监督(peer monitoring)、共同监督(mutual monitoring)、水平监督(horizontal monitoring)等术语更广，因为它不仅表示监督约束的意思，还包括合作、互助、信息沟通、相互鼓励等内容(章元和李全，2003)。具体来说，同侪压力是指团队成员或同事共同设定行为标准，相互监督，通过公开表示对同事不合理行为的不满，促使其改变其原有态度、价值观和行为(Barron and Gjerde 1997；Druskat and Kayes，2000)，是同事、同辈间彼此施加的社会影响力。Aschoff(1955)通过实验研究证明了社会影响力对个体行为的强有力影响。这种约束力包括经济约束，但更多地来自非经济约束，如排斥、嘲弄等。Luthans 和 Rosenkrantz(1985)认为，当团队成员遵照非正式的规则时，排斥产生的约束力比经济约束力强。

个体在同侪压力下会因顾虑别人对自己的评价而表现得更为出色(Worringham and Messick，1983)。同事之间的相互监督有利于发现机会，宣传工作的重要性，相互激励、鼓励，促使员工更专注于所承担的任务(Frink and Klimoski，1998；Lepine and van Dyne，2001)；团队成员直接的相互监督也可以督促同事为了获得彼此的接纳和褒奖而履行团队的期望行为，有利于纠正或消除行为偏差(Sewell，1998)。但需要警惕的是同侪压力也会为团队个体带来从众压力，弱化个体创新能力，并带来心理压力。

(2)规范认同。

规范是一种团队成员都普遍接纳和认同的规则与行为方式。在团队中，规范意味着个体会依据他人对自己行为的期望适度调整自己的行为，一旦行为得不到其他成员的肯定，就可能促使其调整个人行为方式，做到与其他成员一致，这种一致的行为会逐步演变为团队规范。规范认同是指团队成员对工作行为要求达成的一致程度(Argote et al.，1989；Barker，1993)。规范认同与同侪压力之间是相互影响的(Argote et al.，1989)。当规范认同程度低时，同侪压力会导致团队成员对规范产生消极感知；而在规范认同程度高的情况下，团队成员会将同侪压力视为实现团队目标而做出的努力，从而做出积极回应(Wittek et al.，2003)。总而言之，协和控制水平的高低会影响团队的有效性。如果协和控制能维持在合理的水平，团队具有清晰的行为指导，团队成员对自身角色要求有一定的认知，团队内部的自我约束力增加(Hodson and Creighton，1993)，协和控制便会积极地引导团队实现组织的目标(Sewell，1998)。同时，协和控制与团队外部控制一样，水平过低或者过高都会产生负面影响(Barker，2000)。过低会导致角色模糊，使团队和团队成员缺乏行动指南；过高则会阻碍创新，挫伤团队成员积极性，降低满意度，此时，Sinclair(1992)认为团队对个体施加高强度控制只会导致表面的相互协商与团结，而实质上却是一种高压政治，团队成员不过是被迫行事，彼此间也可能存在冲突。

3. 中国情境中的自我管理团队与协和控制

“道法自然”，费孝通认为中国本土管理思想的核心之一是“无为而治”。他在《乡土中国》中指出，中国封建社会的权力结构从名义上看属于专制统治，实际上大多数时期这种统治对人民而言是“松弛和微弱的，是挂名的”无为“统治”(费孝通，2008)。

而“中国人认为的无为而治是希望员工自我组织，自我管理”，“疑人勿用，用人勿疑”是中国长久以来一贯秉承的用人思想，因为“这是最大的激励，足以启动一个人及其圈子内一群人的创意与积极性，这正是中国组织效率最主要的源泉”(罗家德，2010)。这里的自组织就是自我管理组织或者自我组织，自我管理团队就包含在自组织的范畴内。“中华民族是最会自组织的民族”(罗家德，2010)，因而在中国的组织中具有自我管理团队成长和发展的天然土壤。

中国社会崇尚“礼治”，这里“礼”代表的就是“公认合式的规范”，但通常这种规范不一定是成文的或正式的。事实上囿于“孝”，人们要遵守“定制”，但社会变迁却总易使制度僵化，在长期的“孝”及“时势”权衡中，人们学会了“上有政策，下有对策”，所以正式的规章制度往往被搁置，而在团队的互动中自我协调、适应，形成各自内部的“潜规则”。人类学家研究认为中国人民的生活方式为“情境中心”，强调“内”“外”之分，这种认知促使人们对团体内部规范自觉地有着非常高的认同度，甚至将其置于组织规范之上。因而在自我管理团队中，人们倾向于置上面的命令和控制于“不顾”，在日常的重复合作中形成自己的规章与流程，用自己的方式完成任务和目标。

“礼治”的约束力并非依靠外在的权力推行和维持，而源自于教化的权力。孔子言“克己复礼为仁”，如果“失礼”则“耻”，所以教化使人们养成对“礼”的敬畏之感。人们指出为了获得“颜面”(尊严和好的声誉)，在与他人进行互动的特定情境中，其外显行为必须“合乎礼”，履行情境对其角色规范的要求。这种对规范及遵守规范压力的认知来源于个体对“自我”的认知，因为在儒家社会中，个体并非独立存在，而是一种“关系自我”，对他人的存在具有非常高的觉察力(何友晖等，2007)，是一种“情境自我”(Alexander and Knight，1971)。因而在自我管理团队中的人们，为了寻求此种情境下“关系中的自我”，会对同侪压力做出更明显的行为反应，以获得接纳和认可。

6.1.2 自我管理团队协和控制与员工创造力的关系

自我管理型团队是这样一组团队，他们的成员具有高度自主权和多种技能且成员间具有高度合作意识。每一位成员都对全队的完整工作高度负责并完全承担责任，另外，团队成员都能够发挥自己的能动性来管理团队，肩负起组织管理团队的任务，共同商议决策完成企业的战略目标并据此组织工作计划、分配工作任务以及进行工作流程控制等。自我管理团队的核心是由组织成员本身为团队的工作任务负责而并非团队组织的领导者。团队的管理者通过让员工逐步开展自我管理并自我实现持续的创新和突破，得以让组织更有效的运作。

自我管理型团队模式中，各成员之间有着高度一致的互相合作和参与管理的意识。在面对越来越复杂，竞争越来越激烈的发展环境，自我管理型团队对企业的作用勿庸置疑，如何实现团队内部的有效控制，提高团队绩效更是自我管理团队的重要内容，这就不得不提及与自我管理团队相辅相成的控制机制——协和控制。1985 年，Tompkins 和 Cheney 在研究自我管理团队时发现，团队成员会根据他们认同的规范、价值观和规则，在无须上层管理者介入的情况下，协商建立一套控制他们自己工作行为的机制。他们将该控制称为“协和控制”，并将其作为继 Edwards(1978)提出的技术控制、简单控制和官僚控制三大控制策略之后的第四种策略。

团队协和控制与员工创造力的关系呈现两面性，一方面，在较低的协和控制水平下，个人对团队的认同感还未形成，团队的规范和标准未建立或者即便建立了也未能得到有效落实。在这种情境下，无论是来自团队外部还是内部都缺乏对个体的监督，团队成员很容易滋生不负责、偷懒等负面思想及行为，造成创造力的逐渐损耗，从个体内部制约员工创造力的发展。另一方面，在较高的协和控制水平下，个体所处环境中就存在过多且趋于刚性的规范制度，正所谓“过犹不及”，过多的刚性制度框架很容易限制员工的思维发展和创新行为，从个体外部对员工创造力的产生造成制约，其呈现的图像类似于经济学中的总效用，即倒“U”形。

6.1.3　基于协和控制的团队绩效管理

协和控制是在团队环境中逐渐出现的，在对协作问题和员工的自主性问题进行处理时也会发挥关键的效用，基于此，如果可以将效用应用在设计团队的绩效管理体系的环节中，则现有绩效的管理体系中存在的问题则会得到较好的解决。“基于协和控制的团队绩效管理”——该模型不仅涵盖了与协和控制相关的基本思想，如将控制权威由管理当局转移至团队成员，让规则形成于成员相互协商后等；同时也包含了绩效管理相关的基本框架，包括绩效目标的设计、执行、反馈、评价、评价结果处理等。

1. 同级绩效管理

同级绩效管理的核心定义是指出自于团队绩效管理中的权威由管理当局转移至团队成员，其很好地运用在绩效管理中协和控制的同级管理。

位于协和控制其中的权威位置产生了转移。在传统的官僚控制中，确保员工能按时出勤的原因是雇主持有的出勤手册上会记载其出勤记录。但在新兴的协和控制团队中，确保员工按时出勤的原因是为了避免受到同事的谴责。由于团队成员具有对知识的垄断，故其拥有的权力有一定的合法性，该性质使业务流程、决策制定等顺利开展。所以称之为权威由管理当局转移至团队成员，在权威所处位置得以确定后，产生团队规则和政策的方式与来源就要进行下一步分析。团队中的成员会针对管理者们提出的组织目标或愿景进行探讨，进而达成价值共识，并最终在此基础之上形成一定的规则政策。

团队同级逐步替代了管理者的监管地位这一现象表明，在一定意义上说明了管理者并不能主导绩效目标和计划的设置，团队成员拥有的共同价值才是其产生的根本，但同时，团队成员同级也会为此担负绩效检查的责任。这也说明了一点，控制产生的基础由理性规则转变为价值共识。以上理论可以通过一个来源于巴克研究的案例论证，当新员工未参照老员工制定的既定程序工作时，老员工会立即发出质问。团队成员因为承担着整个团队的绩效责任，故其可以接受同级的管理，而因为管理者及老员工不再拥有对知识的垄断，团队成员对其管理的合法性产生质疑也就在所难免，因而对管理者的绩效检查和奖惩产生排斥心理。

2. 绩效的自我控制

绩效的自我控制，是指绩效管理不再取决于管理者的管控，而是依靠团队内部员工对其工作行为进行自我管理和控制。

在传统的绩效管理中，有权控制员工工作行为的是管理者，但该假设在团队环境下遭到了质疑，较之更有效的方式是员工个人依据反馈信息做出自我控制。

自我管理及控制对员工也有一定的具体要求，其方式是要求员工在现场具体情况之下，根据自己拥有的知识或经验做出判断并进行控制，并且当今时代，无论是新型的知识工作者还是新型的体力工作者，都拥有足够的专业知识和成就动机，可以在一定意义上进行自我控制。当员工接收到职责内的有关工作行为和结果的信息时，其能够及时依照反馈信息对工作行为进行调整，这一现象可以反映出团队绩效管理中成员的自我控制。并且，在以上过程开展中，如果个体遇到了无法处理的问题，他也可以通过向管理者请求支持和协调，或向同级成员请求帮助。

自我控制需要责任的保障。员工只有拥有责任意识，才会有主动学习相关知识技能、按流程工作、为团队内其他成员提供一定的支持和帮助的意愿。

3. 协和绩效反馈

协和绩效反馈，是指以一种员工可以接受的方法开展绩效反馈的活动，其过程拥有人格化和透明化的性质。

作为绩效管理中的关键环节，绩效反馈需要通过信息交流才会得以顺利开展。绩效反馈的效率也是一项重要的评价标准，组织可以利用电子信息技术提高效率，但同时也要避免一些负面问题。例如，支持电子绩效反馈体系的人认为，它可以提升绩效测量的清晰性、准确性、一致性和客观性，并且其更加快捷和有效地提供了绩效信息，也有利于员工在正确的时机采取行动；但反对者认为，电子绩效反馈体系将员工完全监控于管理者之下，使管理者更多地干预团队运行，并且，管理者与员工之间、员工与员工之间的社会交往也随着该体系的应用变得最小化，最终不利于团队成员间的沟通和组织认同的建立与维持。

因此，降低绩效反馈体系的负面问题成为一个亟待研究的重要课题。一项研究表明，解决负面问题的一个方法是利用协和原则。协和控制有利于创造透明公开的沟通过程，促进组织人格的发展进而提高组织认同。Tompkins 和 Cheney (1985)着重强调为了加强组织认同，人格化沟通在其中发挥的关键作用，提出要想达成组织内部最大化地认同决策前提，管理者与员工之间、员工与员工之间面对面的、口头的沟通是非常必要的。在此过程中，协和绩效反馈发挥着至关重要的作用，有利于提高员工的组织认同，并对使命达成共识，以组织最佳利益为导向采取行动。

4. 团队管理者的角色转变

组织内员工的自我控制、同级管理等原则取决于管理者的角色是否转变，即管理者是否由绩效的监管者转为绩效教练。

基于此，团队员工与其上级管理者间的关系界限更加模糊化。由于管理者控制权力的合法性受到质疑，员工与管理者的权力分配向不平衡化发展，故由管理者产生的抵抗情绪将不利于系统的运用。换另外一种方式理解，即新型绩效管理系统使管理者产生了一种矛盾心理，并直接导致和加强了其对团队员工的不信任感，加深了该系统实施的困难程度。

要改变这一情况，管理者应该将自我角色重新识别和定位，逐渐完成由绩效的监管者转变为绩效教练的过程。这意味着管理者的行为模式和风格需要有一定的改变，需要授予团队成员更多的工作决策权，落实例外管理原则。管理者既要通过培训提高团队成员的自我管理能力，也要扮演好协调者或导师的角色，在关键时机为团队成员提供帮助或指导。

6.2　研究假设推演与研究框架构建

创造力是指在执行任务的过程中，个体表现出的特定行为及结果，影响因素包括个体因素和情境因素，其中情境因素通过影响个体因素起作用。本章主要考察在自我管理团队中实施的协和控制与个体层面的成就目标导向进行跨层次交互作用，从而对个体创造力产生影响。

Elliot 和 Thrash(2001)曾指出精熟-回避成就目标导向多见于老年人群体，在组织研究领域并不多见，以往学者多沿用成就目标导向三元论，把个体的成就目标导向划分成三类，即精熟成就目标导向、绩效-趋近成就目标导向和绩效-回避成就目标导向。但考虑到中国与美国的文化差异，即在集体主义、中庸与以关系为重的情境中，关注自我成长的个体因担心成为“刺头青”对自己的创新理念持保留态度，而呈现出精熟-回避成就目标导向，因而本章尝试使用四元论对中国组织情境中的成就目标导向影响机制进行考察。

我们依据组成成分理论分析协和控制、个体成就目标导向的交互作用如何影响创造力的产生。概念模型见图 6-2，研究假设模型见图 6-3。

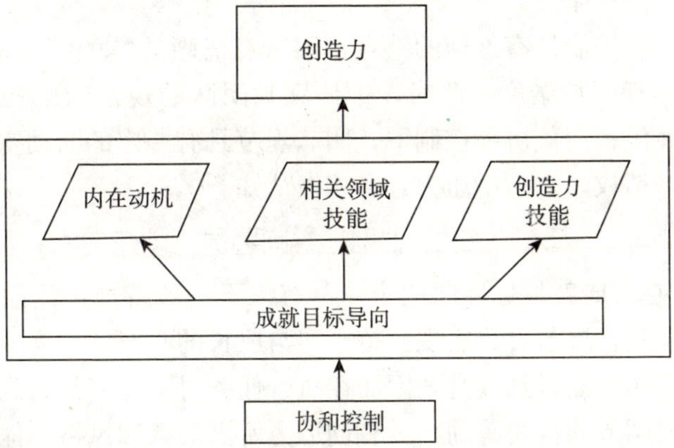

图 6-2　概念模型

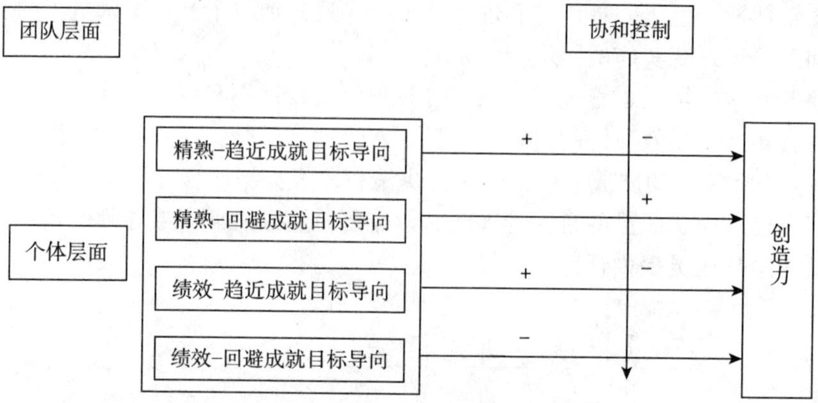

图 6-3　研究假设模型

直线交叉点的"+"和"-"分别代表正相关和负相关，空白标记表示没有显著相关性。在协和控制与个体成就目标导向的交叉点代表协和控制与个体成就目标导向的交互作用

协和控制通过团队中的社会互动发挥作用，有两个方面的内容。首先，个体强烈认同团队内自主形成的规范，并拥有较高地对规范的承诺意识。其次，团队成员之间实时进行相互监督，从而对彼此产生同侪压力，这会产生两方面的影响：①个体可以对自己的行为及时得到反馈，迅速做出调整；②每一个团队成员作为监督者，会对规范产生更高的承诺。同时在中国组织情境中，维持和谐的社会关系是影响人们行为的重要"为人"标准，但个体为获得团队认可和接纳，会对团队规范和其他团队成员行为做出明显反应。

鉴于此，协和控制对个体行为的影响取决于持有不同成就目标导向的个体对此的不同感知，因而协和控制与个体成就目标导向进行交互作用，会不同程度地影响个体创造力的产生。

高水平的协和控制拥有这样的特点：团队有清晰的"默认"规范和行为模式，并且个体对此具有高承诺度。此时，个体感知团队的规范约束强，同侪压力较大，个体自主性低；而低协和控制下，团队规范具有一定的活动空间，个体具有相应的自主"酌量"权，对同侪压力具有积极认知。

1. 协和控制下，精熟-趋近成就目标导向与员工创造力的关系

持有精熟-趋近成就目标导向的个体具有以下一般特征：他们的内在动机水平很高，关注自我发展与自我实现。持学习与成长的心态，认为能力可以经过学习和挫折的历练而不断得到提升，因而在执行任务时，尤其是遇到挑战时，可以很好地进行自我调节和自我激励，具有创造力所需的认知风格。他们能够主动并且较好地改善自己的知识和技能，对掌握的信息进行深层次处理，力争做到胜任任务，与创造力组成成分的三要素一致。

基于以上分析，提出如下假设。

H_{1a}：精熟-趋近成就目标导向与员工创造力正相关。

当组织实施协和控制时，不同的协和控制水平对持精熟-趋近成就目标导向的个体产生不同的影响。在低协和控制水平下，持精熟-趋近成就目标导向的个体将协和控制视为团队关系和谐，团队成员可以轻松发表意见，也可以与其他团队成员进行顺畅的沟通，获得所需帮助。在此种情况下，持精熟-趋近成就目标导向的个体可以充分发挥其自身的主动性与优势，使与创造力相匹配的个体特征得到有效发挥，识别问题，寻求解决路径并积极推动新方法得以实施，激发创造力。

在高协和控制水平下，规范承诺程度高，同侪压力水平也会较高，虽然持精熟-趋近成就目标导向的个体对学习和发展的关注以及对成功的预期使其无论在何种情境下都是变革与创新的积极推动者。他们为成功实现目标，不断调整自己的态度和行为，主动寻求各种路径，如与他人积极沟通，向关键人物推销观点等，依旧保持一定水平的创造力。但高协和控制仍然使个体认为受到了束缚，外在动机削弱了内在动机水平，个体创造力仍然会受到负影响。

H_{1b}：协和控制与精熟-趋近成就目标导向交互作用对员工创造力负相关。

2. 协和控制下，精熟-回避成就目标导向与员工创造力的关系

持有精熟-趋近成就目标导向的个体具有以下一般特征：这类个体对学习和成长具有高度的内在动机，追求业务的精通娴熟，但这种动机并不以追求“卓越”为最终目的，反而他们会在社会环境中呈现出趋于谨慎的态度，自己可以裁量的自由范围较低。尤其是在个人观念与外部氛围不一致时，会主动调整自己的观念，寻求与外部的和谐，因而在特定情境甚至会刻意回避表现得出色。在中国，受“人怕出名猪怕壮”“枪打出头鸟”“木秀于林，风必摧之”等中庸传统文化的熏陶，以及在一些情况下担心“功高震主”情况的出现，这种特征很容易得到解释。在组织中，他们认真踏实地做好本职工作，不拖后腿，但也绝不主动寻求改进以免“出风头”招致不必要的麻烦。持精熟-回避成就目标导向的个体具备创新的能力，但趋于谨慎的感知及行为方式又不利于创造力的激发。

基于以上分析提出如下假设。

H_{2a}：精熟-回避成就目标导向与员工创造力无显著相关性。

在低协和控制水平下，团队缺少明确的行为方式及规则，鉴于同侪对规范破坏者产生微妙的行为反应，规范破坏者会感觉自己与所在组织“格格不入”，被孤立或者“边缘化”的恐惧感会形成同侪压力。在此种情境下，维护团队关系会成为精熟-回避个体的一个比较明确的目标，因此持精熟-回避成就目标导向的团队成员为避免冲突及不必要的差错，会削弱自身的创造力内在动机。

随着协和控制水平的增长，组织规范日趋明晰，团队内已产生得到团队成员

认可的既定的作业流程和行为方式。在此种情境下，持精熟-回避成就目标导向的个体也就有了清晰的行为框架，外在动机与内在动机就会产生协同作用。因而协和控制的提高不仅没有削弱此类个体的创造力，反而利于他们更好地发挥创造力。

H_{2b}：协和控制与精熟-回避成就目标导向交互作用对员工创造力正相关。

3. 协和控制下，绩效-趋近成就目标导向与员工创造力的关系

持绩效-趋近成就目标导向的个体具有以下一般特征：他们具有很好的竞争意识，努力争取别人对自己的认可，以证明自己的能力。对外部情境相对敏感，并可以根据外部情境不断进行自我调整。如果任务对创造力需求比较高，他们就会坚韧不拔，尽力克服遭遇的困难，弥补自身不足，改进所需知识和技能，力争成功。总体而言，具有较强的创造力技能，如果创造力要求的知识技能超过其已掌握的相关知识技能，他们也会努力弥补差距。

H_{3a}：绩效-趋近成就目标导向与员工创造力正相关。

在低协和控制水平下，外部规范具有活动空间，持绩效-趋近成就目标导向的个体主动参与团队行为(设定自我管理团队一般提倡创新行为)，为了获得出色的表现，他们积极努力，并展示出韧性，努力促成创造性任务的完成，获取成功，表现出创造力的水平相对较高。

在高协和控制水平下，外部规范清晰，此时维护规范会在团队中得到较高的认可，持绩效-趋近成就目标导向的个体会积极调整自己的行为模式，转而将其努力中心转向按规则行事，外在动机会削弱此类个体拥有的创造力的内在动机。

基于以上分析，提出如下假设。

H_{3b}：协和控制与绩效-趋近成就目标导向交互作用对员工创造力负相关。

4. 协和控制下，绩效-回避成就目标导向与员工创造力的关系

持绩效-回避成就目标导向的个体拥有以下一般特征：他们认为能力是一种无法依靠后天努力得以改进的禀赋，尽力避免失误，不落后，避免团队和别人对自己的负面评价。严格遵守团队规范，避免招致“非议”，不会轻易尝试新方法、新路径，以免“不必要”的失误。其内在动机依赖于外部环境的激发，但仅限于尽力赶上团队“平均水平”，“不求无功，但求无过”是他们的典型特征。总体而言，缺乏创造力所需的内在动机、认知风格与工作方式。

基于以上分析，提出如下假设。

H_{4a}：绩效-回避成就目标导向与员工创造力负相关。

在低协和控制水平下，这些团队成员遵守基本的团队规范，按部就班地执行团队任务，绝不触碰规范的“红线”，创造被认为与己无关，甚至是“自寻麻烦”，或者是项己所不能的任务。在高协和控制水平下，以上特征会得到显著加强，创

造力对他们而言就是“高压线”，即使是团队规范的一部分，他们只会通过更好地完成本职工作和基本要求避免负面评价。

H_{4b}：协和控制与绩效-回避成就目标导向交互作用对员工创造力无显著相关性。

6.3　研究问卷设计、数据获取与质量评估

6.3.1　变量的操作性定义

基于文献综述及本章假设，此处对涉及的核心概念进行清晰界定，以便进行实证研究和理论分析。

1. 创造力

借鉴多数组织行为理论者的观点，创造力被定义为个体在特定的情境下完成任务过程中寻求具有价值的新理念、新方法、新流程等的行为过程和结果。创造力个体的三大组成成分——创造力技能、相关领域技能和内在动机都是产生创造力的必需要素，且创造力水平的高低随着每个要素的高低呈正向变化。由于相关领域技能的具体要求随不同行业和不同组织发生改变，不具备可测性，在实证研究中，以内在动机、创造力技能和创造力结果为主要考察角度。

2. 成就目标导向

成就目标导向是引致个体在特定情境中实施某种行为的心理和认知特征，有精熟-绩效和趋近-回避两个维度，理论上看具体可以分为四种，即精熟-趋近成就目标导向、精熟-回避成就目标导向、绩效-趋近成就目标导向和绩效-回避成就目标导向。但由于精熟-回避成就目标导向在组织领域的实证研究中并不多见，以往的研究特别是创造力的相关研究中均依从三元论，将成就目标导向划分成如下三种，即精熟成就目标导向、绩效-趋近成就目标导向和绩效-趋近成就目标导向。本章在对中国特有的文化特征，如以关系为重、崇尚中庸进行充分考虑后，尝试引入精熟-回避成就目标导向进行分析。

持精熟-趋近成就目标导向的个体具有非常高的成就内在动机，关注个人成长和发展，相信能力可以通过努力不断得到改进，对知识、信息进行深层处理，追求卓越目标的实现，并能很好地进行自我调节，力争胜任并出色完成承担的任务。

持精熟-回避成就目标导向的个体将更多精力聚焦于业务上的精通，但行为方式趋于保守谨慎。

持绩效-趋近成就目标导向的个体关注于向别人展示自己具备的能力，可以

获取成功。其内在动机需要外部环境的激发，在激发状态下，坚韧努力，弥补自身不足，积极争取完成任务。

持绩效-回避成就目标导向的个体追求的目标是尽量不出现差错，即使在外部环境的激发下，内在动机水平仍不足以促使其积极探索新事物。由于其任务能力水平的相对稳定性，通过后天努力提升的难度较大。

3. 协和控制

协和控制是自我管理团队的典型控制方式，在加强团队成员参与组织管理和决策的同时，也加强了同侪压力和自我管理对个体行为的约束。协和控制具备以下两个核心特征，即规范认同和同侪压力。规范认同来自于其形成方式和形成过程，作为规范的制定者和监督者，团队成员对团队规范具有维护的责任感。同侪压力来自于个体渴望被接纳和认可的心理需求，为了不被排斥，个体会主动选择与别人一致的行为方式，维护大家一致认同的规范。

6.3.2 问卷设计

问卷主要分为创造力、成就目标导向、协和控制、个体变量、公司变量和团队变量六部分，其中创造力、成就目标导向和协和控制三部分的量表均为国外成熟量表，下面对各部分的形成来源及主要内容进行介绍。

1. 创造力

为了对创造力进行测量，本节使用五点计分量表，“1”代表“做得非常差”到“5”代表“做得非常好”。此部分共包括 9 个题项。

(1)为困难的问题产生新的方法。

(2)寻找新的工作方法、技巧和措施。

(3)形成解决问题的新方法。

(4)为新想法争取支持。

(5)寻求新想法获得批准。

(6)让组织中的重要人物对新想法充满热忱。

(7)将新想法转化为有用的应用。

(8)系统地将新想法引入工作当中。

(9)评估创新性想法的应用价值。

2. 成就目标导向

为了对成就目标导向进行测量，本节使用五点计分量表。其中“1”代表“非常不符合”，“5”代表“非常符合”。此部分共包括 18 个题项。

(1)我喜欢富有挑战性的工作，这样能从中学到很多有用的东西。

(2)我经常寻找机会掌握新的技能和知识。

(3)我喜欢工作中有挑战性、有难度的任务，这样我可以学到新的技能。

(4)对我来说，工作能力的发展非常重要，我可以为之去冒险。

(5)我只是尽量避免在执行工作任务时缺乏必要的技能。

(6)当投入一项工作任务时，我会反复思考怎么做才能不出错。

(7)在工作中，我关注的是不能比我之前的工作差。

(8)我的目标是避免在执行工作任务时缺乏必要的技能。

(9)我希望可以获得能够胜任工作的足够技能。

(10)在工作中，我尽量避免不能很好地执行工作任务的情况。

(11)我在意自己是否比其他同事强。

(12)我试着在工作中向他人证明自己的能力。

(13)我喜欢在工作中得到他人的赞赏。

(14)我喜欢从事能够向他人展示自己能力的工作。

(15)如果有可能向他人表现出自己没能力，我宁愿避免接受新的工作。

(16)对我来说避免展示自己的弱点比学习新技能更重要。

(17)如果我的表现证明我的能力很低，我就会担心是否要从事这个工作。

(18)我尽量避免工作中使自己出丑的情境。

3. 协和控制

协和控制的测量采用 Wright 和 Barker(2000)提出的量表进行测量，同样采用五点计分量表进行测量，“1”代表“做得非常差”，“5”表示“做得非常好”，此部分共包含 6 个题项。

(1)你所在的团队中存在团队规则或者团队条例吗?

(2)你所在的团队中是否存在明确团队成员在什么样的情况下请假或者缺勤等相应的政策?

(3)你所在的团队中存在某种确定的做事方式吗?

(4)你所在的团队中每个成员都能充分发挥他们的作用吗?

(5)如果你想改变自己的工作方式，需要征得每个人的同意吗?

(6)在你的行为有可能影响其他人时，你会事前与其沟通确保没有问题吗?

4. 个体变量

本节选取的个体变量主要有性别、婚姻状况、年龄、职称、学历、受访时所在公司的工作年限、职位及所在行业 8 个变量，以便了解个人基本人口统计特征。性别包括男、女两个选项。婚姻状况由已婚、未婚两项构成。年龄由低到高分为 20 岁以下、20～25 岁、26～30 岁、31～40 岁、41～50 岁和 50 岁(含)以上 6 个阶段。职称划分成没有、初级、中级、副高级和高级共 5 个层次。学历划分成高中或高职(含)以下、专科、本科和研究生(含)以上共 4 个选项。受访时所在公司的工作年限划分为1年以内、1～3年、4～7年、8～10年、11～15年、16～20年、21～25年、25年以上8个区间。所在职位根据实际情况设置管理类职位和技术类职位两大类，在管理类职位中依据职位高低共分为高层管理人员(副总经理)、中层管理人员(如部长)、基层管理人员(如科长)和一般职员4类，在技术类职位中依据职位性质共分为一线员工、销售员、研发人员、设计人员、一般行政人员和其他6个选项。

5. 公司变量

本章的分析主要集中在团队和个体层面，因而公司层面只设置了公司规模、所在行业两个变量。公司层面包括较大、中等和较小三个类别，除此之外，为方便受访者填写，又添加了贵公司人数一个开放式选项。

6. 团队变量

团队变量可以从样本统计结果得出，为了控制团队规模对创造力结果的影响，团队规模大多处于10人左右。

6.3.3 研究对象与抽样设计

本章将开展自我管理的团队中的企业员工作为主要的受访对象。考虑到收集样本的便利性及代表性，所以选择在上海、浙江、安徽等地发放问卷。

1. 数据收集

本次调查共收集到来自12家公司团队的共306份问卷。数据有效性及缺失情况如下(表6-1)。

表6-1 问卷统计特征及有效性

变量		性别	婚姻状况	年龄	职称	学历	工作年限	企业规模	行业
N	有效	306	303	304	294	294	304	306	306
	缺失	0	3	2	12	12	2	0	0

2. 样本分布

样本分布情况依据性别、婚姻状况、年龄、职称、学历、行业和企业规模等指标进行统计描述。然后结合本次调查对象的特殊性(以团队为调研单位)，对公司所处行业和公司规模进行合理化处理。首先，团队所在行业依据公司性质、本团队多数成员的答案及团队中在职时间最长者的答案进行统一调整和填补。其次，公司规模的调整有两个依据：第一，依据团队成员选择项的众数项答案，并主要参考在职时间最长者的答案进行调整(同时参考来自同一公司其他团队的答案分布情况)；第二，如果某个团队中有成员列出了公司人数，根据国务院国有资产监督管理委员会办公厅公布的国资厅评价函〔2003〕327 号文件，即企业规模划分标准，将团队所有成员的“公司规模”答案调整。调整后依据各人口特征、团队和公司特征对样本进行分布描述。

1)性别

从性别来看(表 6-2)，本次抽取的样本中 174 人为男性，比例为 56.9%，其余 43.1%为女性，比例基本协调。

表 6-2　调查样本的性别分布状况

性别		频率	百分比/%	有效百分比/%	累积百分比/%
有效	男	174	56.9	56.9	56.9
	女	132	43.1	43.1	100.0
	合计	306	100.0	100.0	

2)婚姻

从婚姻状况来看(表 6-3)，有 3 个样本数据缺失，其余样本中，47.2%为已婚，52.8%为未婚。这种样本分布既反映了在普遍采用自我管理团队的高新技术企业中员工年轻化的实际状况，也能帮助我们反映个人生活状态对其创造力的影响，基本合理。

表 6-3　调查样本的婚姻分布状况

婚姻		频率	百分比/%	有效百分比/%	累积百分比/%
有效	已婚	143	46.7	47.2	47.2
	未婚	160	52.3	52.8	100.0
	合计	303	99.0	100.0	
缺失	系统	3	1.0		
合计		306	100.0		

3)年龄

从样本年龄分布状况看(表 6-4)，有两个缺失数据，在其余的 304 个样本中 20～40 岁(含 40 岁)的受访对象占总样本的 91.5%，26～30 岁(含 30 岁)的受访对象有 147 个，占样本总量的 48.4%，这与婚姻状况的调查结论是一致的，充分显示了自我团队中成员的低龄化现象。

表 6-4 调查样本的年龄分布状况

	年龄	频率	百分比/%	有效百分比/%	累积百分比/%
有效	<20 岁	1	0.3	0.3	0.3
	20～25 岁	62	20.3	20.4	20.7
	26～30 岁	147	48.0	48.4	69.1
	31～40 岁	69	22.5	22.7	91.8
	41～50 岁	18	5.9	5.9	97.7
	>50 岁	7	2.3	2.3	100.0
	合计	304	99.3	100.0	
缺失	系统	2	0.7		
合计		306	100.0		

4)职称

在受访的样本中(表 6-5)，所需数据共缺失 12 项。其余样本中，47.6%的受测者无职称，97.9%的受测者职称为中级以下，这与样本年轻化的特征是密切相关的。

表 6-5 调查样本的职称分布状况

	职称	频率	百分比/%	有效百分比/%	累积百分比/%
有效	无	140	45.8	47.6	47.6
	初级	83	27.1	28.2	75.8
	中级	65	21.2	22.1	97.9
	副高级	4	1.3	1.4	99.3
	高级	2	0.7	0.7	100.0
	合计	294	96.1	100.0	
缺失	系统	12	3.9		
合计		306	100.0		

5)学历

在“学历”中(表 6-6)，12 项数据缺失，有效数据中，78.9%的受测者拥有大学本科及以上学历，95.6%的受测者具有大专及以上学历。

表 6-6　调查样本的学历分布状况

学历		频率	百分比/%	有效百分比/%	累积百分比/%
有效	高中以下	13	4.3	4.4	4.4
	专科	49	16.0	16.7	21.1
	本科	179	58.5	60.9	82.0
	研究生及以上	53	17.3	18.0	100.0
	合计	294	96.1	100.0	
缺失	系统	12	3.9		
合计		306	100.0		

6)在职时间

从样本“在职时间”的统计结果来看(表 6-7)，52.3%的受测者在职时间低于 3 年(含 3 年)，89.5%的受访者在职时间低于 10 年(含 10 年)，这与受测者的低龄化有关，但年龄在 40 岁以上的占有效样本总量 8.2%，而在职时间在 15 年以上的仅占 4.3%，尤其是在职时间为 16～20 年(含 20 年)的有效百分比仅为 0.7%，说明在高新技术企业，跳槽的现象不仅仅存在于年轻员工群体中。

表 6-7　调查样本的在职时间分布状况

在职时间		频率	百分比/%	有效百分比/%	累积百分比/%
有效	<1 年	65	21.2	21.4	21.4
	1～3 年	94	30.7	30.9	52.3
	4～7 年	79	25.8	26.0	78.3
	8～10 年	34	11.1	11.2	89.5
	11～15 年	19	6.2	6.2	95.7
	16～20 年	2	0.7	0.7	96.4
	21～25 年	5	1.6	1.6	98.0
	>25 年	6	2.0	2.0	100.0
	合计	304	99.3	100.0	
缺失	系统	2	0.7		
合计		306	100.0		

7)团队规模

为了确保分析样本的代表性，本章共选取了来自 12 家企业中的 30 个团队。鉴于以往的研究认为团队规模会影响个体行为，对样本团队规模进行控制(表 6-8)，每个团队人数大致控制在 10 人左右，其中不小于 12 人的团队有 4 个，小于 8 人的有 3 个，基本上很好地控制了团队的规模大小可能会对对结果变量产生影响。

表 6-8 调查样本的团队规模分布状况

团队人数		频率	百分比/%	有效百分比/%	累积百分比/%
有效	5	1	3.3	3.3	3.3
	7	2	6.7	6.7	10.0
	8	1	3.3	3.3	13.3
	9	2	6.7	6.7	20.0
	10	19	63.4	63.4	83.4
	11	1	3.3	3.3	86.7
	12	1	3.3	3.3	90.0
	14	2	6.7	6.7	96.7
	17	1	3.3	3.3	100.0
	合计	30	100.0	100.0	100.0

3. 样本描述

本章主要使用平均值、标准差、峰度和偏度对所测项目开展描述性统计，见表 6-9。

表 6-9 数据的描述性统计

变量	*N*	均值	标准差	偏度		峰度	
	统计量	统计量	统计量	统计量	标准误	统计量	标准误
目标 1	306	4.08	0.779	−1.066	0.139	1.893	0.278
目标 2	306	4.06	0.755	−0.827	0.139	0.952	0.278
目标 3	306	3.92	0.762	−0.578	0.139	0.334	0.278
目标 4	302	3.73	0.910	−0.722	0.140	0.466	0.280
目标 5	304	3.79	0.835	−0.849	0.140	1.154	0.279
目标 6	305	3.84	0.861	−1.118	0.140	1.593	0.278
目标 7	304	3.60	1.088	−0.627	0.140	−0.393	0.279
目标 8	305	4.14	0.813	−1.299	0.140	2.790	0.278
目标 9	305	4.29	0.689	−0.927	0.140	1.757	0.278
目标 10	306	3.96	0.858	−0.902	0.139	1.079	0.278
目标 11	306	3.42	1.028	−0.553	0.139	−0.337	0.278
目标 12	305	3.68	0.919	−0.820	0.140	0.379	0.278
目标 13	306	3.88	0.811	−1.038	0.139	1.876	0.278
目标 14	304	3.69	0.876	−0.459	0.140	−0.138	0.279
目标 15	305	3.08	1.066	0.062	0.140	−0.709	0.278

续表

变量	N	均值	标准差	偏度		峰度	
	统计量	统计量	统计量	统计量	标准误	统计量	标准误
目标 16	305	2.63	1.081	0.284	0.140	−0.751	0.278
目标 17	305	3.11	1.028	−0.195	0.140	−0.668	0.278
目标 18	305	3.57	0.957	−0.778	0.140	0.153	0.278
协和 1	302	3.61	0.815	−0.319	0.140	0.375	0.280
协和 2	301	3.79	0.885	−0.686	0.140	0.812	0.280
协和 3	300	3.66	0.796	−0.435	0.141	0.648	0.281
协和 4	301	3.58	0.866	−0.387	0.140	0.344	0.280
协和 5	301	3.47	0.866	−0.280	0.140	0.169	0.280
协和 6	302	4.00	0.740	−0.588	0.140	0.444	0.280
创造力 1	306	3.71	0.727	−0.162	0.139	−0.189	0.278
创造力 2	306	3.80	0.726	−0.193	0.139	−0.188	0.278
创造力 3	306	3.74	0.787	−0.434	0.139	0.345	0.278
创造力 4	305	3.70	0.744	−0.317	0.140	0.192	0.278
创造力 5	304	3.64	0.766	−0.185	0.140	−0.277	0.279
创造力 6	305	3.52	0.823	−0.193	0.140	0.023	0.278
创造力 7	305	3.68	0.833	−0.294	0.140	−0.075	0.278
创造力 8	305	3.60	0.780	−0.138	0.140	−0.137	0.278
创造力 9	306	3.47	0.802	−0.019	0.139	−0.075	0.278
有效的 N（列表状态）	283						

6.3.4　数据分析方法

本章主要使用 SPSS、AMOS 和 HLM 对数据进行信度分析、因子分析、相关分析和跨层次分析。

1. 信度分析

信度分析也可以理解为可靠性分析，对数据进行信度分析有利于对测验工具是否拥有一定的可靠性和稳定性进行检测。信度本身与测量结果正确与否无关，只是考核测验工具本身的性质，强调不同受测者及不同时间同一受测者对检测工具的反应是否具有一致性。信度的水平随着一致性的提高而提高。信度的检测普遍使用的方法是 α 系数，一般认为，一份量表信度其 α 系数应该大于 0.8 就会被判定为非常好，大于 0.7 可以被判定是相当好，而 0.65～0.7 判定可以被接受。

2. 因子分析

因子分析的目的在于考核变量结构，利用“降维”减少变量的维度，提取综合指标反映变量的综合情况，最常用的方法是主成分分析法。主成分主要使用样本均值及协方差矩阵，研究主成分与原始成分之间的相关关系。

3. 相关分析

进行相关分析的必要性原因是描述变量间的相关程度。Pearson 相关系数是常用的相关系数。Pearson 相关系数的计算公式为

$$r=\frac{\sum_{i=1}^{n}(x_i-\bar{x})(y_i-\bar{y})}{\sqrt{\sum_{i=1}^{n}(x_i-\bar{x})^2(y_i-\bar{y})^2}}$$

$r=0$ 时，表明两个变量间不存在线性相关关系，但是可能存在其他类型的关系；$|r|\leqslant 0.3$ 时，两个变量微弱相关；$0.3<|r|\leqslant 0.5$ 时，两个变量低度相关；$0.5<|r|\leqslant 0.8$ 时，两个变量显著相关；$0.8<r<1$ 时，两个变量高度相关；$|r|=1$ 时两个变量完全相关。Pearson 相关系数的检验统计量称为 t 统计量。

4. 跨层次分析

组织是一个包含多个层次的整合系统，低层次的单位和个体嵌套于高层次的单元中，如个体首先嵌套于其工作的团队中，因而只采用宏观角度对组织或团队进行分析或者只采用微观角度对个体进行分析都不足以准确地解释组织中的行为。分层线性模型(hierarchical linear modeling，HLM)即是将宏观层次和微观层次结合起来，对某一层次的变量如何影响其他层次的变量进行研究。分层线性模型也被经常称为多层线性模型，每一层次都有自己的子模型，用以反映此层次中变量之间的关系，并且对某一层次对另一层次中的变量关系的影响进行界定，为多层次变量之间的交互作用分析提供一般化的框架，学者们也越来越多地将其引入相关的组织研究中。

20 世纪 80 年代中期由 Raudenbush 和 Bryk(1986)共同开发的 HLM 分析软件是第一个专门用于多层模型的商业软件，利用 SPSS 等格式的数据输入，界面友好，在组织研究中得到广泛应用。本章将利用 HLM 提供的功能分别建立单因素方差分析模型、以均值为结果的回归模型、随机系数回归模型和将截距作为结果的回归模型，分别检验第一层次(个体层次)变量间关系、第二层次(团队层次)变量对结果变量(个体创造力)的影响，以及第一、第二层次变量交互作用对结果变量的影响。

6.3.5　结果分析

1. 因子分析

本节利用 SPSS 18.0，使用主成分分析法对成就目标导向开展因子载荷分析，得到了较为理想的分析结果(表 6-10)。

表 6-10　旋转成分矩阵结果

测量项目	成分			
	精熟-趋近	绩效-趋近	绩效-回避	精熟-回避
目标 1	0.818			
目标 2	0.786			
目标 3	0.832			
目标 4	0.640			
目标 5				0.570
目标 6				0.570
目标 7			0.507	
目标 8				0.699
目标 9				0.684
目标 10				0.644
目标 11		0.628		
目标 12		0.696		
目标 13		0.794		
目标 14		0.776		
目标 15			0.714	
目标 16			0.710	
目标 17			0.744	
目标 18			0.569	

注：①提取方法，主成分。②旋转法，具有 Kaiser 标准化的正交旋转法

2. 数据信度分析

使用 SPSS 18.0 对数据的信度进行分析，此处采用的检测方法为 α 系数，结果如下(表 6-11)。

表 6-11 量表信度分析结果

变量	α 系数
协和控制	0.710
成就目标导向	0.816
成就目标导向去掉选项 7	0.815
创造力	0.905

本节使用的量表其 α 系数均大于可接受水平 0.7，尤其是创造力量表的 α 系数为 0.905，表明量表信度相当好。在个体成就目标导向量表中去掉第 7 条后，量表的信度变化不大，因而在进行变量操作时去掉此条目。

3. 相关分析

使用软件 SPSS 18.0 对变量之间的相关性展开分析，并用 Pearson 系数对之进一步考察，得到如下结果(表 6-12)。

表 6-12 主要变量相关性结果

变量	性别	年龄	学历	团队规模	精熟-趋近	绩效-趋近	绩效-回避	精熟-回避	协和控制	创造力
性别	1	−0.186**	−0.099	−0.077	−0.069	0.109	0.058	0.055	0.022	−0.068
年龄	−0.186**	1	−0.134*	0.035	−0.138*	−0.052	−0.003	0.120*	−0.207**	0.009
学历	−0.099	−0.134*	1	−0.132*	0.093	0.073	0.021	−0.196**	0.167**	0.107
团队规模	−0.077	0.035	−0.132*	1	−0.055	−0.114*	−0.034	0.070	−0.213**	−0.127*
精熟-趋近	−0.069	−0.138*	0.093	−0.055	1	0.377**	0.281**	−0.008	0.126*	0.392**
精熟-回避	0.109	−0.052	0.073	−0.114*	0.377**	1	0.425**	0.250**	0.215**	0.327**
绩效-趋近	0.058	−0.003	0.021	−0.034	0.281**	0.425**	1	0.360**	0.151**	0.291**
精熟-回避	0.055	0.120*	−0.196**	0.070	−0.008	0.250**	0.360**	1	0.120*	0.098
协和控制	0.022	−0.207**	0.167**	−0.213**	0.126*	0.215**	0.151**	0.120*	1	0.274**
创造力	−0.068	0.009	0.107	−0.127*	0.392**	0.327**	0.291**	0.098	0.274**	1

* $p<0.05$； ** $p<0.01$； *** $p<0.001$

通过以上相关性分析结果可以看出，精熟-趋近成就目标导向、绩效-趋近成就目标导向、表现-回避目标导向及协和控制都与创造力显著相关。在控制变量中，团队人数与创造力相关，其余无显著效应，但值得注意的是，年龄、学历和团队人数与协和控制显著相关。

6.3.6 HLM 分析

1. 变量操作及代码表示

在本节中，协和控制作为团队层次的变量，是第二层次的变量。同时，个体层次上的变量作为第一层次变量，包括个体成就目标导向、精熟-趋近成就目标导向、精熟-回避成就目标导向、绩效-趋近成就目标导向、绩效-回避成就目标导向及个体创造力，其中个体创造力为结果变量。借鉴 Hirst 等(2011)的研究中，对成就目标导向变量的观测值进行了组中心化处理。

在分析过程中，各变量均以英文代码表示，各代码及其意义如下(表 6-13)。

表 6-13　变量代码及其属性

代码	变量名	变量属性
MASTAPRO	精熟-趋近成就目标导向	第一层次自变量
MASTAVOI	精熟-回避成就目标导向	第一层次自变量
PERFAPRO	绩效-趋近成就目标导向	第一层次自变量
PERFAVOI	绩效-回避成就目标导向	第一层次自变量
CONCETRO	协和控制	第二层次自变量
CREATVTY	个体创造力	第一层次结果变量

研究通过进一步整理变量，得出以下有关样本变量的统计结果(表 6-14)。

表 6-14　主要变量描述性统计结果

变量名	样本数量	均值	标准误	最小值	最大值
性别	306	1.43	0.50	1.00	2.00
精熟-趋近	306	3.95	0.63	1.50	5.00
精熟-回避	306	3.10	0.76	1.00	5.00
绩效-趋近	306	4.00	0.55	1.40	5.00
绩效-回避	306	3.67	0.71	1.25	5.00
创造力	306	3.65	0.58	1.89	5.00
团队规模	30	10.10	2.16	5.00	17.00
协和控制	30	3.69	0.26	3.30	4.38

协和控制的最小值水平为 3.30，均值水平为 3.69，充分说明在中国组织情境中，协和控制水平普遍较高。

2. 单因素方差分析

在单因素方差分析中，只有结果变量，没有输入任何预测变量，为团队内部和团队之间个体创造力的变化程度提供了初步的有用信息。

单因素方差分析的模型如下。

第一层次模型为

$$\text{CREATVTY} = \beta_j + \gamma_{ij}$$

其中，CREATVTY 为第 j 个团队中第 i 个个体的创造力；β_j 为第 j 个团队的个体创造力均值；γ_{ij} 为个体层次的方差。

第二层次模型为

$$\beta_j = \gamma_{00} + \upsilon_0$$

其中，γ_{00} 为所有团队的个体创造力均值；υ_0 为团队层次的方差。

混合模型为

$$Y = \gamma_{00} + \upsilon_0 + \gamma_{ij}$$

在 HLM 软件中输入样本数据，得到以下结果(表 6-15)。

表 6-15 单因素方差模型分析结果

变量	固定效应		随机效应			
	系数	标准误 se	方差成分	自由度 df	χ^2	p 值
γ_{00}	3.659	0.045				
υ_0			0.033 13	29	60.974	0.001
γ_{ij}			0.308 65			

模型方差＝532.146

$\sqrt{\upsilon_0}=0.182>0.045$，表明团队之间个体创造力均值的变化范围较大，而 $p\leq 0.001$ 进一步表明团队之间的个体创造力存在显著性差异。$\hat{\rho}=0.033/(0.033+0.309)\approx 0.096$，说明 9.6%的创造力差异存在于团队之间。

3. 以均值作为结果的模型

以均值作为结果的模型有助于解释协和控制对各个团队个体创造力均值的影响程度。在分析过程中，将协和控制进行总体中心化，以剔除协和控制总体水平对结果的影响。

构建以均值为结果的模型。

第一层次模型为

$$\text{CREATVTY} = \beta_j + \gamma_{ij}$$

其中，β_j 为第 j 个团队的个体创造力均值；γ_{ij} 为个体层次的方差。

第二层次模型为

$$\beta_j = \gamma_{00} + \gamma_1(\text{CONCETRO}) + \upsilon_0$$

其中，γ_{00} 为所有团队的个体创造力均值；γ_1 为协和控制对第 j 个团队的个体创造力均值影响的主效应；υ_0 为团队层次的方差。

混合模型为

$$Y = \gamma_0 + \gamma_1(\text{CONCETRO}) + \upsilon_0 + \gamma_{ij}$$

在 HLM 软件中输入样本数据，得到以下结果(表 6-16)。

表 6-16　以均值作为结果变量的模型分析结果

变量	固定效应		随机效应			
	系数	标准误 se	方差成分	自由度 df	χ^2	p 值
γ_{00}	3.659	0.035				
γ_1	0.621	0.112				
υ_0			0.008	28	35.469	0.157
γ_{ij}			0.309			

模型方差= 521.355

由(0.033−0.008)/0.033≈75.76%知道，协和控制可以解释团队间创造力差异的 75.76%。

4. 随机系数模型

随机系数模型有助于解释各个团队内部个体成就目标导向对个体创造力的影响水平。在分析中，将对个体成就目标导向观测值进行组中心化处理。

1)精熟-趋近成就目标导向与员工创造力的关系

为探讨精熟-趋近成就目标导向与员工创造力两者的关系，构建如下随机系数模型。

第一层次模型为

$$\text{CREATVTY} = \beta_0 + \beta_{11} \times (\text{MASTAPR}_{ij} - \overline{\text{MASTAPP}._j}) + \gamma_{ij}$$

第二层次模型为

$$\beta_0 = \gamma_{00} + \upsilon_0$$
$$\beta_{11} = \gamma_{10} + \upsilon_1$$

混合模型为

$$\text{CREATVTY} = \gamma_{00} + \gamma_{10} \times (\text{MASTAPR}_{ij} - \overline{\text{MASTAPP}._j}) + \upsilon_{1j} \times (\text{MASTAPR}_{ij} - \overline{\text{MASTAPP}._j}) + \upsilon_0 + \gamma_{ij}$$

其中，β_{11}为精熟-趋近成就目标导向对个体创造力影响的主效应；γ_{00}为所有团队的个体创造力均值；γ_{10}为所有团队中个体精熟-趋近成就目标导向与个体创造力影响的主效应。

在 HLM 软件中输入样本数据，得到以下结果(表 6-17)。

表 6-17 随机系数模型之精熟-趋近成就目标导向分析结果

变量		固定效应			随机效应			
		系数	标准误 se	t 值	方差成分	自由度 df	χ^2	p 值
截距模型	γ_{00}	3.661	0.045	81.114				
斜率模型	γ_{10}	0.368	0.074	4.978				
υ_0					0.040	29	81.737	0.000
υ_1					0.086	29	64.591	0.000
γ_{ij}					0.230			

模型方差＝ 477.7

由 $\gamma_{10}=0.368$、$t=4.978$、$p<0.001$ 可知，个体精熟-趋近成就目标导向与员工创造力正相关，个体精熟-趋近成就目标导向对个体创造力的解释比率为25.6%。从而 H_{1a}得证。

2)精熟-回避成就目标导向与个体创造力

为探讨精熟-回避成就目标导向与个体创造力之间的关系，构建如下随机系数模型。

第一层次模型为

$$\text{CREATVTY}=\beta_0+\beta_{21}\times(\text{MASTAVOI}_{ij}-\overline{\text{MASTAVOI}_{.j}})+\gamma_{ij}$$

第二层次模型为

$$\beta_0=\gamma_{00}+\upsilon_0$$
$$\beta_{21}=\gamma_{20}+\upsilon_1$$

混合模型为

$$\text{CREATVTY}=\gamma_{00}+\gamma_{10}\times(\text{MASTAVOI}_{ij}-\overline{\text{MASTAVOI}_{.j}})+\upsilon_{1j}\times(\text{MASTAVOI}_{ij}-\overline{\text{MASTAVOI}_{.j}})+\upsilon_0+\gamma_{ij}$$

其中，β_{21}为精熟-回避成就目标导向对个体创造力的影响；γ_{00}为所有团队的个体创造力均值；γ_{20}为所有团队中个体精熟-回避成就目标导向对个体创造力关系的主效应。

在 HLM 软件中输入样本数据，得到以下结果(表 6-18)。

表 6-18　随机系数模型之精熟-回避成就目标导向分析结果

变量		固定效应			随机效应			
		系数	标准误 se	t 值	方差成分	自由度 df	χ^2	p 值
截距模型	γ_{00}	3.660	0.045	80.753				
斜率模型	γ_{20}	0.098	0.061	1.612				
υ_0					0.035	29	65.795	0.000
υ_1					0.086	29	53.753	0.004
γ_{ij}					0.286			

模型方差＝531.772

由 $\gamma_{20}=0.098$、$t=4.978$、$p>0.05$ 可知，精熟-回避成就目标导向与员工创造力无显著相关性，H_{2a}得证。

3)绩效-趋近成就目标导向与创造力的关系

为探讨绩效-趋近成就目标导向与个体创造力之间的关系，构建如下随机系数模型。

第一层次模型为

$$\text{CREATVTY}=\beta_0+\beta_{31}\times(\text{PERFAPPR}_{ij}-\overline{\text{PERFAPPR}._j})+\gamma_{ij}$$

第二层次模型为

$$\beta_0=\gamma_{00}+\upsilon_0$$
$$\beta_{31}=\gamma_{30}+\upsilon_1$$

混合模型为

$$\text{CREATVTY}=\gamma_{00}+\gamma_{10}\times(\text{PERFAPPR}_{ij}-\overline{\text{PERFAPPR}._j})+\upsilon_{1j}\times(\text{PERFAPPR}_{ij}-\overline{\text{PERFAPPR}._j})+\upsilon_0+\gamma_{ij}$$

其中，β_{31}为绩效-趋近成就目标导向对个体创造力的影响；γ_{00}为所有团队的个体创造力均值；γ_{30}为所有团队个体绩效-趋近成就目标导向对个体创造力关系影响的主效应。

通过将样本数据输入 HLM 软件，研究获得以下结果(表 6-19)。

表 6-19　随机系数模型之绩效-趋近成就目标导向分析结果

变量		固定效应			随机效应			
		系数	标准误 se	t 值	方差成分	自由度 df	χ^2	p 值
截距模型	γ_{00}	3.660	0.045	80.753				
斜率模型	γ_{30}	0.321	0.086	3.740				
υ_0					0.037	29	72.744	0.000

续表

变量	固定效应			随机效应			
	系数	标准误 se	t 值	方差成分	自由度 df	χ^2	p 值
υ_1				0.095	29	58.159	0.001
γ_{ij}				0.259			

模型方差＝ 504.709

由 $\gamma_{30}=0.321$、$t=3.74$、$p\leqslant 0.001$ 可知，绩效-趋近成就目标导向与员工创造力正相关，H_{3a}得证。

4)绩效-回避成就目标导向与创造力的关系

为探讨绩效-回避成就目标导向与个体创造力之间的关系，构建如下随机系数模型。

第一层次模型为

$$\text{CREATVTY}=\beta_0+\beta_{41}\times(\text{PERFAVOI}_{ij}-\overline{\text{PERFAVOI.}_{\cdot j}})+\gamma_{ij}$$

第二层次模型为

$$\beta_0=\gamma_{00}+\upsilon_0$$
$$\beta_{41}=\gamma_{40}+\upsilon_1$$

混合模型为

$$\text{CREATVTY}=\gamma_{00}+\gamma_{10}\times(\text{PERFAVOI}_{ij}-\overline{\text{PERFAVOI.}_{\cdot j}})+\upsilon_{1j}\times(\text{PERFAVOI}_{ij}-\overline{\text{PERFAVOI.}_{\cdot j}})+\upsilon_0+\gamma_{ij}$$

其中，β_{41}为绩效-回避成就目标导向对个体创造力的影响；γ_{00}为所有团队的个体创造力均值；γ_{40}为所有团队个体绩效-回避成就目标导向与个体创造力关系影响的主效应。

在 HLM 软件中输入样本数据，得到以下结果(表 6-20)。

表 6-20 随机系数模型之绩效-回避成就目标导向分析结果

变量		固定效应			随机效应			
		系数	标准误 se	t 值	方差成分	自由度 df	χ^2	p 值
截距模型	γ_{00}	3.660	0.045	80.823				
斜率模型	γ_{30}	0.208	0.063	3.303				
υ_0					0.037	29	70.845	0.000
υ_1					0.053	29	55.822	0.002
γ_{ij}					0.265			

模型方差＝ 513.113

由 $\gamma_{30}=0.208$、$t=3.303$、$0.001<p<0.05$ 可知，绩效-回避成就目标导向与员工创造力正相关。H_{4a}没有得到验证。

5. 以斜率作为结果变量的模型

以斜率为结果变量的模型主要是为了分析第一层次(个体层次)预测变量与第二层次变量(团队层次)交互作用对个体结果变量的影响。在本分析过程中，将个体成就目标导向观测值进行组中心化处理，对协和控制进行总体中心化。

1)精熟-趋近成就目标导向与协和控制的交互作用

为探讨精熟-趋近成就目标导向与协和控制交互作用对个体创造力的影响，建立以斜率为结果变量的模型。

第一层次模型为

$$\text{CREATVTY}=\beta_0+\beta_{11}\times(\text{MASTAPR}_{ij}-\overline{\text{MASTAPP}}_{\cdot j})+\gamma_{ij}$$

第二层次模型为

$$\beta_0=\gamma_{00}+\upsilon_0$$

$$\beta_{11}=\gamma_{10}+\gamma_{11}\times(\text{CONCETRO})+\upsilon_1$$

混合模型为

$$\begin{aligned}\text{CREATVTY}=&\gamma_{00}+\upsilon_0+\gamma_{10}\times(\text{MASTAPR}_{ij}-\overline{\text{MASTAPP}}_{\cdot j})+\gamma_{11}\times(\text{CONCETRO})\\&\times(\text{MASTAPR}_{ij}-\overline{\text{MASTAPP}}_{\cdot j})+\upsilon_1\\&\times(\text{MASTAPR}_{ij}-\overline{\text{MASTAPP}}_{\cdot j})+\gamma_{ij}\end{aligned}$$

其中，β_0为各个团队的个体创造力均值；γ_{00}为所有团队的个体创造力均值；γ_{10}为精熟-趋近成就目标导向对个体创造力的影响；γ_{11}为精熟-趋近成就目标导向与协和控制交互作用对个体创造力关系影响的主效应；υ_0和υ_1为方差。

通过将样本数据输入 HLM 软件，研究获得以下结果(表 6-21)。

表 6-21 以斜率为结果变量的模型之精熟-趋近成就目标导向分析结果

变量		固定效应			随机效应			
		系数	标准误 se	t 值	方差成分	自由度 df	χ^2	p 值
均值模型	γ_{00}	3.659	0.045	81.332				
斜率模型	γ_{30}	0.361	0.074	4.887				
	γ_{11}	−0.438	0.302	−1.450				
υ_0					0.040	29	81.601	0.000
υ_1					0.091	28	62.393	0.000
γ_{ij}					0.231			

模型方差＝475.220

由 $\gamma_{11}=-0.438$、$p<0.05$，说明协和控制与精熟-趋近成就目标导向交互作用对员工创造力负相关。由图 6-4 也可看出在高协和控制水平下，个体具有较低的创造力水平，H_{1b}得证。

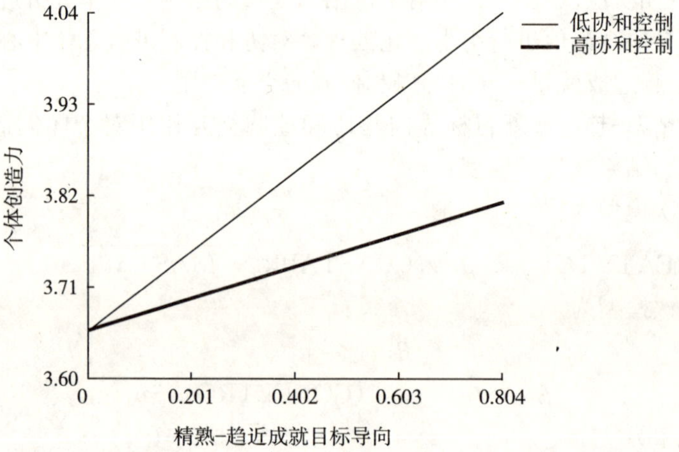

图 6-4 协和控制、精熟-趋近成就目标导向与个体创造力的关系

2)精熟-回避成就目标与协和控制的交互作用

为探讨精熟-回避成就目标导向与协和控制交互作用对个体创造力的影响，建立以斜率为结果变量的模型。

第一层次模型为

$$\text{CREATVTY}=\beta_0+\beta_{11}\times(\text{MASTAVOI}_{ij}-\overline{\text{MASTAVOI}._j})+\gamma_{ij}$$

第二层次模型为

$$\beta_0=\gamma_{00}+\upsilon_0$$
$$\beta_{11}=\gamma_{10}+\gamma_{11}o\times(\text{CONCETRO})+\upsilon_1$$

混合模型为

$$\begin{aligned}\text{CREATVTY}=&\gamma_{00}+\upsilon_0+\gamma_{20}\times(\text{MASTAVOI}_{ij}-\overline{\text{MASTAVOI}._j})+\gamma_{21}\\&\times(\text{CONCETRO})\times(\text{MASTAVOI}_{ij}-\overline{\text{MASTAVOI}._j})+\upsilon_1\\&\times(\text{MASTAVOI}_{ij}-\overline{\text{MASTAVOI}._j})+\gamma_{ij}\end{aligned}$$

其中，β_0为各个团队的个体创造力均值；γ_{00}为所有团队的个体创造力均值；γ_{20}为精熟-回避成就目标导向对个体创造力关系的影响；γ_{21}为精熟-回避成就目标导向与协和控制交互作用对个体创造力影响的主效应；υ_0和υ_1为方差。

通过将样本数据输入 HLM 软件，研究获得以下结果(表 6-22)。

表 6-22　以斜率为结果变量的模型之精熟-回避成就目标导向分析结果

变量		固定效应			随机效应			
		系数	标准误 se	t 值	方差成分	自由度 df	χ^2	p 值
均值模型	γ_{00}	3.660	0.045	80.851				
斜率模型	γ_{20}	0.099	0.063	1.557				
	γ_{21}	0.201	0.215	0.937				
υ_0					0.035	29	65.773	0.000
U_1					0.051	28	53.677	0.003
γ_{ij}					0.286			

模型方差＝ 530.589

由 $\gamma_{21}=0.201$、$p<0.001$ 可知，协和控制与精熟-回避成就目标导向交互作用对员工创造力正相关。由图 6-5 可以看出对于持精熟-回避成就目标导向的个体而言，高协和控制下个体创造力水平较高，H_{2b}得证。

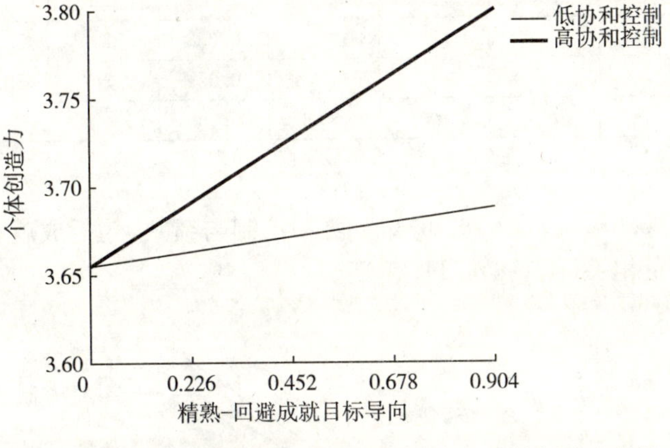

图 6-5　协和控制、精熟-回避成就目标导向与个体创造力的关系

3)绩效-趋近成就目标与协和控制的交互作用

为探讨绩效-趋近成就目标导向与协和控制交互作用如何影响个体创造力，建立以斜率为结果变量的模型。

第一层次模型为

$$CREATVTY=\beta_0+\beta_{11}\times(PERFAPPR_{ij}-\overline{PERFAPPR._{j}})+\gamma_{ij}$$

第二层次模型为

$$\beta_0=\gamma_{00}+\upsilon_0$$

$$\beta_{11}=\gamma_{10}+\gamma_{11}\times(CONCETRO)+\upsilon_1$$

混合模型为

$$\begin{aligned}CREATVTY=&\gamma_{00}+\upsilon_0+\gamma_{30}\times(PERFAPPR_{ij}-\overline{PERFAPPR._j})\\&+\gamma_{31}\times(CONCETRO)\\&\times(PERFAPPR_{ij}-\overline{PERFAPPR._j})+\upsilon_1\\&\times(PERFAPPR_{ij}-\overline{PERFAPPR._j})+\gamma_{ij}\end{aligned}$$

其中，β_0为各个团队的个体创造力均值；γ_{00}为所有团队的个体创造力均值；γ_{30}为绩效-趋近成就目标导向对个体创造力关系的影响；γ_{31}为绩效-趋近成就目标导向与协和控制交互作用对个体创造力影响的主效应；υ_0和υ_1为方差。

在 HLM 软件中输入样本数据，得到以下结果(表 6-23)。

表 6-23　以斜率为结果变量的模型之绩效-趋近成就目标导向分析结果

变量		固定效应			随机效应			
		系数	标准误 se	t 值	方差成分	自由度 df	χ^2	p 值
均值模型	γ_{00}	3.660	0.045	80.884				
斜率模型	γ_{30}	0.321	0.085	3.797				
	γ_{31}	−0.054	0.274	−0.196				
υ_0					0.038	29	72.759	0.000
U_1					0.051	28	58.016	0.001
γ_{ij}					0.259			

模型方差＝ 503.158

由 $\gamma_{31}=-0.054$、$p<0.05$ 可知，协和控制与绩效-趋近成就目标导向交互作用对创造力负相关(图 6-6)，H_{3b}得证。

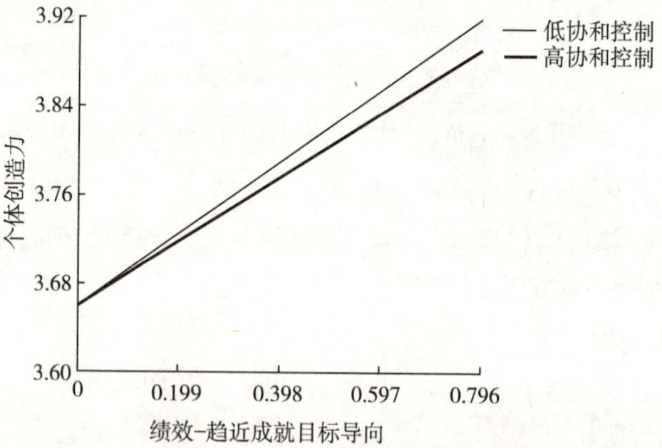

图 6-6　协和控制、绩效-趋近成就目标导向与个体创造力的关系

4)绩效-回避成就目标与协和控制的交互作用

为探讨绩效-回避成就目标导向与协和控制交互作用如何影响个体创造力，建立以斜率为结果变量的模型。

第一层次模型为

$$\text{CREATVTY}=\beta_0+\beta_{11}\times(\text{PERFAVOI}_{ij}-\overline{\text{PERFAVOI}._j})+\gamma_{ij}$$

第二层次模型为

$$\beta_0=\gamma_{00}+\upsilon_0$$

$$\beta_{11}=\gamma_{10}+\gamma_{11}\times(\text{CONCETRO})+\upsilon_1$$

混合模型为

$$\text{CREATVTY}=\gamma_{00}+\upsilon_0+\gamma_{40}\times(\text{PERFAVOI}_{ij}-\overline{\text{PERFAVOI}._j})+\gamma_{41}\times(\text{CONCETRO})\times(\text{PERFAVOI}_{ij}-\overline{\text{PERFAVOI}._j})+\upsilon_1\times(\text{PERFAVOI}_{ij}-\overline{\text{PERFAVOI}._j})+\gamma_{ij}$$

其中，β_0为各个团队的个体创造力均值；γ_{00}为所有团队的个体创造力均值；γ_{40}为绩效-趋近成就目标导向对个体创造力关系的影响；γ_{41}为绩效-趋近成就目标导向与协和控制交互作用对个体创造力的影响；υ_0和υ_1为方差。

在 HLM 软件中输入样本数据，得到以下结果(表 6-24)。

表 6-24　以斜率为结果变量的模型之绩效-回避成就目标导向分析结果

变量		固定效应			随机效应			
		系数	标准误 se	t 值	方差成分	自由度 df	χ^2	p 值
均值模型	γ_{00}	3.660	0.045	80.821				
斜率模型	γ_{40}	0.208	0.062	3.336				
	γ_{41}	−0.014	0.321	−0.042				
υ_0					0.037	29	70.848	0.000
U_1					0.058	28	55.832	0.002
γ_{ij}					0.266			

模型方差＝ 512.065

由 $\gamma_{41}=-0.014$、$p=0.967$ 可知，协和控制与绩效-回避成就目标导向交互作用对员工创造力无显著相关性(图 6-7)，H_{4b}得证。

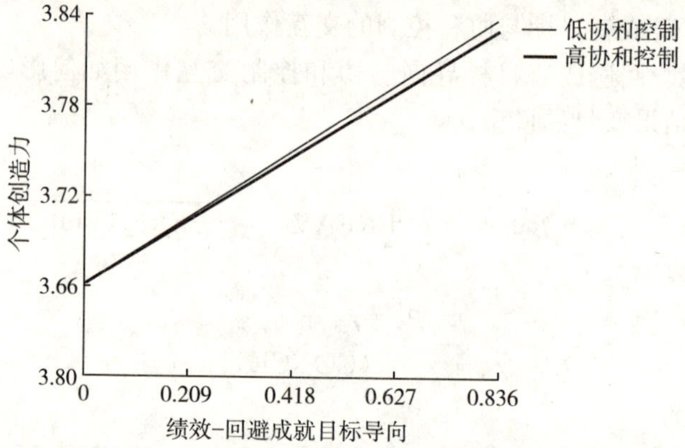

图 6-7　协和控制、绩效-回避成就目标导向与个体创造力的关系

6.4　结果分析

6.4.1　研究结论

本章研究假设的检验结果汇总如表 6-25 所示。

表 6-25　研究假设的检验结果汇总

编号	假设内容	检验结果
H_{1a}	精熟-趋近成就目标导向与员工创造力正相关	支持
H_{1b}	协和控制与精熟-趋近成就目标导向交互作用对员工创造力负相关	支持
H_{2a}	精熟-回避成就目标导向与员工创造力无显著相关性	支持
H_{2b}	协和控制与精熟-回避成就目标导向交互作用对员工创造力正相关	支持
H_{3a}	绩效-趋近成就目标导向与员工创造力正相关	支持
H_{3b}	协和控制与绩效-趋近成就目标导向交互作用对员工创造力负相关	支持
H_{4a}	绩效-回避成就目标导向与员工创造力负相关	不支持
H_{4b}	协和控制与绩效-回避成就目标导向交互作用对员工创造力无显著相关性	支持

1. 中国组织情境中，协和控制水平普遍较高

协和控制的最小值为 3.30，均值为 3.69，充分说明在中国组织情境中，协和控制水平普遍较高。中国崇尚礼仪文化，“以和为贵”，个体比较关注与他人互动中形成的“自我”，因而同侪之间的互动对彼此的行为模式会产生较大的影响。进一步的相关分析表明个体的年龄、学历、团队人数与团队协和控制水平显著

相关。

2. 个体成就目标导向与个体创造力

不同的成就目标导向趋于对所处情境做出不一样的感知，因此会形成差异化的行为后果。总体而言，精熟-趋近成就目标导向与绩效-趋近成就目标导向和个体创造力存在正相关关系；精熟-回避成就目标导向和个体创造力没有显著相关关系。

存在于绩效-回避成就目标导向和个体创造力二者之间的负向相关关系并没有得到验证。这可能是由于本章样本均持有较高水平的相关知识和技能，即使在行为过程中缺乏主动性，但在组织政策或特定的工作要求下，其创造力仍然会展现出较高的水平。

3. 协和控制与个体成就目标导向交互作用对个体创造力产生影响

个体总是处于特定的情境中，因而在以协和控制为主要特征的自我管理团队中，考察协和控制与个体成就目标导向的交互作用如何影响个体创造力的产生就显得十分必要。

本章的结论如下：对于持趋近成就目标导向的个体(包括精熟-趋近成就目标导向和绩效-趋近成就目标导向)，协和控制及个体成就目标导向交互作用与个体创造力之间存在负相关的关系；对于持精熟-回避成就目标导向的个体，协和控制及个体成就目标导向交互作用与个体创造力正相关；对于持绩效-回避成就目标导向的个体，协和控制与个体成就目标导向交互作用和个体创造力则无显著的相关性。

6.4.2 管理启示

1. 拓展了对协和控制的认识

协和控制一方面被称为可以替代"官僚控制"的较为民主的、强调员工参与的控制方式，可以激发员工的工作热情和创造力，另一方面，Barker(1993)等学者却认为协和控制对员工而言不过是一个更为紧固的牢笼。本章在对相关文献进行梳理的基础上认为协和控制包含两大特征，即规范认同和同侪压力。规范认同就是团队成员对工作行为要求达成的一致程度，既反映了团队内部自觉执行规范行为的程度，也反映了团队成员之间的关系；同侪压力不仅包含监督约束之义，还拥有合作、互助、信息沟通、相互鼓励等内容。个体的认知决定了协和控制如何对团队成员产生影响。如果同侪压力被视为约束，就会削弱个体内在动机(对于持趋近导向的个体)；如果协和控制被认为是一种清晰的行为规则，就会与个体内在动机进行协同作用，产生积极影响(对于持精熟-回避的个体)。

另外，本章表明个体的年龄、学历和团队人数与团队协和控制水平之间有显著的相关性，为以后进一步探索协和控制打下了坚实的基础。

2. 对个体成就目标导向有了更为全面的认识

学术界对个体成就目标导向的研究由来已久，但在研究维度与研究维度的命名上却一直有着较大的分歧。Elliot 和 McGregor(2001)提出的四维度框架在理论上已得到了广泛认可，但对其做的相关延伸研究却很少，本章研究系统引入四维度理论框架，分别分析了各种个体成就目标导向对个体创造力的影响。精熟-趋近成就目标导向和绩效-趋近成就目标导向在关注点方面存在着区别：精熟-趋近成就目标导向关注能力的提升与个人对自身的认可；绩效-趋近成就目标导向则将注意力放在如何在与他人的竞争中表现得更为卓越，但总体而言趋近成就目标导向与个体创造力正相关。回避成就目标导向则与个体创造力二者之间的关系并没有得到明确。

3. 为人才甄选提供了依据

人才甄选是企业补充人才资源的重要环节，但是对于企业而言因招聘到不合适的人才而带来的损失已得到越来越多的关注。经过研究得出，通常而言，趋近成就目标导向对个体创造力正相关。因而如果组织的招聘岗位对创新有一定要求，在招聘时就可以对候选人进行相关测试，甄选持有趋近成就目标导向的个体，将会有助于提高拥有创造力人才的概率，减少不必要的损失。

4. 塑造适宜的团队环境

自我管理团队已经被广泛应用于企业，以促进企业的创新能力，但是自我管理团队并非万能的，对于持趋近成就目标导向的个体而言，高协和控制反而会阻碍其创造力的发挥。究其原因是团队成员对自发形成的规范的高承诺和高忠诚会束缚员工行为的自由度，尤其是中国情境中，员工崇尚彼此之间关系的和谐，即使对已有的产品、流程等有更好的想法，出于“人情”考虑，也会保持“中庸”。因而如果组织意欲采用自我管理团队的组织形式，但也不能完全依赖于此，也要从组织层面设定相应的激励制度和政策，避免纯粹依靠社会制度带来的弊端。

参考文献

费孝通．2008. 费孝通自选集[M]. 北京：首都师范大学出版社．

郭梅，李霞．2008.“有效教学”培养学生创造能力[J]. 河南财政税务高等专科学校学报，3(2)：81-82.

何友晖，陈淑娟，赵志裕．2007. 世道人心[M]. 北京：北京大学出版社．

罗家德．2010. 社会网分析讲义[M]. 北京：社会科学文献出版社．

罗家德，王竞，张佳音．2008. 社会网研究的架构以组织理论与管理研究为例[J]. 社会，28(6)：15-38.

王素婷．2012. 自我管理团队协和控制、成就目标导向对团队成员创造力影响的跨层次研究

[D]. 上海大学硕士学位论文 .
王艳梅，郭德俊 . 2008. 积极情绪对任务转换的影响[J]. 心理学报，40(3)：301-306.
于若蓉，刘育升 . 2004. 薪奖制度在工作团队内的诱因效果：台湾房屋中介业的实证分析[J]. 经济论文从刊，32(4)：395-416.
张钢，熊立 . 2008. 交互记忆系统与团队任务、成员异质性、团队绩效关系的实证研究[J]. 技术经济，(5)：26-33
章元，李全 . 2003. 论产出分布对团体贷款还款率的影响[J]. 经济研究，2(2)：43-54.
Alexander C N，Knight G W. 1971. Situated identities and social psychological experimentation [J]. Sociometry，34(1)：122-134.
Argote L，Turner M E，Fichman M. 1989. To centralize or not to centralize：the effects of uncertainty and threat on group structure and performance[J]. Organizational Behavior & Human Decision Proce，43(89)：58-74.
Aschoff J. 1955. Der tagesgang der körpertemperatur beim menschen[J]. Journal of Molecular Medicine，33(23～24)：545-551.
Baldwin T T，Magjuka R J. 1991. The perlls of participation：effects of choice of training on trainee motivation and iearning[J]. Personnel Psychology，44(1)：51-65.
Bale G F. 1950. Teratoma of the neck in the region of the thyroid gland; a review of the literature and report of 4 cases[J] . American Journal of Pathology，26(4)：565-579.
Barker J R. 1993. Tightening the iron cage：concertive control in self-managing teams [J]. Administrative Science Quarterly，38(3)：408-437.
Barker J R. 2000. The therapeutic corporation by James Tucker：the therapeutic corporation [J]. American Journal of Sociology，106(2)：531-533.
Barron J M，Gjerde K P. 1997. Peer pressure in an agency relationship[J]. Journal of Labor Economics，15(2)：234-254.
Becker W S，Wellins R S. 1990. Customer-service perceptions and reality[J]. Training & Development Journal，44(3)：49-51.
Bennis W G. 1959. Leadership theory and administrative behavior：the problem of authority [J]. Administrative Science Quarterly，4(3)：259-301.
Blau P M，Scott W R. 1962. Formal Organizations：A Comparative Approach[M]. San Francisco：Chandler Publishing.
Bromiley P，Cummings L L. 1995. Transaction costs in organizations with trust[J]. Research on Negotlation in Organization，5：219-247.
Bülent A，Ilgen S，Handan B，et al. 2005. Safe and effective sedation and analgesia for bone marrow aspiration procedures in children with alfentanil，remifentanil and combinations with midazolam [J]. Paediatric Anaesthesia，15(3)：214-219.
Campion M A，Medsker G J，Higgs A. 1993. Catherine relations between work grou characteristic and effectiveness：implications for designing effective work groups [J]. Personnel Psychology，46(4)：823-847.

Chinn D L. 1979. Rural poverty and the structure of farm household income in developing countries: evidence from Taiwan[J]. Economic Development & Cultural Change, 27(2): 283-301.

Cohen S G, Ledford G E. 1994. The effectiveness of self-managing teams: a quasi-experiment [J]. Human Relations, 47(1): 13-43.

Cordery J L, Smith L M. 1991. Attitudinal and behavioral effects of autonomous group working: a longitudinal field study[J]. Academy of Management Journal, 34(2): 464-476.

Creed-Miles M, Rosas A, Kruszynski R. 1996. Issues in the identification of neandertal derivative traits at early post-natal stages[J]. Journal of Human Evolution, 30(2): 147-153.

Cummings T G, Molly E S, Glen R H. 1975. Intervention strategies for improving productivity and the quality of work life[J]. Organizational Dynamics, 4(1): 52-68.

de Dreu C K, Weingart L R. 2003. Task versus relationship conflict, team performance, and team member satisfaction: a meta-analysis[J]. Journal of Applied Psychology, 88(4): 741-749.

Deutsch M. 1958. Trust and suspicion[J]. Journal of Conflict Resolution, (2): 265-279.

Dirks K T. 1999. The effects of interpersonal trust on work group performance[J]. Journal of Applied Psychology, 84(3): 445-455.

Dirks K T, Ferrin D L. 2001. The role of trust in organizational settings[J]. Organization Science, 12(4): 450-467.

Driskell J E, Olmstead B, Eduardo S B. 1993. Task cues, dominance cues, and influence in task groups[J]. Journal of Applied Psychology, 78(1): 51-60.

Druskat V U, Kayes D C. 2000. Learning versus performance in short-term project teams[J]. Small Group Research, 31(3): 328-353.

Edwards R C. 1978. The socal relations of production at the point of production[J]. Critical Sociology, 8(2): 109-125.

Elliot A J, McGregor H A. 2001. A 2×2 achievement goal framework[J]. Journal of Personality & Social Psychology, 80(1): 501-519.

Elliot A J, Thrash T M. 2001. Achievement goals and the hierarchical model of achievement motivation [J]. Educational Psychology Review, 13(2): 139-156.

Evans C R, Dion K L. 1991. Group cohesion and performance a meta-analysis[J]. Small Group Research, 22(2): 175-186.

Ezzamel M, Willmott H. 1998. Accounting for teamwork: a critical study of group-based systems of organizational control[J]. Administrative Science Quarterly, 43(2): 358-396.

Foucault M. 1980. The history of sexuality, volume one: an introduction[J]. Human Studies, 5 (3): 112-114.

Frink D, Klimoski R J. 1998. Toward a theory of accountability in organizations and human resource management[J]. Research in Personnel and Human Resources Management, 25(4): 112-119.

George M J, Bettenhausen K. 1990. Understanding prosocial behavior, sales performance, and turnover：a group-level analysis in a service context[J]. Journal of Applied Psychology，75 (6)：698-709.

Gill S，Tang A，Cordery M，et al. 1991. The effects of twice and dour times daily zidovudine on p24 antigenaemia in CDC stage Ⅱ/Ⅲ patients[J]. Genitourinary Medicine，67(1)：234-284.

Goodman L J. 1988. The IPPMC and Case Materials[M]. New York：Springer.

Gupta Y P，Ash D. 1994. Excellence at Rohm and Haas Kentucky：a case study of work-team introduction in manufacturing[J]. Production & Operations Management，3(3)：186-200.

Gully S M，Devine D J，Whitney D J. 1995. A meta-analysis of cohesion and performance[J]. Small Group Research，26(4)：497-520.

Hackman J R. 2002. Leading Teams：Setting the Stage for Great Performances[M]. Boston：Harvard Business School Press.

Hirst G，Knippenberg D V，Chen C H，et al. 2011. How does bureaucracy impact individual creativity? A cross-level investigation of team contextual influences on goal orientation-creativity relationships[J]. Academy of Management Journal，54(3)：624-641.

Hodson R，Creighton S. 1993. Is worker solidarity undermined by autonomy and participation? Patterns from the ethnographic literature[J]. American Sociological Review，58(3)：398-416.

Ilgen D R，Hollenbeck J R，Johnson M，et al. 2005. Teams in organizations：from input-process-output models to IMOI models[J]. Annual Review of Psychology，56(1)：517-543.

Kalberg S. 1980. Max Weber's types of rationality：cornerstones for the analysis of rationalization processes in history. [J]. American Journal of Sociology，85(5)：425-501.

Kanter R M. 1989. Work and family in the United States：a critical review and agenda for research and policy[J]. Family Business Review，2(1)：77-114.

Langfred C W. 2000. The paradox of self-management：individual and group autonomy in work groups [J]. Journal of Organizational Behavior，21(5)：563-585.

Langfred C W. 2004. Too much of a good thing? Negative effects of high trust and Individual autonomy in self-managing teams[J]. Academy of Management Journal，47(3)：385-399

Langfred C W. 2005. Autonomy and performance in teams：the multilevel moderating effect of task interdependence[J]. Journal of Management，31(4)：513-529.

Langfred C W. 2007. The downside of self-management：a longitudinal study of the effects tf conflict on trust，autonomy，and task interdependence in self-managing teams[J]. Academy of Management Journal，50(4)：885-900.

Larson G S，Tompkins P K. 2005. Ambivalence and resistance：a study of management in a concertive control system[J]. Communication Monographs，72(1)：1-21.

Lepine A，van Dyne D L. 2001. Voice and cooperative behavior as contrasting forms of contextual performance：evidence of differential relationships with big five personality characteris

[J]. Journal of Applied Psychology，86(2)：326-336.

Lewin K，Lewin G W. 1948. Resolving social conflicts；selected papers on group dynamics [J]. Social Forces，54(6)：552-553.

Liden R C，Wayne S J，Bradway L K. 1997. Task interdependence as a moderator of the relation between group control and performance[J]. Human Relations，50(2)：169-181.

Loughry M L. 2008. Performance implications of peer monitoring[J]. Organization Science，19(6)：876-890.

Loughry M L，Tosi H L. 2008. Performance implications of peer monitoring[J]. Organization Science，19(6)：876-890.

Luthans F，Rosenkrantz S A . 1985. What do successful managers really do? An observation study of managerial activities[J]. Journal of Applied Behavioral Science，21(3)：255-270.

Manz C C，Sims Jr H P. 1987. Leading workers to lead themselves：the external leadership of self-managing work teams[J]. Administrative Science Quarterly，32(1)：106-129.

Mcphee R，Tompkins P K. 1985. Organizational Communication：Traditional Themes and New Directions[M]. New York：Sage Publications.

Meglin A，Costabile R A. 1998. Treatment of a ureteroiliac artery fistula with an intraluminal endovascular graft[J]. Journal of Urology，159(6)：2083-2084.

Mueller P W，Macneil M L，Smith S J，et al. 1991. Interlaboratory comparison of the measurement of albumin in urine[J]. Clinical Chemistry，37(2)：191-195.

Mullen B，Anthony T. 1994. Group cohesiveness and quality of decision making[J]. Small Group Research，25：189-204.

Mullen B，Copper C. 1994. The relation between group cohesiveness and Performance[J]. Psychological Bull，115(2)：210-227.

Nohria N，Eccles R G. 1992. Networks and Organizations：Structure，Form，and Action [M]. Boston：Harvard Business School Press.

Ouchi W G. 1980. Markets，bureaucracies，and clans[J]. Administrative Science Quarterly，25(1)：129-141.

Parker D E，Legg T P，Folland C K. 1992. A new daily central England temperature series，1772—1991[J]. International Journal of Climatology，12(4)：317-342.

Pasmore W A，Khalsa G S. 1993. The contributions of eric trist to the social engagement of social science[J]. The Academy of Management Review ，18(3)：546-569.

Perrow C. 1972. Complex Organizations：A Critical Essay[M]. Glenview：Scott Foresman.

Perrow C. 1986. Complex Organizations：A Critical Essay(2nd ed.)[M]. New York：McGraw-Hill.

Peter M. Blau W. Scott R. 1962. Formal Organizations：A Comparative Approach[M]. Arizona：Chandler Publishing.

Peterson R S，Behfar K J，Peterson R S，et al. 2003. The dynamic relationship between performance feedback，trust，and conflict in groups：a longitudinal study[J]. Organizational

Behavior & Human Decision Proce，92(3)：102-112.

Phipps K，Barker D J. 1993. Fetal growth and impaired glucose tolerance in men and women [J]. Diabetologia，36(3)：225-228.

Pich J，Friedlander S K，Lai F S. 1970. The self-preserving particle size distribution for coagulation by brownian motion-Ⅲ. Smoluchowski coagulation and simultaneous maxwellian condensation[J]. Journal of Aerosol Science，1(2)：115-126

Pugh D S，Hickson D J，Hinings C R，et al. 1968. An empirical taxonomy of work organizations[J]. Administrative Science Quarterly，20(2)：69-72.

Pugh D S，Turner C. 1968. Dimensions of organization structure[J]. Administrative Science Quarterly，13(1)：65-105.

Raudenbush S，Bryk A S. 1986. A hierarchical model for studying school effects[J]. Sociology of Education，59(1)：1-17.

Ravelo A G，Jimenez I A，Gupta M P. 1994. 4，5-dihydroblumenol a，a new nor-isoprenoid from perrottetia multiflora[J]. Journal of Natural Products，57(3)：400-402.

Sewell G. 1998. The discipline of teams：the control of team-based industrial work through electronic and peer surveillance[J]. Administrative Science Quarterly，43(2)：397-428.

Sinclair B. 1992. The emergence of strong leadership in the 1980s house of representatives[J]. Journal of Politics，17(1)：152.

Sinclair A，Ewing J. 1992. What women managers want：customising human resource management practices[J]. Human Resource Management Journal，3(2)：14-28.

Soeters L J. 1986. Excellent companies as social movements[J]. Journal of Management Studies，23(3)：299-312.

Spreitzer G M. 1999. Giving up control without losing control[J]. Group Organization Management，24：155-187.

Spreitzer G M，Mishra A K. 1999. Giving up control without losing control trust and its substitutes' effects on managers' involving employees in decision making[J]. Group & Organization Management，24(24)：155-187.

Taggar S. 2002. Individual creativity and croup ability to utilize individual creative resources：a multilevel model[J]. Academy of Management Journal，45(2)：315-330.

Tannenbaum P H，Williams F. 1968. Generation of active and passive sentences as a function of subject or object focus[J]. Journal of Verbal Learning & Verbal Behavior，7(1)：246-250.

Tata J，Prasad S. 2004. Team self-management，organizational structure，and judgments of team effectiveness[J]. Journal of Managerial Issues，16(2)：248-265.

Taylor S E，Brown J D. 1988. Illusion and well-being：a social psychological perspective on mental health[J] Psychological Bulletin，103(2)：193-210.

Tompkins P K，Cheney G. 1985. Organizational Communication：Traditional Themes and New Directions[M]. New York：Sage Publications.

Trist E. 1977. A concept of organizational ecology[J]. Australian Journal of Management，(2)：

161-175.

Urchskat V , Kayes D C. 2000. Learning versus performance in short-term project teams[J]. Small Group Research, 31(3): 328-353.

Vansteenhouse J L, Prescott J S, Barker S A. 2000. Identification of the 1-cyano-3, 4-epithiobutane-derived urinary mercapturic acid N-acetyl-S-(4-cyano-2-thio-1-butyl)-cysteine in male fischer 344 rats[J]. Journal of Applied Toxicology, 20(1): 1-10.

Vinokur-Kaplan D. 1995. Enhancing the effectiveness of interdisciplinary mental health treatment teams [J]. Administration and Policy in Mental Health and Mental Health Services Research, 22(5): 521-530.

Wall T D, Kemp N J, Jackson P R, et al. 1986. Outcomes of autonomous workgroups: a long-term field experiment[J]. Academy of Management Journal, 29(2): 280-304.

Warren G. 1959. Bennis leadership theory and administrative behavior: the problem of authority [J]. Administrative Science Quarterly 4(3): 259-301.

Wittek R, Duijn M A J V, Snijders T A B. 2003. Frame decay, informal power, and the escalation of social control in a management team: a relational signaling perspective[J]. Governance of Relations in Markets & Organizations, 20(2): 355-380.

Worringham C J, Messick D M . 1983. Social facilitation of running: an unobtrusive study[J]. Journal of Social Psychology, 121(1): 23-29.

Wright B M, Barker J R. 2000. Assessing concertive control in the term environment[J]. Journal of Occupational & Organizational Psychology, 73(3): 345-361.

第 7 章

协和控制对成就目标导向与创造力关系调节作用的非线性研究

【本章导读】

在第6章，揭示了情境变量协和控制对成就目标导向与创造力关系的线性调节作用。研究中发现精熟-回避成就目标导向与创造力无显著相关性，协和控制与个体绩效-回避成就目标导向交互作用对创造力的影响不显著。为进一步拓展协和控制对成就目标导向与创造力关系的调节作用研究，本章将深入探讨情境变量协和控制对成就目标导向与创造力关系的非线性调节作用。

本章考察自我管理团队中实施的协和控制与个体层面的成就目标导向进行跨层次交互作用对员工创造力的影响，验证自我管理团队协和控制、个体成就目标导向与员工创造力之间的非线性关系。结果发现：①精熟-趋近目标导向与员工创造力正向相关。②精熟-回避目标导向与员工创造力负向相关。③绩效-趋近目标导向与员工创造力正向相关。④绩效-回避目标导向与员工创造力负向相关。⑤团队协和控制处于中间值时，员工创造力最高；协和控制较高或较低时，员工创造力水平均处于较低水平。⑥协和控制对精熟-趋近目标导向与创造力之间关系的调节作用。高协和控制下，精熟-趋近目标导向处于中间水平时，员工创造力最高，均高于精熟-趋近目标导向处于较高或较低水平时的员工创造力，呈现倒“U”形关系；低协和控制下，精熟-趋近目标导向和创造力之间则呈现线性正相关关系。⑦协和控制对绩效-趋近目标导向与创造力之间关系的调节作用。高协和控制下，绩效-趋近目标导向处于中间值时，员工创造力最高，均高于绩效-趋近目标导向处于较高或较低水平时的员工创造力，呈现倒“U”形关系；低协和控制下，绩效-趋近目标导向和创造力之间则呈现线性正相关关系。蕴涵的管理启示如下：在研究管理团队创造力时，一方面认识到趋近型的绩效目标同样对创造力起到促进作用；另一方面外在激励和环境对员工的创造力也有着非常显著的影响。

7.1 研究假设推演与研究框架构建

本章在之前研究的基础之上展开讨论，主要研究协和控制对成就目标导向与员工创造力影响的非线性调节作用。

本章研究的主要目的是通过问卷调查，运用实证的方法分析自我管理团队中实施的协和控制与个体层面的成就目标导向之间的跨层次交互作用，揭示自我管理团队协和控制、个体成就目标导向与员工创造力之间的非线性关系。

本章将围绕个体层次的成就目标导向以及团队层次的协和控制与员工创造力之间的关系展开研究，具体的研究框架如图 7-1 所示。

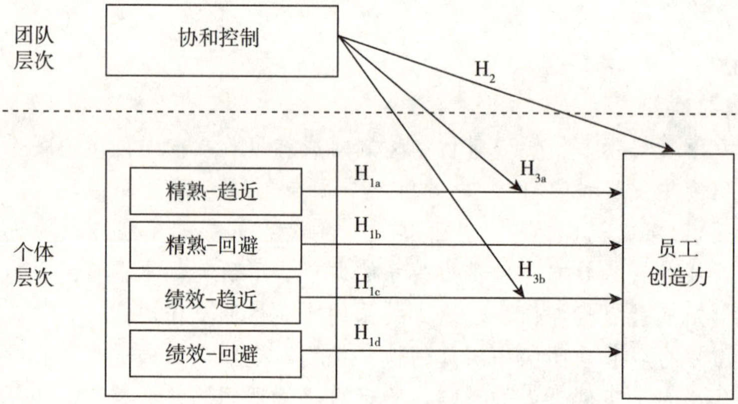

图 7-1 研究框架

首先，研究个体层次的成就目标导向四个维度与员工创造力之间的关系，即在“精熟-趋近”、“精熟-回避”、“绩效-趋近”和“绩效-回避”四个维度与员工创造力之间分别形成 H_{1a}、H_{1b}、H_{1c}与 H_{1d}。

其次，研究团队层次的协和控制与员工创造力之间的关系，形成 H_2。

最后，研究协和控制与成就目标导向交互作用下对员工创造力的影响，趋向和回避动机为同一条轴上的两端，是此消彼长的关系，因此只研究其中一个即可。在此，本章选择协和控制下，精熟目标和绩效目标在具有趋向行为动机时，对员工创造力的影响，即形成 H_{3a}和 H_{3b}。

1. 成就目标导向与员工创造力的关系假设

在 Amabile(1983)的创造力组成成分理论中，内在动机是产生创造力的重要组成要素，因此，成就目标导向作为员工内在动机的一种突出体现，对员工创造力的影响显而易见。同时，“趋近”和“回避”作为员工的两种行为导向，对创造力的产生也具有重要影响。

(1)精熟-趋近目标导向：具有此类型成就目标导向的员工在个人认知上认为个人能力是可以通过锻炼和学习得到不断提升的，因此，此类型员工都关注自身发展和价值的自我实现，对完成工作任务过程中遇到的难题，都乐于积极主动地去解决，追求自身业务技能的精通娴熟，在这样的目标导向下，员工创造力可以得到有效的刺激和发展。

(2)精熟-回避目标导向：具有此类型成就目标导向的员工虽然也认可能力增长论，并希望提高自身能力。但由于谨慎的性格以及低调的做事风格，往往不将自己的想法付诸实践。尤其在中国情境下，由于受到中国传统“中庸”思想的影响，空有一腔热情，行动上却受到诸多限制的情况更是较为普遍。由于创造力并非空想，还需要产生具有价值的新产品，因此在这样的目标导向下，员工创造力无法得到发挥，价值无法体现。

(3)绩效-趋近目标导向：具有此类型成就目标导向的员工十分注重个人能力的展示，往往通过他人对自己肯定的评价证明个人的价值。用中国本土词语来形容就是“好面子”。同时，此类型员工也是积极主义者，在正面评价和负面评价之间，他们不忌讳任务完成过程中出现的失败和差错，更注重别人对任务完成最终结果的正面评价，在一些具有明显创新性质的任务中，持有该目标导向的员工往往不畏惧过程中的困难和挫折，他们的创造力可以得到很大程度的提高。

(4)绩效-回避目标导向：具有此类型成就目标导向的员工同样渴望从他人那里得到肯定的评价证明自己的价值，但同时，此类型员工又是消极主义者，在正面评价和负面评价之间，他们更注重避免负面评价。由于担心暴露自身不足，持有该目标导向的员工在面对任务时，总是畏首畏尾，不能很好地将个人潜力挖掘出来。

基于上述分析，本章就成就目标导向与员工创造力之间的关系提出以下假设。

H_{1a}：精熟-趋近与员工创造力正向相关。

H_{1b}：精熟-回避与员工创造力负向相关。

H_{1c}：绩效-趋近与员工创造力正向相关。

H_{1d}：绩效-回避与员工创造力负向相关。

2. 协和控制与员工创造力的关系

团队协和控制与员工创造力的关系呈现两面性，一方面，在较低的协和控制水平下，个人对团队的认同感还未形成，团队的规范和标准未建立或者即便建立了也未能得到有效落实。在这种情境下，无论是来自团队外部还是内部都缺乏对个体的监督，团队成员很容易滋生不负责、偷懒等负面思想及行为，造成创造力的逐渐损耗，进而在个体内部层面上制约员工创造力的发展。另一方面，在较高的协和控制水平下，个体所处环境中存在过多且趋于刚性的规范制度，正所谓

“过犹不及”，过多的刚性制度框架很容易限制员工的思维发展和创新行为，进而在个体外部层面制约员工创造力的产生。

基于上述分析，本章就协和控制与员工创造力之间的关系提出如下假设。

H_2：团队协和控制处于中间值时，员工创造力最高；协和控制较高或较低时，员工创造力水平均处于较低水平。

3. 跨层次变量交互作用与员工创造力的关系假设

依据特质激活理论，当影响员工能力发挥的组织情境与某种特质紧密相关时，它就可能激发个体的创造力特质（Tett and Burnett，2003；Chen and Kanfer，2006）。因此，如果个体的目标导向使其不愿参与某种被激励的行为，环境对他们的影响就相对较弱；而如果他们倾向于表现这些行为时，环境对他们的影响就相对较大。

自我管理团队拥有更多的决策和工作自主化权力。由团队人际互动形成的协和控制在某种程度上取代了组织正式控制，成为塑造和规约团队成员的统一界面规则与主要力量。这就要求个体在一定程度上必须牺牲个人的焦点取向，以适应团队规范。

协和控制程度高，意味着团队规范的力量大。在团队磨合期，团队规范起促进各主体与要素间关系稳定、协调和有序的作用；也提供了一个组织自适应的匹配机制，有利于界定每一个团队成员的权利和义务边界。但是随着团队规范力量的加强，界面规则逐步完善，成为“紧固的铁笼”，个体不得不降低个人自我效能感，调整焦点取向，以适应日趋刚性的界面规则，因此高的协和控制程度对行为的自适应具有边际递减趋势，即控制达到最大化程度，个体可能会失去灵活性和活力。由此，本章认为，组织协和控制及个体精熟-趋近目标导向（追求学习与提高技能）之间的交互作用，与员工的创造力之间可能存在非线性关系。

由于精熟-趋近与精熟-回避是精熟成就目标导向的两个维度，两者呈现此消彼长的状态，即当个体偏向精熟-趋近成就目标导向时，他的精熟-回避成就目标导就会相应减少，当个体偏向精熟-回避成就目标导向时，他的精熟-趋近成就目标会相应减少，因此本章只需研究协和控制对精熟-趋近目标导向与创造力之间关系的调节作用。协和控制对绩效-趋近目标导向与创造力之间关系的调节作用，本章也做同样的处理。因此，我们提出如下假设。

H_{3a}：协和控制对精熟-趋近目标导向与创造力之间的关系有调节作用。高协和控制下，精熟-趋近处于中间水平时，员工创造力最高，均高于精熟-趋近处于较高或较低水平时的员工创造力。低协和控制下，精熟-趋近目标导向和创造力之间则呈现线性正相关关系。

H_{3b}：协和控制对绩效-趋近目标导向与创造力之间的关系有调节作用。高协和控制下，绩效-趋近处于中间值时，员工创造力最高，均高于绩效-趋近处于较高或较低水平时的员工创造力。低协和控制下，绩效-趋近目标导向和创造力之间则呈现线性正相关关系。

7.2　研究问卷设计、数据获取与质量评估

7.2.1　量表选择及问卷设计

本章采用问卷方式进行相关研究，该问卷主要分为四大部分，即创造力、成就目标导向、协和控制及个体基本信息。其中，创造力、成就目标导向与协和控制均采用国外成熟量表，采用李克特五点式计分，即 1 表示“非常不符合”，2 表示“基本不符合”，3 表示“不清楚”，4 表示“基本符合”，5 表示“非常符合”。

对创造力的测量本章采用 Janssen(2000)关于员工创新行为的量表。该量表为单一维度，共包括九个题项，采用李克特五点式计分，分值越高说明员工个体创造力越高。

(1)为困难的问题产生新的方法。

(2)寻找新的工作方法、技巧和措施。

(3)形成解决问题的新方法。

(4)为新想法争取支持。

(5)寻求新想法获得批准。

(6)让组织中的重要人物对新想法充满热忱。

(7)将新想法转化为有用的应用。

(8)系统地将新想法引入工作当中。

(9)评估创新性想法的应用价值。

对于成就目标导向的测量本章主要采用 Baranik 等(2007)编制的成就目标导向量表。该量表共有 18 个题项，其中 1～4、8、9 题(共 6 题) 测量个体的精熟-趋近目标导向，5～7、10 题(共 4 题)测量个体的精熟-回避目标导向；11～14 题(共 4 题)测量个体的绩效-趋近目标导向，15～18 题(共 4 题)测量个体的绩效-回避目标导向。

(1)我喜欢有挑战性的工作，这样能从中学到很多有用的东西。

(2)我经常寻找机会掌握新的技能和知识。

(3)我喜欢工作中有挑战性、有难度的任务，这样可以学到新的技能。

(4)对我来说，工作能力的发展非常重要，我可以为之去冒险。

(5)我只是尽量避免在执行工作任务时缺乏必要的技能。

(6)当投入一项工作任务时，我会反复思考怎么做才能不出错。

(7)在工作中，我关注的是不能比之前的工作差。

(8)我的目标是避免在执行工作任务时缺乏必要的技能。

(9)我希望可以获得能够胜任工作的足够的技能。

(10)在工作中，我尽量避免不能很好地执行工作任务的情况。

(11)我在意自己是否比其他同事强。

(12)我试着在工作中向他人证明自己的能力。

(13)我喜欢在工作中得到他人的赞赏。

(14)我喜欢从事能够向他人展示自己能力的工作。

(15)如果有可能向他人表现出自己没能力，我宁愿避免接受新的工作。

(16)对我来说避免展示自己的弱点比学习新技能更重要。

(17)如果我的表现证明我的能力很低，我就会担心是否要从事这个工作。

(18)我尽量避免工作中使自己出丑的情境。

对协和控制的测量本章采用 Wright 和 Barker(2000)提出的量表进行测量。该量表为单一维度，共六个题项，采用李克特五点式计分，分值越高说明团队协和控制越强。

(1)你所在的团队中存在团队规则或者团队条例吗?

(2)你所在的团队中是否存在明确团队成员在什么样的情况下请假或者缺勤等相应的政策?

(3)你所在的团队中存在某种确定的做事方式吗?

(4)你所在的团队中每个成员都能充分发挥他们的作用吗?

(5)如果你想改变自己的工作方式，需要征得每个人的同意吗?

(6)在你的行为有可能影响到其他人时，你会事前与其沟通确保没有问题吗?

个体基本信息旨在通过统计性别、婚姻状况、年龄、职称、学历、工龄、所属行业、所在公司规模以及在公司的职位等信息，对被调查者的分布状况及样本代表性进行分析。为了便于后期的数据统计和处理，对于个人基础信息的原始数据将按照问卷中问题的先后顺序，分别以离散的数字(1，2，3，…)进行转码操作。

7.2.2 检验分析方法

对于样本数据的检验分析，本章主要利用 SPSS 19.0(中文版)和 HLM 6.0 从信度、效度、一致性和相关性四个方面对量表的有效性进行检验，最后通过跨层次的非线性模型分析与研究假设进行验证。

1. 量表的信度、效度检验

量表的信度和效度都是评价量表测量效果的重要指标，其中信度检验是为了评价相应量表的可靠性，可以通过分析不同受测者及不同时间同一受测者对检测工具的反应是否一致进行衡量。Cronbach(1951)提出的 α 系数是最常用的信度检验工具，其公式为：

$$\alpha=(n/n-1)\left(1-\sum S_i/S_t\right)$$

其中，α 为信度系数；n 为测验题目数；S_i 为每题各被试得分的方差；S_t 为所有被试所得总分的方差。对于 α 信度系数的好坏界定没有绝对标准。一般认为信度系数 α 在 0.9 以上为“优秀”，0.8～0.9 为“非常好”；0.7～0.8 为“适中”；0.5～0.7 为“可接受”；低于 0.5 的则表示至少有一半的观察变异来自随机误差，其信度是不可接受的。本章是一种探索性研究，因此认为信度系数大于 0.7 即可接受。

效度检验是为了评价各分量表的有效性，可以通过分析测量所得结果与期望应得结果之间的对比进行衡量，吻合度越高则效度越高。一个量表必须兼具信度和效度，才能保证其使用质量。本章主要通过主成分分析法对各分量表进行因子载荷分析，一般认为因子载荷大于 0.5 的调查项目达到效度要求，予以保留。

2. 组内一致性、组间差异性检验

本章研究面向个体层面以及团队层面的多水平、多层次的嵌套结构，因此，在聚合个人层面回答到团队层面之前，必须对其组内和组间一致性进行检验。其中组内一致度检验是同一个团队内不同个体对构念有相同反应程度的评估，在组织文献中最常用 $\mathrm{Rwg}_{(j)}$ 进行衡量(James et al.，1984，1993)，其公式为

$$\mathrm{Rwg}_{(j)}=\frac{j\left[1-\left(\frac{S_{xj}^2}{\sigma_{\mathrm{EU}}^2}\right)\right]}{j\left[1-\left(\frac{S_{xj}^2}{\sigma_{\mathrm{EU}}^2}\right)\right]+\left(\frac{S_{xj}^2}{\sigma_{\mathrm{EU}}^2}\right)}$$

其中，$\mathrm{Rwg}_{(j)}$ 是指群体中 j 个平行的问项上所有回答者的组内一致度；s_{xj}^2 是指在 j 个问项上观察到的方差的平均数；σ_{EU}^2 是指假设所有回答者只存在随机误差下的期望的方差。在组织文献中，一般认为 $\mathrm{Rwg}_{(j)}>0.7$ 时，表示聚合有足够的组内一致度。

$\mathrm{Rwg}_{(j)}$ 验证组内一致度后，必须在聚合之前，先评估是否有足够的组间差异，即进行 ICC 检测(intra class correlation)，包括 ICC(1)和 ICC(2)，其中 ICC(1)表示组内一致性，ICC(2)表示群体平均数的可信度，其公式分别为

$$\mathrm{ICC}(1)=\frac{\tau_{00}}{\sigma^2+\tau_{00}}=\frac{\mathrm{MSB}-\mathrm{MSW}}{\mathrm{MSB}+[(K+1)\times\mathrm{MSW}]}$$

$$\mathrm{ICC}(2)=\frac{k(\mathrm{ICC}(1))}{1+(k-1)\mathrm{ICC}(1)}=\frac{\mathrm{MSB}-\mathrm{MSW}}{\mathrm{MSB}}$$

其中，τ_{00} 表示组间方差；σ^2 是指组内方差；MSB 表示团队均值平方(mean

square between group)；MSW 表示团队内均值平方（mean square within group)；K 表示小组平均人数；k 表示团队样本数。James(1982)回顾组织研究时发现 0.00<ICC(1)<0.50，中位数为 0.12。实际操作中，一般认为 ICC(1)大于 0.2，ICC(2)大于 0.7 即可。Bliese 和 Halverson(1998a)指出可以通过取得更多群体样本(提高 k 值)提高 ICC(2)。

值得一提的是，Rwg 和 ICC(1)虽然较为相似，但本质上是不同的，Rwg 针对每一个小组的评价，ICC(1)却是对所有小组的综合评价。通俗来说，调查数据中有多少个小组就应该有多少个 Rwg(可以用平均值表示整体的 Rwg)，但 ICC(1)却只有一个。

3. 变量的相关性分析

相关性分析是为了评估变量之间的关联程度，常用的相关系数有 Kendall 相关、Pearson 相关和 Spearman 相关等，本章选取 Pearson 相关系数作为研究工具对成就目标导向、协和控制与创造力之间的关系进行分析。

Pearson 相关也叫皮尔逊相关系数(Pearson product-moment correlation coefficient)，用于度量 X 和 Y 两个变量之间的相互关系，具体而言就是两个变量的协方差与二者标准差之积的商，Pearson 相关系数 r 的计算公式为

$$r=\frac{n\sum x_i y_i-\sum x_i\sum y_i}{\sqrt{n\sum x_i^2-\left(\sum x_i\right)^2}\sqrt{n\sum y_i^2-\left(\sum y_i\right)^2}}$$

相关系数 r 的取值范围为[−1，+1]，对于相关系数大小与变量相关性的关系并无统一的衡量标准，主要取决于研究的背景和目的。在社会科学研究中，一般认为相关系数与相关性的关系如表 7-1 所示。

表 7-1 相关系数与相关性的关系

相关性	相关系数	
	负值	正值
不相关	−0.09～0.0	0.0～0.09
低相关	−0.3～−0.1	0.1～0.3
中等相关	−0.5～−0.3	0.3～0.5
显著相关	−1.0～−0.5	0.5～1.0

4. 跨层次非线性模型构建

本章研究的成就目标导向(第一层变量)与个体有关，而协和控制(第二层变量)与团体有关，个体变量与团体变量对员工创造力的影响存在交互作用，因此需要构建跨层次模型进行分析。同时，鉴于协和控制对员工创造力影响的“两面

性”，简单的线性关系无法准确表达两者之间的关系，本章尝试在协和控制、成就目标导向和创造力三者之间构建跨层次非线性模型，具体思路如下。

第一步：构建不纳入任何自变量的虚无模型，通过评估员工创造力的组间和组内变异成分的显著性检验跨层次效果的存在。

第二步：将成就目标导向四个维度的变量纳入虚无模型中的第一层，对第二层方程式做以截距为结果变量的估计，对 H_{1a}、H_{1b}、H_{1c}和 H_{1d}进行验证。

第三步：在第二步的基础上，将协和控制变量做平方处理后加入第二层方程式中，并以截距作为结果变量估计协和控制对员工创造力的影响，对 H_2进行验证。

第四步：在前三步的基础上，分析精熟-趋近、绩效-趋近变量与协和控制变量的相关性，并以斜率作为结果变量估计协和控制对精熟-趋近、绩效-趋近与创造力的调节作用，对 H_{3a}和 H_{3b}进行验证。

7.2.3　数据处理分析

1. 样本收集及描述性分析

本章的受访对象主要是自我管理团队中的企业员工，综合考虑发放及收集样本的便利性及代表性，选择在北京、上海、安徽等地发放问卷。最后收集 14 家企业的 32 个团队的 325 名知识工作者的问卷。本章是以团队为调查单元的，因此对于部分问题(如公司规模、所处行业)缺失的问卷，通过参考该成员所处团队的其他人员答案进行统一调整和填补。最后，根据信息完整性原则(缺失不超过 3 个问题)和正反向答题一致性原则，所有问卷均有效，仅有部分问卷中的个别项目有缺失，具体情况如下(表 7-2)。

表 7-2　问卷统计特征及有效性

变量		性别	婚姻	年龄	职称	学历	工龄	公司规模	所处行业	个人职位
N	有效	325	322	323	312	311	323	324	323	323
	缺失	0	3	2	13	14	2	1	2	2

可以看出，此次调查问卷的有效率较高，相对来说，在职称和学历方面缺失的问卷较多，此情况出现的原因主要是人们对隐私的一种保护，尤其这种涉及个人能力和面子的调查项目，很多人都有所回避。

1)样本个体分布状况

为了更好地对样本分布状况进行综合评估，本章借助 SPSS 软件从性别、婚姻、年龄、职称、学历、工龄、公司规模、所处行业和个人职位等项目进行频次、有效百分比、均值和标准差指标的统计描述(表 7-3)。

表 7-3 样本的分布状况

个体基础信息			频次	有效百分比/%	均值	标准差
原始问卷		转码规则				
性别	男	1	191	58.8	1.41	0.493
	女	2	134	41.2		
婚姻	已婚	1	159	49.4	1.51	0.501
	未婚	2	163	50.6		
年龄	<20 岁	1	2	0.6	3.24	0.941
	20～25 岁	2	62	19.2		
	26～30 岁	3	152	47.1		
	31～40 岁	4	78	24.1		
	41～50 岁	5	21	6.5		
	>50 岁	6	8	2.5		
职称	没有	1	149	47.8	1.78	0.866
	初级	2	89	28.5		
	中级	3	69	22.1		
	副高级	4	3	1.0		
	高级	5	2	0.6		
学历	高中及以下	1	18	5.8	2.87	0.757
	专科	2	58	18.7		
	本科	3	182	58.5		
	研究生及以上	4	53	17.0		
工龄	不满 1 年	1	67	20.8	2.74	1.512
	1～2 年	2	94	29.1		
	3～6 年	3	87	26.9		
	7～9 年	4	37	11.5		
	10～14 年	5	23	7.1		
	15～19 年	6	4	1.2		
	20～24 年	7	5	1.5		
	25 年及以上	8	6	1.9		
公司规模	较大	1	140	43.2	1.69	0.731
	中等	2	150	46.3		
	较小	3	34	10.5		

续表

个体基础信息			频次	有效百分比/%	均值	标准差
	原始问卷	转码规则				
所处行业	制造业	1	187	57.9	3.44	3.255
	房地产	2	7	2.2		
	金融业	3	2	0.6		
	商贸流通	4	22	6.8		
	IT 技术	5	26	8.1		
	建筑	6	0	0.0		
	运输	7	12	3.7		
	能源	8	1	0.3		
	其他	9	66	20.4		
个人职位	高层管理	1	4	1.2	4.66	1.885
	中层管理	2	21	6.5		
	基层管理	3	33	10.2		
	一般职员	4	171	52.9		
	一线员工	5	12	3.7		
	销售员	6	7	2.2		
	研发人员	7	47	14.6		
	设计人员	8	15	4.6		
	一般行政人员	9	6	1.9		
	其他	10	7	2.2		

从表 7-3 可以看出，在 325 个样本中，男性比例略高于女性，这比较符合当前我国整体男女比例现状；在婚姻状况上，未婚、已婚比例基本一致；在年龄结构上，主要以 30 岁以下的年轻人为主。也正是因为样本的年轻化，因此大部分样本一方面具有较高的学历，另一方面却没有职称或只有较低的职称，在工龄上也很少超过 6 年。从被调查者的职位构成来看，主要由基层管理人员、一般职员和研发人员构成。这些特征与当前知识密集型企业和自我管理团队发展的特征匹配。所以，样本分布比较合理，具有较强的代表性。

2)变量的描述性分析

对于样本中的研究变量，本章主要从最大值、最小值、均值、标准差、方差、峰度和偏度七个方面进行描述性分析，对软件运行结果进行统计再处理后，得到如下结果(表 7-4)。

表 7-4 变量的描述性分析

变量	最大值	最小值	均值	标准差	方差	偏度	峰度
精熟-趋近目标导向	5	1	4.01	0.78	0.62	−0.82	1.13
精熟-回避目标导向	5	1	3.80	0.88	0.77	−0.84	0.87
绩效-趋近目标导向	5	1	3.68	0.88	0.78	−0.71	0.61
绩效-回避目标导向	5	1	3.15	1.03	1.06	−0.19	−0.49
协和控制	5	1	3.66	0.81	0.66	−0.32	0.16
创造力	5	1	3.65	0.77	0.60	−0.18	−0.09

通过表 7-4 可以看出，在均值方面，成就目标导向、协和控制与创造力三个变量的平均值都较高，这说明当前企业对团队协和控制的重视以及整体创新能力水平的提高；标准差方面，绩效-回避目标导向的标准差均高于其他变量，说明在这个方面受访者的回答偏离平均值较远。这主要由于该变量体现了个体的一些负面思想，受访者在填写问卷时，会有所保留而未能如实填写，导致偏差较大；偏度方面均为负值，说明位于均值左边的数据比位于右边的数据少，进一步印证了当前人们创新意识、创新能力及团队协和控制水平不断提高的现状。

2. 量表数据的检验分析

根据前文检验分析方法的设计，主要利用 SPSS 19.0(中文版)和 EXCEL 工具从信度、效度、一致性和相关性四个方面对量表数据进行检验。

1)信度检验

本章使用 SPSS 19.0 对成就目标导向、协和控制与创造力的分量表问卷数据进行信度分析，为了提高信度检验的颗粒度，本章对成就目标导向中的精熟-趋近目标导向、精熟-回避目标导向、绩效-趋近目标导向及绩效-回避目标导向四个维度的量表也进行了信度分析，具体统计分析结果见表 7-5。

表 7-5 量表的信度分析

变量	α 系数	项数
精熟-趋近目标导向	0.813	6(1～4、8、9)
精熟-回避目标导向	0.783	4(5～7、10)
绩效-趋近目标导向	0.783	4(11～14)
绩效-回避目标导向	0.745	4(15～18)

续表

变量	α 系数	项数
成就目标导向	0.832	18
协和控制	0.861	6
创造力	0.905	9
总量表	0.891	33

通过表 7-5 可以看出，调查问卷中成就目标导向、协和控制、创造力及总量表的 α 系数均大于 0.8，取值为 0.832～0.905。成就目标导向中四个维度的 α 系数均大于 0.7，取值为 0.745～0.813。结果表明，本章中使用量表的信度表现良好，具有较高的内部一致性。

2)效度检验

本章利用 SPSS 19.0，使用主成分分析法对四个成就目标导向维度、协和控制与创造力进行因子载荷分析，具体结果如下(表 7-6)。

表 7-6　问卷的因子载荷分析

维度	题项	因子载荷	维度	题项	因子载荷
精熟-趋近	目标 1	0.703	协和控制	协和 1	0.607
	目标 2	0.704		协和 2	0.575
	目标 3	0.734		协和 3	0.715
	目标 4	0.515		协和 4	0.577
	目标 8	0.755		协和 5	0.523
	目标 9	0.788		协和 6	0.548
精熟-回避	目标 5	0.678	创造力	创造力 1	0.544
	目标 6	0.645		创造力 2	0.614
	目标 7	0.513		创造力 3	0.630
	目标 10	0.607		创造力 4	0.545
绩效-趋近	目标 11	0.524		创造力 5	0.645
	目标 12	0.669		创造力 6	0.529
	目标 13	0.644		创造力 7	0.570
	目标 14	0.612		创造力 8	0.558
绩效-回避	目标 15	0.600		创造力 9	0.510
	目标 16	0.513			
	目标 17	0.651			
	目标 18	0.510			

注：荷载小于 0.5 的不予以保留

通过表 7-5 可以看出，问卷中每个问卷项目的因子荷载均大于 0.5，表明问卷中题项均达到了效度要求，没有需要筛除的题项。

3)一致性检验

由于协和控制是团队层次的变量，本章采用 Rwg 对团队成员回答的一致性进行检验，通过计算 32 个团队的 $Rwg_{(j)}$ 得到平均的 Rwg。同时，利用 SPSS 19.0(中文版)中的单因子变异数分析，结合前文 ICC(1)和 ICC(2)的计算公式，最终得到聚合分析结果(表 7-7)。

表 7-7 一致性检验分析结果

变量	Rwg (32 个团队平均值)	ICC(1)	ICC(2)
成就目标导向	0.812	0.11	0.77

由表 7.7 可知，协和控制的 Rwg 达到 0.812，超过了 0.70 的临界标准。同时，根据 Bliese 和 Halverson(1998b)关于组内一致性(ICC)检验的原理与方法，相关变量的 ICC(1)、ICC(2)均在 0.01 水平上显著相关，且 ICC(2)＞ICC(1)，适合进行跨层次分析。

4)相关性检验

利用 SPSS 19.0(中文版)对精熟-趋近、精熟-回避、绩效-趋近、绩效-回避、协和控制和创造力六个主要变量进行的 Pearson 相关性分析，具体结果如下(表 7-8)。

表 7-8 主要变量的相关性分析结果

变量	精熟-趋近	精熟-回避	绩效-趋近	绩效-回避	协和控制	创造力
精熟-趋近	1					
精熟-回避	0.393**	1				
绩效-趋近	0.375**	0.332**	1			
绩效-回避	0.042	0.290**	0.362**	1		
协和控制	0.243**	0.192**	0.262**	0.206**	1	
创造力	0.390**	−0.251**	0.307**	−0.213**	−0.307**	1

* $p<0.05$；** $p<0.01$；*** $p<0.001$

通过表 7-8 可以看出，成就目标导向的四个维度(精熟-趋近、精熟-回避、绩效-趋近、绩效-回避)及协和控制都在 0.01 水平上(双侧检验)与创造力显著相关。同时，由于精熟-趋近、精熟-回避、绩效-趋近及绩效-回避同属于成就目标导向的不同维度，存在此消彼长的关系，因此相互之间也基本都显著相关。协和控制作为外部环境因素，对个体的成就目标导向同样存在一定影响，因而协和控制与四个维度的成就目标导向也显著相关。

3. 跨层次模式设定与假设验证

根据前文研究设计环节所述，本章按步骤对跨层次非线性模型进行构建，在软件应用上，鉴于 HLM 软件在跨层次模型分析方面的优势，本章用 HLM 6.0 对数据进行分析。

1)虚无模型设定与验证结果

虚无模型是指被研究的个体层次与团队层次均不纳入任何自变量的模型。在进行跨层次研究时，必须先验证因变量间的组间与组内变异成分是否显著。只有当因变量间的组间与组内变异成分显著时，跨层次效果才存在，跨层次研究才能进行。因此，本章首先进行虚无模型的设定。

step Ⅰ：虚无模型

level-1 model 为

$$Y_{ij}=\beta_{0j}+r_{ij}，\ r_{ij}\sim N(0,\ \sigma^2)$$

level-2 model 为

$$\beta_{0j}=\gamma_{00}+\mu_{oj}，\ \mu_{0j}\sim N(0,\ \tau_{00})$$

其中，Y_{ij} 表示 j 企业 i 员工的创造力；β_{0j} 表示 j 企业员工创造力的平均数；γ_{00} 表示员工创造力的总平均数；r_{ij} 的方差 σ^2 表示员工创造力的组内方差；μ_{0j} 的方差 τ_{00} 表示员工创造力的组间方差。

在 HLM 中输入虚无模型，得到如下运行结果(表 7-9)。

表 7-9　虚无模型随机回归结果分析

变量		固定效应				随机效应			
		系数	标准误差	t 检验	p 值	标准方差	方差成分	χ^2 检验	p 值
截距项	γ_{00}	3.624 550	0.055 604	65.185*	0.000				
截距项	τ_{00}					0.211 63	0.054 79	57.063 00**	0.003
方差	σ^2					0.731 46	0.435 03		

* $p<0.05$；** $p<0.01$；*** $p<0.001$

由运行结果可知：团队层面的随机方差为 $\tau_{00}=0.055$，且 χ^2 检验值为 57.063，$p<0.01$，表明组间方差是显著的。另外，$\sigma^2=0.435$，由公式 $\mathrm{ICC}(1)=\dfrac{\tau_{00}}{\sigma^2+\tau_{00}}$ 知，ICC(1)＝0.111，即说明个体层面的员工创造力总体变异中有 11.1%是团队差异造成的，而其余 88.9%的差异源自于员工自身。根据 Cohen(1988)提出的标准，个体层次的员工创造力与团队层次的自变量属于高关联，可进行跨层级研究。

2)随机预测模型设定与结果验证

在虚无模型第一层方程式中纳入个体层次的精熟-趋近成就目标导向、精熟-回避成就目标导向、绩效-趋近成就目标导向、绩效-回避成就目标导向为自变量，同时对第二层方程式做以截距作为结果变量的估计，以考察员工个体成就目标导向四个维度对创造力的影响。

StepⅡ：检验 level-1 的主效果

level-1 model 为

$Y_{ij}=\beta_{0j}+\beta_{1j}$(精熟-趋近成就目标导向)$+\beta_{2j}$(精熟-回避成就目标导向)$+\beta_{3j}$(绩效-趋近成就目标导向)$+\beta_{4j}$(绩效-回避成就目标导向)$+r_{ij}$

level-2 model 为

$$\beta_{0j}=\gamma_{00}+\mu_{0j}$$
$$\beta_{1j}=\gamma_{10}+\mu_{1j}$$
$$\beta_{2j}=\gamma_{20}+\mu_{2j}$$
$$\beta_{3j}=\gamma_{30}+\mu_{3j}$$
$$\beta_{4j}=\gamma_{40}+\mu_{4j}$$

其中，γ_{00}表示跨群体截距项的平均数；γ_{10}表示跨群体斜率的平均数（用于检验H_{1a}）；γ_{20}表示跨群体斜率的平均数（用于检验H_{1b}）；γ_{30}表示跨群体斜率的平均数（用于检验H_{1c}）；γ_{40}表示跨群体斜率的平均数（用于检验H_{1d}）；r_{ij}的方差σ^2表示 level-1 残差的方差；μ_{0j}的方差τ_{00}表示截距的方差；μ_{1j}的方差τ_{11}表示斜率的方差；μ_{2j}的方差τ_{22}表示斜率的方差；μ_{3j}的方差τ_{33}表示斜率的方差；μ_{4j}的方差τ_{44}表示斜率的方差。

在 HLM 中输入随机预测模型，得到如下运行结果(表 7-10)。

表 7-10 成就目标导向与创造力的随机结果分析

变量		固定效应				随机效应			
		系数	标准误差	t 检验	p 值	标准方差	方差成分	χ^2 检验	p 值
截距项	γ_{00}	3.664 432	0.043 998	83.286***	0.000				
预测因子	γ_{10}	0.393 251	0.079 453	4.950***	0.000				
	γ_{20}	−0.025 896	0.053 649	−1.483*	0.032				
	γ_{30}	0.120 857	0.052 034	2.323*	0.027				
	γ_{40}	−0.109 637	0.044 231	−1.744*	0.029				
随机效应	τ_{00}					0.206 59	0.042 68	96.080 76***	0.000
	σ^2					0.459 03	0.210 71		

* $p<0.05$；** $p<0.01$；*** $p<0.001$

γ_{10}、γ_{20}、γ_{30}、γ_{40}分别代表 level-1 系数β_{1j}、β_{2j}、β_{3j}、β_{4j}的跨群体平均数，可用来验证H_{1a}、H_{1b}、H_{1c}、H_{1d}。基于上述运行结果可得出以下几点。

(1)$\gamma_{10}=0.393\ 251$，t-value(32)$=4.950$，$p<0.001$，因此H_{1a}得到验证。

(2)$\gamma_{20}=-0.025\ 896$，t-value(32)$=-1.483$，$p<0.05$，因此H_{1b}得到验证。

(3)$\gamma_{30}=0.120\,857$，t-value(32)=2.323，$p<0.05$，因此 H_{1c}得到验证。

(4)$\gamma_{40}=-0.109\,637$，t-value(32)=−1.744，$p<0.05$，因此 H_{1d}得到验证。

3)截距项预测模型设定与验证结果

在 StepⅡ的模型基础上，将协和控制变量做单次方和二次方后，加入第二层方程式中，并以截距作为结果变量估计协和控制对员工创造力的影响。

StepⅢ：检验 level-2 的主效果

level-1 model 为

$$Y_{ij}=\beta_{0j}+\beta_{1j}(\text{精熟-趋近成就目标导向})+\beta_{2j}(\text{精熟-回避成就目标导向})+\beta_{3j}(\text{绩效-趋近成就目标导向})+\beta_{4j}(\text{绩效-回避成就目标导向})+r_{ij}$$

level-2 model 为

$$\beta_{0j}=\gamma_{00}+\gamma_{01}(\text{协和控制})+\gamma_{02}(\text{协和控制})^2+\mu_{0j}$$
$$\beta_{1j}=\gamma_{10}+\mu_{1j}$$
$$\beta_{2j}=\gamma_{20}+\mu_{2j}$$
$$\beta_{3j}=\gamma_{30}+\mu_{3j}$$
$$\beta_{4j}=\gamma_{40}+\mu_{4j}$$

其中，γ_{00}表示 level-2 的截距项；$\gamma_{01(02)}$表示协和控制对员工创造力的影响效果(用来检验 H_2)；γ_{10}表示精熟-趋近目标导向对员工创造力的影响效果；γ_{20}表示精熟-回避目标导向对员工创造力的影响效果；γ_{30}表示绩效-趋近目标导向对员工创造力的影响效果；γ_{40}表示绩效-回避目标导向对员工创造力的影响效果；r_{ij}的方差σ^2 表示 level-1 残差的方差；μ_{0j}的方差τ_{00}表示截距的方差；μ_{1j}的方差τ_{11}表示斜率的方差；μ_{2j}的方差τ_{22}表示斜率的方差；μ_{3j}的方差τ_{33}表示斜率的方差；μ_{4j}的方差τ_{44}表示斜率的方差。

在 HLM 中输入截距项预测模型，得到如下运行结果(表 7-11)。

表 7-11　协和控制对创造力的截距项预测结果分析

变量		固定效应				随机效应			
		系数	标准误差	t 检验	p 值	标准方差	方差成分	χ^2 检验	p 值
截距项	γ_{00}	0.695 732	1.213 505	0.305*	0.043				
预测因子	γ_{01}	1.802 464	0.637 053	2.829**	0.009				
	γ_{02}	−0.243 234	0.081 928	−2.969**	0.006				
随机效应	τ_{00}					0.178 10	0.031 72	59.504 97***	0.001
	σ^2					0.555 11	0.308 14		

* $p<0.05$；** $p<0.01$，*** $p<0.001$

γ_{01}、γ_{02}是协和控制与员工创造力之间的估计数，可用来验证 H_2。基于上述运行结果可知：$\gamma_{01}=1.802\ 464$，t-value(32)$=2.829$，$p<0.01$，且 $\gamma_{02}=-0.243\ 234$，t-value(32)$=-2.969$，$p<0.01$，因此 H_2 得到验证。

4)斜率预测模型设定与验证结果

StepⅣ：检验跨层次调节效果

level-1 model 为

$$Y_{ij}=\beta_{0j}+\beta_{1j}(\text{精熟-趋近成就目标导向})+\beta_{2j}(\text{精熟-回避成就目标导向})+\beta_{3j}(\text{绩效-趋近成就目标导向})+\beta_{4j}(\text{绩效-回避成就目标导向})+r_{ij}$$

level-2 model 为

$$\beta_{0j}=\gamma_{00}+\gamma_{01}(\text{协和控制})+\gamma_{02}(\text{协和控制})^2+\mu_{0j}$$
$$\beta_{1j}=\gamma_{10}+\gamma_{11}(\text{协和控制})+\gamma_{12}(\text{协和控制})^2+\mu_{1j}$$
$$\beta_{2j}=\gamma_{20}+\mu_{2j}$$
$$\beta_{3j}=\gamma_{30}+\gamma_{31}(\text{协和控制})+\gamma_{32}(\text{协和控制})^2+\mu_{3j}$$
$$\beta_{4j}=\gamma_{40}+\mu_{4j}$$

其中，γ_{00} 表示 level-2 的截距项(以 level-1 的截距为因变量)；$\gamma_{01(02)}$ 表示 level-2 的斜率项，协和控制对员工创造力的影响效果；$\gamma_{10(20、30、40)}$ 表示 level-2 的截距项(以 level-1 的斜率为因变量)；$\gamma_{11(12)}$ 表示协和控制与精熟-趋近目标导向对创造力的交互调节作用(用于检验 H_{3a})；$\gamma_{31(32)}$ 表示协和控制与绩效-趋近目标导向对创造力的交互调节作用(用于检验 H_{3b})；r_{ij} 的方差 σ^2 表示 level-1 残差的方差；μ_{0j} 的方差 τ_{00} 表示截距的方差；μ_{1j} 的方差 τ_{11} 表示斜率的方差；μ_{2j} 的方差 τ_{22} 表示斜率的方差；μ_{3j} 的方差 τ_{33} 表示斜率的方差；μ_{4j} 的方差 τ_{44} 表示斜率的方差。

在 HLM 中输入斜率预测模型，得到如下运行结果(表 7-12)。

表 7-12 协和控制对成就目标导向与员工创造力的跨层次调节效果分析

变量		固定效应				随机效应			
		系数	标准误差	t 检验	p 值	标准方差	方差成分	χ^2 检验	p 值
截距项	γ_{00}	0.448 731	1.220 468	0.368*	0.025				
协和控制→	γ_{11}	0.717 222	2.346 210	0.306*	0.042				
精熟-趋近	γ_{12}	−0.065 340	0.309 133	−0.211*	0.034				
协和控制→	γ_{31}	2.385 869	1.120 058	2.130*	0.039				
绩效-趋近	γ_{32}	−0.346 257	0.171 289	−2.021*	0.047				
随机效应	τ_{00}					0.201 32	0.040 53	86.44017***	0.000
	σ^2					0.460 94	0.212 46		

* $p<0.05$；** $p<0.01$；*** $p<0.001$

此模型主要用于验证 H_{3a} 和 H_{3b}。由于 γ_{11} 和 γ_{12} 是协和控制对精熟-趋近成就目标导向与员工创造力调节作用的估计数，γ_{31} 和 γ_{32} 是协和控制对绩效-趋近成就目标导向与员工创造力调节作用的估计数，基于上述运行结果可得出以下几点。

(1)$\gamma_{11}=0.717222$，t-value(32)＝0.306，$p<0.05$，且 $\gamma_{12}=-0.065340$，t-value(32)＝－0.211，$p<0.05$，表明协和控制对精熟-趋近成就目标导向与员工创造力的交互调节作用与 H_{3a}一致，并且在统计上显著。因此，H_{3a}得到验证。这种跨层次的交互调节作用可用图 7-2 表示。

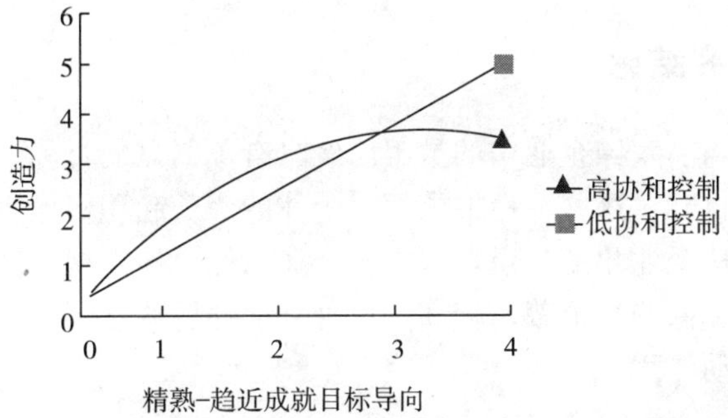

图 7-2　协和控制对精熟-趋近成就目标导向与员工创造力的交互调节作用

(2)$\gamma_{31}=2.385869$，t-value(32)＝2.130，$p<0.05$，且 $\gamma_{32}=-0.346257$，t-value(32)＝－2.021，$p<0.05$，表明协和控制对绩效-趋近成就目标导向与员工创造力的交互调节作用与 H_{3b}一致，并且在统计学上显著。因此，H_{3b}得到验证。这种跨层次的交互调节作用可用图 7-3 表示。

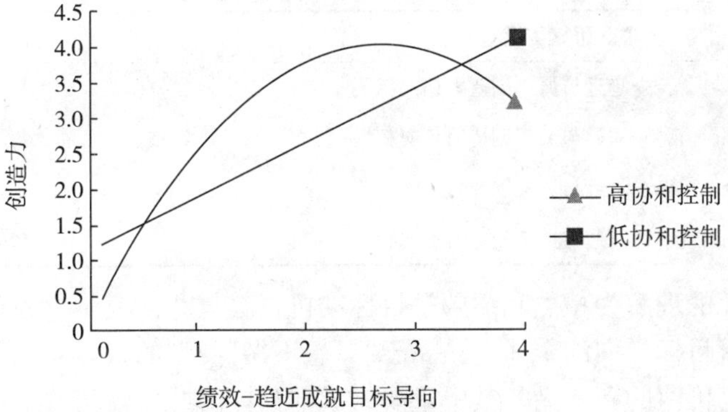

图 7-3　协和控制对绩效-趋近成就目标导向与员工创造力的交互调节作用

此外，由于上述运行结果中 τ_{00} 的 $\chi^2=86.44017$，$p<0.001$，在统计上仍处于显著水平，表示截距项尚有其他变量未被考虑到本次研究中，后续研究可进一步寻找可能的影响因素。

7.3 结果分析

在通过调查问卷的方式拥有一定数量的样本数据后，本章利用 SPSS、HLM 等软件对中国情境下协和控制、成就目标导向与员工创造力之间的跨层次非线性关系进行实证研究。

7.3.1 研究结论

总体来说，当前我国企业中的员工已经具有了明显的目标追求，且不论是精熟目标还是绩效目标，这些目标追求都对个体的成长起积极作用，员工创造力呈现出较高水平。从企业角度来说，国内的企业已经更加重视团队管理的思想，自我管理团队的协和控制水平普遍较高，这种外部环境的有利因素对员工创造力的产生起重要的推动作用。

1. 个体层次成就目标导向对员工创造力的影响

在个体层次的成就目标导向与员工创造力之间关系的研究中，本章通过随机预测模型对样本数据中四个成就目标导向维度的跨群体斜率平均数进行计算分析，并将结果与 H_{1a}、H_{1b}、H_{1c} 和 H_{1d} 进行验证，结果证明，四个假设均成立（表 7-13）。

表 7-13 成就目标导向与创造力的关系

研究假设	验证结果
H_{1a}：精熟-趋近与员工创造力正向相关	成立
H_{1b}：精熟-回避与员工创造力负向相关	成立
H_{1c}：绩效-趋近与员工创造力正向相关	成立
H_{1d}：绩效-回避与员工创造力负向相关	成立

本章对此的理解为精熟和绩效是目标动机，趋近和回避是行为动机。对于具有回避型成就目标导向的个体，是属于“只想不做”类型的人，而在创造力的定义中，产生具有价值的新产品是其中重要组成部分，因此，任何的空想都不足以产生创造力，这就是回避型精熟目标导向、回避型绩效目标导向与员工创造力之间存在负相关关系的主要原因；对于具有趋近型成就目标导向的个体，是属于“思行合一”类型的人，不管实施这个行为的目标是为了提升自己的能力还是表现自己，个体都会从各方面激发自身潜力。因此，精熟-趋近目标、绩效-趋近目标都与员工创造力之间存在正相关关系。

2. 团队层次协和控制对员工创造力的影响

在团队层次的协和控制变量与员工创造力之间关系的研究中，本章通过截距项预测模型对样本数据中四个成就目标导向维度的跨群体斜率平均数进行了计算分析，并将结果与 H_2 进行验证，结果证明假设成立(表 7-14)。

表 7-14　协和控制与员工创造力的关系(一)

研究假设	验证结果
H_2：团队协和控制处于中间值时，员工创造力最高；协和控制较高或较低时，员工创造力水平均处于较低水平	成立

本章对此的理解如下：协和控制具有“两面性”，在高协和控制下，过多的规则框架会限制成员在思想和行为上的自由度，特别对于新进员工，对团队规则的形成过程不了解，对这些规则的认同感较低，这种高协和控制就演变成高压控制，限制员工创造力的产生。而在低协和控制下，由于缺少规则约束，成员极易滋生偷懒的情绪，对工作总抱着凑合过去就行的心态，长久下来，员工的创造力会被消磨殆尽，团队也会变成一盘散沙。因此，建立一个“松弛有度”的弹性化协和控制机制，会极大地激发成员创造力，提高团队创新能力。

3. 协和控制对员工创造力的跨层次影响

在协和控制和成就目标导向交互作用下对员工创造力的跨层次影响研究中，本章通过建立斜率预测模型对影响过程进行计算分析，并将结果与 H_{3a} 和 H_{3b} 进行验证，结果证明假设均成立(表 7-15)。

表 7-15　协和控制与员工创造力的关系(二)

研究假设	验证结果
H_{3a}：协和控制对精熟-趋近目标导向与创造力之间的关系有调节作用。高协和控制下，精熟-趋近处于中间水平时，员工创造力最高，均高于精熟-趋近目标处于较高或较低水平时的员工创造力。低协和控制下，精熟-趋近目标导向和创造力之间则呈现线性正相关关系	成立
H_{3b}：协和控制对绩效-趋近目标导向与创造力之间的关系有调节作用。高协和控制下，绩效-趋近处于中间值时，员工创造力最高，均高于绩效-趋近处于较高或较低水平时的员工创造力。低协和控制下，绩效-趋近目标导向和创造力之间则呈现线性正相关关系	成立

本章对此的理解如下：当团队协和控制水平低时，持精熟-趋近目标导向的员工很少受到团队的约束，能充分发挥主观能动性，不断提升自身能力。当团队协和控制水平高时，团队对员工个体施加的控制就会更多地以硬性的规章制度呈现。多数情况下团队的规范与个人期望会有冲突，使团队中越偏向于持有精熟-

趋近目标导向的员工在工作中会经常性“碰壁”，导致员工放弃自己一些创新性想法，创造力被削弱。这就使协和控制、精熟-趋近目标导向与创造力关系呈现倒“U”形，即当精熟-趋近处于中间水平时，员工创造力最高，均高于精熟-趋近处于较高或较低水平时的员工创造力。

当团队协和控制水平低时，持有绩效-趋近目标导向的员工可以向别人展示自己的能力而不必担心会得到大家的负面评论，这样会进一步激发员工的斗志，从而唤醒员工内在的潜能，激发创造力。当团队协和控制水平高时，来自团队的约束力会越来越大，同样来自同事之间的监督也会越来越多，持绩效-趋近目标导向的员工为了避免遭到对能力的负面评价而表现得中规中矩，从而在很大程度上抑制员工创造力的发挥。因此，高协和控制下，协和控制、绩效-趋近目标导向与创造力关系亦呈现倒“U”形，即当绩效-趋近处于中间水平时，员工创造力最高，均高于绩效-趋近处于较高或较低水平时的员工创造力。

7.3.2 管理启示

本章从个体层面及组织层面对协和控制与成就目标导向对员工创造力的影响进行了研究分析，其结果可以为个体和企业有针对性地激发员工创造力提供一些启示。

1. 对个体的启示

以往有些研究认为成就目标导向中的绩效目标与创造力是一种负相关的关系，会限制创造力的产生。但本章的实证研究表明，趋近型的绩效目标同样会对创造力起到促进作用。在培养和发挥创造力的过程中，个体首先要多增加专业领域内的知识，提升专业能力，对于工作过程中发现的问题，不能回避，而应多思考，主动寻求解决方法。同时，成员个体还要注重与团队的密切合作，通过小组合作的方式不仅可以发现自身不足，更重要的是能够汲取他人优点，通过思想上的碰撞激发更多、更好的创意，能在团队中提出建设性意见并进行有效沟通与协调，在团队中营造一种愉悦、轻松和谐的工作氛围，有助于整个团队创造力的提升。

2. 对企业的启示

研究证明，外在激励和环境对员工创造力有着非常显著的影响，企业可以结合本章的研究成果，从以下几个方面提升员工的创造力。

首先，企业在选择人才时，应该将个体内在的目标导向纳入评价体系中，多招纳和培养具有明确目标导向而且积极主动的员工，对拥有不同目标导向的员工应该分配到不同的工作团队中，保持一个团队在价值上的共识，促进自我管理团队中协和控制的快速形成。

其次，企业应该积极探索自我管理团队的运作模式，提高团队的协和控制水平，但与此同时，还要注意管理的"收放"，尤其是基于中国国情，受中国文化环境的影响，管理权力的过度下放也极易导致员工产生"不求有功但求无过"的思想，一些打破常规、富有创意的想法自然也无法呈现出来。而过于严格死板的管理也容易给员工套上思想的枷锁，同样会限制员工创造力的发展。因此，企业应该在一定的规则基础上再赋予团队一定的自主权，在有序的规则中激发员工无限的创造力。

最后，企业应该鼓励员工敢于冒险和创新，并在人、财、物等方面提供保障和支持，对于失败者也需要给予理解和鼓励，这样才能激发员工的创造热情，员工在打破常规、创造性解决问题时也会存在较高的心理安全感，更有利于创造力的发挥。

参考文献

张艳．2013. 中国情境下协和控制、成就目标导向对员工创造力的跨层次非线性研究[D]. 上海大学硕士学位论文．

Amabile T M. 1983. The Social Psychology of Creativity[M]. New York：Spingerr Verlag.

Baranik L E，Barron K E，Finney S J. 2007. Measuring goal orientation in a work domain：construct validity evidence for the 2×2 framework[J]. Educational and Psychological Measurement，67(4)：697-718.

Bliese P D，Halverson R R. 1998a. Group consensus and psychological well-being：a large field study 1[J]. Journal of Applied Social Psychology，28(7)：563-580.

Bliese P D，Halverson R R. 1998b. Group size and measures of group-level properties：an examination of eta-squared and ICC values[J]. Journal of Management，24(2)：157-172.

Chen G，Kanfer R. 2006. Toward a systems theory of motivated behavior in work teams[J]. Research in Organizational Behavior，27：223-267.

Cohen J. 1988. In Statistical Power Analysis for the Behavior Sciences[M]. Mahwah：Lawrence Erlbaum Associates.

Cronbach L J. 1951. Coefficient alpha and the internal structure of tests[J]. Psychometrika，16(3)：297-334.

James C. 1982. Accountability，efficiency，and the "bottom line" in non-profit organizations [J]. Canadian Public Administration，25：311-331.

James L R，Demaree R G，Wolf G. 1984. Estimating within-group interrater reliability with and without response bias[J]. Journal of Applied Psychology，(1)：85-98.

James L R，Demaree R G，Wolf G. 1993. An assessment of within-group interrater agreement [J]. Journal of Applied Psychology，78(2)：306-309.

Janssen O. 2000. Job demands，perceptions of effort-reward fairness and innovative work behaviour[J]. Journal of Occupational and Organizational Psychology，73(3)：287-302.

Tett R P，Burnett D D. 2003. A personality trait-based interactionist model of job performance [J]. Journal of Applied Psychology，88(3)：500-517.

Wright B M，Barker J R. 2000. Assessing concertive control in the term environment[J]. Journal of Occupational & Organizational Psychology，73(3)：345-361.

第 8 章

研究结论与展望

【本章导读】

本章对本书的研究成果进行系统的回顾和总结，提炼出四点主要结论，并指出本书的研究局限和未来的研究展望。

8.1 研究结论与管理启示

8.1.1 研究结论

1. 成就目标导与效标变量——工作绩效的关联

在研究中把工作绩效分成任务绩效、关系绩效、学习绩效和创新绩效四个维度考虑。任务绩效对实现组织目标有非常重要的作用，那些有效完成任务的员工通过技术核心对提供商品或服务做出了直接的贡献。研究发现，精熟目标导向和绩效-趋近目标导向显著正向影响任务绩效，其中绩效-趋近目标导向对任务绩效的影响是最大的，达到 0.39，由此可以总结出，在那些对创新要求不高或者那些流水线生产的岗位上，安排持有绩效-趋近目标导向的员工，能够增加任务绩效。

关系绩效与组织运行效率有着内在的割舍不断的联系，关系绩效可以通过多个方面提高组织效率，如关系绩效可以促进团队内部的和谐安全，让组织更加趋于稳定，帮助组织适应不断变化的市场环境，使激发和保持员工的高绩效变得更加容易等。研究发现，精熟-趋近目标导向和绩效-趋近目标导向两类趋近目标导向对关系绩效有显著的正向影响，其中精熟-趋近目标导向对关系绩效的影响最大，达到 0.37，这类员工更加适合从事一些与员工打交道的工作，如人力资源管理部门的工作等。

雇员通过持续不断的自我学习，使过去的经验、成果以及未被了解的事实成为未来提高绩效的动力，使新技巧和新技能变得更加容易掌握，从而更加容易地完成任务和生产关系绩效。研究发现，精熟目标导向对学习绩效有正向影响，而绩效目标导向对学习绩效则有负向影响。

2. 创造力自我效能感对成就目标导向与创造力关系的中介作用

创造力自我效能感作为个体对自己是否具有创造力的一种主观认知，对个体从事创造性活动时的工作积极性和努力程度有直接影响。具有高水平创造力自我效能感的个体对自身创造力充满自信，因此能够更加将注意力集中在工作上，并激发出更大的工作热情和动力，因而不畏风险，积极面对创造性活动中的各种困难和挑战。而低创造力自我效能感的个体往往会放大可能遇到的潜在困难，从而因个人能力经验等方面的不足而产生心理压力，从而影响其创造力的发挥。

这一结论立足于班杜拉的自我效能感理论，并采用与特定创造力领域相结合的创造力自我效能感这一变量，对其与员工创造力之间的关系进行了实证研究，是对自我效能感理论在具体企业实践领域和创造力领域的开拓性研究。

研究通过实证分析，验证了创造力自我效能感对员工创造力具有正向影响，模型中完全标准化路径系数为 0.60，且通过 t 值检验。这一结果与 Tierney 和 Farmer(2002)在企业场景下的实证研究和教育领域的研究结果是一致的，说明创造力自我效能感是激发员工创造力的关键个体因素。

研究验证了创造力自我效能感中介效应的存在。通过结构方程模型中的路径分析，精熟目标导向对员工创造力影响直接效应的完全标准化路径系数为 0.26，而通过创造力自我效能感作用的间接效应的完全标准化路径系数为 0.37，间接效应大于直接效应，且均通过 t 值检验，这就验证了创造力自我效能感在精熟目标导向与员工创造力之间中介效应的存在。与此同时，精熟目标导向与创造力自我效能感之间的完全标准化路径系数为 0.62，方向为正向，表明持有精熟目标导向的个体具有较高水平的创造力自我效能感，进而创造力水平也比较高。

持有精熟目标导向的个体由于持有动态的能力观以及积极的工作态度，注重学习，不断努力，因此对自己具有的从事创造性活动的能力充满自信，从而更容易接受具有挑战性的创造性工作，能够更加积极主动地开展创造性活动。而创造力自我效能感在绩效目标导向与创造力之间的路径分析不显著，起不到如上的中介效应。

创造力自我效能感在成就目标导向与创造力之间的中介效应可具体表述为以下路径：精熟目标导向—创造力自我效能感—创造力。这一结果完全支持了本章开始提出的动机—认知—行为的逻辑主线，强调个体的认知过程，特别是个体效能信念在动机和行为之间起到的重要作用。而通过将创造力自我效能感引入成就目标导向与员工创造力二者之间的关系之中，构建并验证这一中介效应的作用机制模型，是对原有研究中“成就目标导向—创造力”直接关系的扩展，打开了成就目标导向对创造力影响机制的理论黑箱，深入剖析其内在作用机制，具有十分重要的理论价值和实践意义。

3. 绩效控制对成就目标导向与创造力关系的调节作用

组织控制在精熟目标导向与创造力二者之间的关系中起调节作用。当组织对个体施加的控制更多的是以硬性规章制度呈现时，组织对个体的规定是不容置疑的，此时持有精熟目标导向的个体会因为顾及组织的规章制度及相关限定而放弃原先设定好的目标及目标实现路径，将关注点由原先的提高自身能力及工作知识水平，偏向在组织设定的范围内和完成组织任务的基础上提高自身能力及工作知识水平，并且在多数时候，组织期望和个体期望并不完全一致，甚至是有矛盾的，因此组织高强度的控制对于持精熟目标导向的个体来说是一种阻碍，弱化了精熟目标导向与创造力之间的关系。而当组织表现出软性控制的态度时，组织不仅对个体的硬性限定减少甚至没有，反而支持组织的个体发展，这时个体容易将全部精力投入个体期望的实现中，也会以更高的热情投入工作中，使个体斗志昂扬，从而激发个体内在的潜能，发挥更高水平的创造力。

从验证结果来看，组织控制在绩效目标导向与创造力二者之间的关系中起调节作用。持有绩效目标导向的个体着力于向别人展示自己具有的能力，希望通过与他人进行比较获得正面评价或避免收获负面评价，对于生存于组织中的个体来说，与他人横向比较的标准就是组织对个体的要求和规范，达标是组织对个体的最低标准，也是避免遭到对个体能力负面评价的最低标准，因此绩效目标的个体更关注组织每一次规则的改变，以组织的规章制度为行为规范，偏好于受到组织的硬性控制，此时更容易激发个体的创造力；而在组织将控制的重心落在支持个体发展时，持有绩效目标导向的个体不易生存，甚至会有抵触情绪，表现出对这种控制模式的抵制。因为他们的工作态度和有限的能力，不愿看到他人在这种控制模式中得到更好的发展和提升，他人的提高意味着对自己评价的不利。所以持该种成就目标导向的个体喜好组织的垂直控制模式。

4. 协和控制对成就目标导向与创造力关系的调节作用

个体总是处于特定的情境中，因而在以协和控制为主要特征的自我管理团队中，考察协和控制与个体成就目标导向的交互作用对个体创造力产生的影响就显得非常必要。

研究证实对于持趋近成就目标导向的个体(包括精熟-趋近成就目标导向和绩效-趋近成就目标导向)，协和控制与个体成就目标导向交互作用与个体创造力负相关；对于持精熟-回避成就目标导向的个体，协和控制及个体成就目标导向交互作用与个体创造力正相关；对于持绩效-回避成就目标导向的个体，协和控制及个体成就目标导向交互作用与个体创造力则无显著的相关性。

协和控制具有“两面性”，在高协和控制下，过多的规则框架会限制成员在思想和行为上的自由度，尤其对于新进成员，由于未参与团队规则的形成过程，对这些规则很难存在认同感，这种高协和控制就演变成高压控制，不利于员工创造力的产生。而在低协和控制下，由于缺少规则约束，成员极易滋生偷懒的情绪，长此以往，员工的创造力将会被消磨殆尽，团队会变成一盘散沙。因此，建立一个“松弛有度”的弹性化协和控制机制，会极大地激发成员创造力，提高团队创新能力。

当团队协和控制水平低时，持精熟-趋近目标导向的员工很少受到团队的约束，能充分发挥主观能力性，不断提升自身能力。当团队协和控制水平高时，团队对员工个体施加的控制就会更多地以硬性的规章制度呈现。多数情况下团队的规范与个人期望会有冲突，使团队中偏向于持有精熟-趋近目标导向的员工在工作中会经常性“碰壁”，导致员工放弃自己一些创新性想法，创造力被削弱。这就使协和控制、精熟-趋近目标导向与创造力关系呈现倒“U”形，即当精熟-趋近处于中间水平时，员工创造力水平最高，比精熟-趋近处于较高或较低水平时的员工创造力水平都高。

当团队协和控制水平低时，持有绩效-趋近目标导向的员工可以向别人展示自己的能力而不必担心会得到大家的负面评论，这样会进一步激发员工的斗志，从而唤醒员工内在的潜能，激发创造力。当团队协和控制水平高时，来自团队的约束力会越来越大，同样来自于同事之间的监督也会越来越多，持绩效-趋近目标导向的员工为了避免遭到对能力的负面评价而表现得中规中矩，“不越雷池半步”，从而不利于员工发挥创造力。因此，高协和控制下，协和控制、绩效-趋近目标导向与创造力关系亦呈现倒“U”形，即当绩效-趋近处于中间水平时，员工创造力水平最高，均高于绩效-趋近处于较高或较低水平时的员工创造力。

8.1.2 管理启示

如何提升员工的工作绩效是人力资源管理实践的一个永恒话题。随着经济全球化的发展，许多工作要求员工具有不同的目标导向和价值观，如何依据他们的目标导向安排与其目标导向和价值观适合的工作，就成为人力资源管理实践必须思考的问题。

为了提高工作绩效，在管理实践中要重点把握精熟-趋近目标导向，持这种导向的员工能够显著地提升工作绩效，营造团队学习和组织创新的良好氛围，有利于构建学习型组织，帮助组织实现更好更快的发展；对于那些持精熟-回避目标导向的员工，其本身也关注自身的学习，能够促进任务绩效和学习绩效，因此也要关注这种类型的员工，引导其精熟-回避目标导向向精熟-趋近目标导向转化；对于持绩效-趋近目标导向的员工，他们能显著提高任务绩效，因此在一些不需创新或持续学习的岗位上安排此类员工，使人岗匹配；而对于持绩效-回避目标导向的员工，在管理实践中要避免用此类员工，因为这类员工的工作绩效低下，所以要努力引导其转变目标导向。

理论最终是为了指导实践的发展，对成就目标导向、创造力自我效能感与创造力之间的关系进行研究，提出了影响员工创造力的内在作用机制，并将这一研究扩展到企业实践的特定领域，丰富了原有的理论内容，对企业人力资源管理领域"如何提高员工创造力"这一永恒课题提供了一系列有益的管理启示。

既然员工创造力是整个组织创造力的基础，对整个组织的发展起着至关重要的作用，那么我们在人员选拔上就应该善于选择那些富有创造力的员工。所以企业在选拔人员时，特别是为某些需要员工具有较高创造力水平的研发团队等特定团队选拔成员时，应倾向于选择那些持有精熟目标导向的个体。创造性活动的开展需要员工具有扎实的技能基础、持之以恒的努力投入和勇于面对挫折的积极心态，而精熟目标导向的个体具有的特质能够很好地满足创造性活动的需求。因此，管理者在为复杂的创造性活动或者创造性地开展工作选拔人员时，可以将精熟目标导向作为选拔的标准。

持有精熟目标导向的个体在对能力和努力的认知、情感以及面对困难选择的行为等方面均表现出其特有的特点，管理者可以以此为标准判断并识别出哪些个体持有精熟目标导向。例如，可以考察员工过去是否经常寻找机会参加各种培训项目以提升自己的能力，是否愿意接受具有挑战性的任务并持之以恒地持续努力完成挑战，等等。

创造力自我效能感作为个体对自己是否具有创造力的一种主观认知，直接影响着个体从事创造性活动时的工作积极性和努力程度。高创造力自我效能感的个体对自身创造能力充满自信，因此更加能够将注意力集中在工作上，并激发出更大的工作热情和动力，因而不畏风险，积极面对创造性活动中的各种困难和挑战。而低创造力自我效能感的个体往往会放大可能遇到的潜在困难，从而因个人能力经验等方面的不足而产生心理压力，影响其创造力的发挥。

成就目标导向虽然是个体的一种较为稳定的内在特质，但是它也会受到组织中环境因素的影响，如领导者的风格、组织的管控模式及企业文化等因素。因此，管理者应该采取鼓励员工学习和成长的领导风格与管控模式，在企业中大力营造鼓励学习、注重自身价值提升的企业文化，将员工的注意力引导到通过自身努力实现个人能力增长上来，而不是一味地让员工关注企业中的外在标准和外界对其的评价。通过一些具体措施的实施引导员工关注个人能力的成长，逐渐形成精熟目标导向，并以精熟目标导向的态度对待工作，从而形成提高个人创造力的内在动机基础。

组织的绩效控制在个体的成就目标导向与员工创造力之间起调节作用。研究结论认为：在绩效控制的调节下，精熟目标导向与创造力之间存在非线性关系。当组织的绩效控制水平高时，即组织对个体施加的控制更多是以硬性规章制度呈现的，那么持有精熟目标导向水平较低的个体，可能更多地倾向于"循规蹈矩"亦或"墨守陈规"，将自身的重心由"提升自我"转移到"完成组织任务"上来，这样一来，高强度的组织控制对持有精熟目标导向的个体来说，极大地阻碍了其创造力的发挥，即弱化了精熟目标导向与创造力的正向相关关系。而当精熟目标导向处于中间水平时，个体可能更好地把握与权衡自我发展目标与组织发展目标之间的关系，因而更有利于激发自身的创造潜能。但当个体持有的精熟目标导向水平过高时，其更加关注自身的发展，这类人群可能不会因为一些硬性的组织规章制度的限定而放弃自身设定的目标及目标实现的途径，因此，在这一情况下，极容易产生组织目标与个体目标的不一致，甚至对立。可见在组织绩效控制水平较高、精熟目标导向处于中间水平时，即组织期望与个体期望协调发展时，精熟目标导向与创造力的正向相关度最高。相反，当组织的绩效控制水平较低时，即组织更加注重员工个体的自我控制能力及自我发展能力，那么持精熟目标导向的个体，在工作中的成长与学习的需求就会得到组织更多的支持与满足，就更容易激发员工的创造潜能。

组织进行绩效控制的主要目的是引导员工的行为，并防止个体目标与组织目标出现偏差。但"控制"与"束缚"往往只是一线之隔，因此这里就产生了"组织控制悖论"。哈佛大学商学院的Simons(1995)指出，在一个要求灵活性和创新性的授权时代必须施加有效的控制和影响，才能不使组织、团队和个人偏离企业发展初衷。但是，也正如管理大师德鲁克(1988)指出的那样，现实中组织的冲突多由员工工作自主要求与组织不合时宜的控制之间对立引发。因此，在组织管理中如何权衡绩效控制性与自我控制的关系，如何实现控制与员工创造力的共存是一个理论上的挑战。所以在这种意义上，我们认为组织在实施员工绩效控制方面的不同倾向或偏好，有助于解释员工创造力方面的个体差异。

依据特质激活理论，当影响员工能力发挥的组织情境与某种特质紧密相关时，它就可能激发个体的这种特质(Tett and Burnett，2003；Chen and Kanfer，2006)。因此，如果个体的目标导向决定其不愿意参与某种被激励的行为，环境对其的影响就比较弱；而如果其倾向于表现出这些行为时，环境就会对其产生很大的影响。对员工个体来说，每个人持有的目标导向不同，那么在外部绩效控制这一情境因素的影响下，行为动机也会有所差异，随之而来的一些适应性及非适应性的行为在一定程度上都会加强或削弱员工创造力的发挥。因此，组织应当充分识别所属员工的个体特质，针对不同的个体"量体裁衣"，制定有效的管控模式，以保证个体期望与组织期望的一致性。在出现矛盾甚至对立的时候，组织应当帮助个体树立正确的目标导向，以保证员工在所处的组织情境中，创造潜力得以充分的挖掘与发挥。

企业应该积极探索自我管理团队的运作模式，提高团队的协和控制水平，但与此同时，还要注意管理的“收放”，尤其在中国情境下，受传统文化的影响，管理权力的过度下放也极易导致员工出现“不求有功但求无过”的思想，一些富有创意、打破常规的想法自然也难以呈现出来。此外，严格死板的管理也容易给员工套上思想的枷锁，在一定程度上限制员工创造力的发展。因此，企业应该在一定的规则基础上再赋予团队一定的自主权，在有序的规则中激发员工无限的创造力。

企业应该鼓励员工敢于冒险和创新，并在人、财、物等方面提供一定的支持和保障，对于失败者也需要给予理解和鼓励，这样才能激发员工的创造热情，员工在打破常规、创造性解决问题时也会存在较高的心理安全感，更有利于创造力的发挥。

8.2　研究局限和展望

8.2.1　研究局限

通过对成就目标导向结构维度和效标变量——工作绩效的关联研究分析，可以运用工作绩效检验和测量成就目标导向的结构维度。创造力自我效能感在成就目标导向与创造力关系的中介效应研究，深入揭示了成就目标导向影响员工创造力的内在作用机理。进一步研究中，通过对成就目标导向、绩效控制与创造力三者之间的关系研究，发现组织控制、协和控制对组织管理的现实价值和不可忽略性，这对变革时代的中国组织来说是很有参考价值的。

但是，由于受研究时间、研究成本、个人学术水平的限制，本书还存在一些局限，有待后续研究中进行进一步的完善。

第一，在研究样本的选择上，本书收集的样本主要依靠个人关系取得，样本主要集中在上海、江苏、浙江、河南等地，因此无法做到真正意义上的随机抽样，且样本容量也受到一定的限制，这可能会对研究结果造成一定程度的影响。因此，在以后的研究中，应进一步扩大样本的规模和数据来源，更具随机性地选择行业和人员进行调查，以保证研究结论的科学性。

第二，在数据的质量上，所有的调查问卷都由被调查者自评填写，这就不可避免地造成被调查者可能受到社会期许等心理因素的影响而放大自己的优点，隐藏自身缺点，从而夸大自身创造力自我效能感及创造力水平，影响数据的真实性。因此，在以后的研究中，我们在对样本进行调查时，应采用自评与他评相结合、增加测谎条目以及客观观察的方式等多种渠道获得数据，减少社会期许效应对研究结果的影响。

第三，在研究层次和研究方法的选择上，本书采用的模型是建立在员工这个单一的个体层面上，并采用结构方程模型的方法对数据进行分析。但是，随着近年来组织结构的变革，创新活动多采用项目团队等组织形式，因此除了考察个体层面上的创造力自我效能感及员工创造力之外，我们还有必要对集体层面上员工集体效能感进行研究。对于集体效能这一概念，Bandura(1977)早已针对自我效能感研究忽视集体行为研究这一缺陷提出，但是目前在企业管理研究领域特别是创造力领域的研究却相对很少。因此，在未来的研究中，我们一方面应将本书的理论框架扩展到集体层次，研究集体层面上的创造力自我效能感与成就目标导向和创造力的关系，另一方面研究集体层面和个体层面上创造力自我效能感的交互作用，在研究方法上进一步采用跨层次的分析方法建立研究模型，以方便进行更深入的剖析。

第四，在变量与变量之间的关系上，以揭示影响创造力的作用机制为出发点构建具有一定方向性的结构方程模型。但是事实上，在研究中选取的几个变量之间的关系复杂，只是揭示了其中的局部关系。因此，在未来的研究中，还可以就以上几个变量之间的关系进行更加详细的分析。

第五，研究试图揭示成就目标导向对员工创造力内在影响机制的理论黑箱，指出了创造力自我效能感这一变量在其中的中介作用，但是这只是冰山一角，关于二者的影响机制还有很多问题可以进一步展开探讨。例如，组织中的环境因素(组织创新氛围、领导风格)等变量都可能调节成就目标导向与员工创造力之间的关系。因此，在未来的研究中，我们应该加入更多的调节和中介变量，建立更加全面、系统的理论模型，以真正起到全面揭示这一影响机制的作用。

8.2.2 展望

为了提高工作绩效，在管理实践中要重点把握精熟-趋近目标导向，持这种导向的员工能够显著地提高工作绩效，带动团队学习和促进创新氛围，有利于创建学习型组织，促进组织可持续发展；对于持精熟-回避目标导向的员工，其自身也关注学习，能够促进任务绩效和学习绩效，因此要努力引导这类员工向精熟趋近目标导向转化；对于持绩效趋近目标导向的员工，能显著提高任务绩效，因此在一些不需创新或持续学习的岗位上安排此类员工，实现人岗匹配；而对于持绩效-回避目标导向的员工，其工作效率低下，在管理实践中要避免此类员工，努力引导其转变目标导向。

未来创造力的研究可以从以下几个方面入手。

1. 跨文化研究

目前，中国文化情境下对创造力的研究还处于起步阶段。中西方处于两种不同的文化背景下，因此在西方文化背景下已经得到验证的理论模型和研究结果可否直接应用到中国情境中，在不同的情境下哪些理论模型和研究结果适用、哪些需要进行本土化研究都需要进一步探索和验证。因此，未来关于创造力的研究，需要将西方的理论与中国特定的文化情境相结合。

2. 跨层次研究

创造力的形成不仅受个体因素的影响，还受组织环境的影响。实践中发现，每个个体的创造力强，并不意味着整个组织的创造力强；组织的创新情境优，也并不意味着组织会展现出较高的创造力。因此，未来的研究应该将个体层次、团队层次和组织层次的创造力及影响因素结合起来，建立并检验创造力的多层次理论是未来理论与研究的一个重点方向。

3. 跨学科研究

在创造力与创新研究之间有着非常明显的联系，虽然传统的创造力研究是由社会心理学家和微观组织行为领域的研究者展开的，创新研究是由社会学家和组织理论与战略的研究者进行的，这仅仅是学科传统的结果而不是客观事实的要求。因此，在未来的研究中我们需要跨学科地探讨研究中的潜在联系、机会和交叉领域。

4. 动态性研究

创造力的展现是一个动态的过程，目前对创造力研究的结论反映出动态视角研究创造力的重要性。例如，新员工在加入组织的初始阶段能够给组织带来新的理念和思维，可以提升组织的创造力，但随着时间的延续，这种作用可能越来越小。因此未来的研究中要用动态视角研究个人和组织情境是如何共同作用于创造力的。

参考文献

德鲁克 P. 1988. 管理的前沿[M]. 许斌译 . 北京：企业管理出版社 .

杜蕾 . 2013. 跨层次视角下成就目标导向、组织绩效控制对员工创造力影响的非线性研究[D]. 上海大学硕士学位论文 .

马君，胡佳，杨涛 . 2015a. 打开奖励的“薛定谔黑箱”：认知学派与行为学派的理论分野与整合[J]. 外国经济与管理，37(3)：27-39.

马君，刘婷 . 2015. 重赏之下必有勇夫？研发人员的工作价值需求与激励错位对创造力的抑制[J]. 管理评论，27(7)：94-104.

马君，王迪 . 2015. 内外激励协同影响创造力：一个被中介调节模型[J]. 管理科学，28(3)：38-51.

马君，张昊民，杨涛 . 2015b. 成就目标导向、团队绩效控制对员工创造力的跨层次影响[J]. 心理学报，47(1)：79-92.

马君，张昊民，杨涛 . 2015c. 绩效评价、成就目标导向对团队成员工作创新行为的跨层次影响[J]. 管理工程学报，29(3)：62-71.

王庆龄 . 2010. 成就目标导向对雇员工作绩效的影响机制研究[D]. 上海大学硕士学位论文 .

王素婷 . 2012. 自我管理团队协和控制、成就目标导向对团队成员创造力影响的跨层次研究[D]. 上海大学硕士学位论文 .

杨涛，马君，张昊民 . 2015a. 新生代员工的工作动力机制及组织激励错位对创造力的抑制[J]. 经济管理，(5)：74-84.

杨涛，王晓红，马君 . 2015b. 新常态下 80、90 后员工的创新驱动力[J]. 财经科学，(5)：110-120.

张昊民，丁苗苗，杨涛，等 . 2015a. 协和控制、成就目标导向对自我管理团队成员创造力的非线性影响：一项本土情景下的研究[J]. 科学进步与对策，32(22)：133-140.

张昊民，杨涛，马君 . 2015b. 自主管理团队的协和控制、成就目标导向对成员创造力的跨层次影响[J]. 科学学与科学技术管理，36(8)：170-180.

张艳 . 2013. 中国情境下协和控制、成就目标导向对员工创造力的跨层次非线性研究[D]. 上海大学硕士学位论文 .

张燕 . 2012. 成就目标导向、组织绩效控制对员工创造力影响的跨层次研究[D]. 上海大学硕士学位论文 .

赵洋 . 2011. 成就目标导向对创造力的影响机制研究：创造力自我效能感的中介作用验证[D]. 上海大学硕士学位论文 .

Bandura A. 1977. Self-efficacy：Toward a unifying theory of behavioral change[J]. Psychological Review，84(2)：191-215.

Chen G，Kanfer R. 2006. Toward a systems theory of motivated behavior in work teams [J]. Research in Organizational Behavior，27：223-267.

Simons R. 1995. Control in an age of empowerment [J]. Harvard Business Review，73 (2)：80-88.

Tett R P，Burnett D D. 2003. A personality trait-based interactionist model of job performance [J]. Journal of Applied Psychology，88(3)：500-517.

Tierney P，Farmer S M. 2002. Creative self-efficacy：its potential antecedents and relationship to creative performance[J]. Academy of Management Journal，45(6)：1137-1148.

后　记

自2003年以来，笔者一直致力于组织创造力动力机制与组织协同创新的教学和研究工作，2009年以来，以主持教育部人文社会科学研究一般项目“绩效控制偏好、成就动机导向对知识员工创造力影响机制的跨层次研究”为契机，开始对成就目标导向与创造力的关系研究产生兴趣，进一步参与了“自我管理团队的协和控制、成就目标导向对成员创造力影响机制的跨层次研究”和“大学生创业模式及其动态演化路径研究”等多个项目，也发表了一些相关的成果文章。尽管笔者对成就目标导向与创造力的关系研究做了大量的工作，但鉴于该理论关系对笔者而言是一个全新的研究领域，再加上笔者研究的时间、精力以及理论水平和实践经验所限，整个研究还不够深入细致，只能为成就目标导向与创造力的关系研究起到抛砖引玉的作用。

本书撰写中查阅了大量的管理学、心理学和组织行为学等文献资料，在此笔者要向这些资料的所有者或作者表示诚挚的感谢。除了直接参考的文献以外，本书的思想和部分内容还来源于过去参与或主持的课题研究，在此笔者也要感谢曾经合作的团队成员，他们的工作为本书的撰写打下了坚实的基础，也为全书的研究思路和结构框架提出了宝贵的修改意见和建议。特别要感谢参与资料收集、分析整理和归纳研究的研究生，其中王庆龄致力于本土情境下成就目标导向结构维度研究，赵洋致力于自我效能感对成就目标导向与创造力关系的中介机制研究，张燕致力于绩效控制对成就目标导向与创造力关系的线性调节作用研究，杜蕾致力于绩效控制对成就目标导向与创造力关系的非线性调节作用研究，王素婷致力于协和控制对成就目标导向与创造力关系的线性调节作用研究，张艳致力于协和控制对成就目标导向与创造力关系的非线性调节作用研究，他们已分别将研究成果转化为学位论文，感谢他们为本书的研究投入了大量的精力并做出了贡献。还有杨涛博士、黄俊锦博士，以及陈虹、柳文文、林丽娟、王亚辉、丁苗苗、杨丁璇、董晓琳、王琰、徐婉露、吴亚男、刘婷婷、何奇学、张恒阳、陈静文等研究生对本书贡献良多，在此表示感谢。

希望本书的出版能够启发学界重视成就目标导向与创造力的关系研究，进一步开拓管理理论和实践应用并获得新的成果。

笔者同样感谢负责审稿、编辑、出版发行的各位老师，他们以无可挑剔的专业水准，为本书的最终呈现倾注了心血。